박정일 (朴正一, 1962~)

産
삼성SDS Tokyo 소장
일본 10년 주재(1993~2002)
일본 경제 저력과 산업경쟁력
미국 Global IT 기업 경쟁력 연구

學
한양대학교 대학원 전자공학 졸업
Waseda Univ. M.S.P. Study
Van. R·B College E·J·T.P. Study
Stanford Univ. V·E.P. Study
한양대학교 컴퓨터SW학과 겸임교수(2020)

研
경제위기관리연구소 부소장(2017)

政
민주당 IT 위원장(2004)
민주당 Ubiquitous위원장(2005)
17대 민주당 강남을 후보(2004)
민주당 경기도지사 후보(2006)

委
4차 산업혁명 전략위원(2017)
일자리위원회 중소벤처T/F장(2018)
AI 중심도시 광주 만들기 추진위원
대한민국 AI Cluster Forum 위원
AI 규제개혁위원회 위원
미래학회 이사

著
《미·중 패권 다툼과 일자리 전쟁》
《김치·스시·햄버거의 신 삼국지》

AI
한국경영

지도자 편

박정일 AI Creator

AI 시대, 한국경영 지도자의 조건

2022년 3월 9일 새로운 대통령이 선출된다. 역사를 돌이켜 보면 이승만 초대 대통령에서부터 윤보선, 박정희, 최규하, 전두환, 노태우, 김영삼, 김대중, 노무현, 이명박, 박근혜 전 대통령에 이르기까지 국부(國父)로 존경받는 모습을 보지 못했다. 장기독재, 정통성 문제, 부정부패, 리더십 부족, 국정농단, 정책 실패 등으로 권좌에서 내려와 불행의 나날들을 보냈다. 한국 현대사의 대통령들은 범국민적 지지를 받은 대통령이 없었다.

최고의 권력과 최신의 정보를 접하고 엘리트 참모들이 보좌하는데 왜 성공한 대통령이 되지 못했을까. 역대 대통령 대부분이 실패한 이유는 문제에 대한 처방을 실천에 옮길 의지와 행동, 열린 마음을 갖추지 못했기 때문이다. 전 세계 대통령 연구자들은 성공하는 대통령 리더십은 무엇보다도 대통령 개인의 내적 균형감과 판단력, 정서적 안정, 열린 마음과 소통에서 시작된다고 강조해 왔다.

저잣거리에 회자하는 역대 대통령의 '밥솥 시리즈'는 그 시대의 대통령을 평가할 수 있는 의미를 담고 있다. 이승만 대통령은 미국에서 돈을 빌려 가마솥을 장만했지만, 밥 지을 쌀이 없었다. 박정희 대통령은 농사를 지어 밥솥에 밥을 지었지만 정작 본인은 못 먹었다. 최규하 대통령은 밥솥 뚜껑을 열다가 손만 데었다. 전두환 대통령은 밥솥의 밥을 친척 및 부하들과 나눠 먹었다. 노태우 대통령은 밥솥에 남은 누룽지를 긁어 혼자 다 먹었다. 김영삼 대통령은 밥솥 바닥을 긁다가 구멍을 냈다. 김대중 대통령은 국민이 모아준 금과 신용카드로 빚을 내 미국에서 전기밥솥을 사 왔다. 노무현 대통령은 110V를 220V에 잘못 꽂아 밥솥을 태우고 코드가 안 맞는다 불평했다. 이명박 대통령은 전기밥솥을 사용해 본 줄 알았는데 어디 꽂는지도 모르고 삽질만 했다. 박근혜 대통령은 최순실에게 밥솥을 맡겼다가 거덜 났다. 문재인 대통령의 평가는 잔여 임기 동안 성과에 따라 달라질 것이다. 1년 3개월 앞으로 남은 대통령 시간이다. 이제는 성공한 대통령을 보고 싶다는 것이 국민의 염원이 됐다. AI 시대는 대한민국도 성공한 대통령이 나와야 한다.

그렇다면 성공한 대통령이 되려면 어떻게 해야 할까. 첫째, 경제다. 성공한 대통령이 되려면 경제 활성화는 필요조건이다. 아무리 다른 분야에서 성과를 내더라도 경제를 망친 정부는 정권 연장에 실패한 것이 역사적 교훈이다. 경제가 활성화되려면 일자리가 많아야 한다. 수소경제를 이끌 수 있는 '경제 리더'가 나와야 한다.

둘째, 일자리다. 일자리는 세금으로 만드는 일시적인 공공일자리가 아니라 세금을 내는 지속 가능한 양질의 일자리여야 한다. 좋은 일자리는 어디에 있을까. 친환경, 미래에너지 등 AI 산업에 있다. AI 시대의 일자리 혁신이란 일자리 창출이다. 일자리 문제에 대한 본질은 사라지는 일자리가 아니고 새로 만들어지는 일자리다. 미래 일자리는 대부분 AI 산업에 있다. 미래 일자리 60%는 아직 나타나지도 않았다. 실업대란 쓰나미를 AI 일자리로 극복해야 한다. 청년이 원하는 양질의 일자리를 많이 만드는 '일자리 리더'가 절실하다.

셋째, 미래 먹거리다. 미래 먹거리는 AI 산업에 있다. 한국 경제 돌파구는 AI 산업이다. AI 산업에 선택과 집중 투자를 해야 한다. AI 시대 새로운 파고는 대한민국의 정치, 경제, 사회, 문화, 산업을 통째로 바꾼다. 실물경제, 재정, 일자리, 산업 위기 등을 극복할 절호의 기회가 AI 혁명이다. 대한민국은 더는 머뭇거릴 시간이 없다. 한국 경제를 살릴 골든아워는 얼마 남지 않았다. 한국 경제는 AI 혁명 변화 물결에 올라타 AI 강국으로 도약하는 것만이 살길이다. AI 산업을 이끄는 'AI 리더'가 필요한 시기다.

넷째, 외교다. 외교가 무기인 시대다. 대한민국은 현재 미국과 중국의 패권 다툼에 낀 형국이다. 경제, 무역, 환율, 원가, 산업, 인재 전쟁에서 패권을 잡기 위해 미·중이 총력전을 펼치고 있다. 북핵 문제나 한반도 통일은 우리만 노력해서 해결할 수 없다. 먼저 한·일 관계를 정상화한 후, 미국 바이든 정부 출범에 대비해야 한다. 경제는 중국, 안보는 미국이라는 기존의 정책 기조를 전환해야 하는 시점이 다가오고 있다. 글로벌 외교를 원활하게 풀 수 있는 '외교 리더'가 나타나야 한다.

다섯째, 성과다. 실패한 리더는 많은 것을 이루기 위해 일을 벌이고 발표만 한다. 역대 정부가 실패한 정책만 답습한다. 정책 부작용을 예측하지 않고 우격다짐으로 추진한다. 성과를 내야겠다는 압박에 조급해서 설익은 정책을 무리하게 추진한다. 반면 성공한 대통령은 재임 기간 동안 꼭 달성할 핵심 과제를 세워 실행해 반드시 성과를 낸다. AI 시대 세계는 빠르게 변한다. 글로벌 사회에서 자칫 시행착오라도 하면 영원히 뒤떨어진다. AI 시대 '성과 내는 리더'가 나와야 한다.

여섯째, 통합이다. 한국 사회는 진보와 보수, 정규직과 비정규직, 경영자와 노조 등 양극화 갈등이 도를 넘고 있다. 어느 시대나 갈등이 없지는 않겠지만 지금 우리 실정은 갈등이 첨예하다. 갈등으로 인한 경제적 손실이 국내총생산 (GDP)의 27%에 이른다는 연구 결과도 있다. 사회 통합을 이루는 통합 리더십을 갖춘 '통합 리더'가 시대적 요구다.

일곱째, 통일이다. 21세기는 한반도 통일의 시대다. 북한과의 문제를 해결하고 평화 공존을 이뤄내야 하는 중요한 때다. 주변 강대국 협조를 이끌어내 평화 통일의 공감대를 형성하고 미래 통일 한국을 주도적으로 이끌어 갈 '통일 리더'가 필요하다.

여덟째, 부동산이다. 현재 대한민국에선 부동산 정책 문제로 시끄럽다. 집값 52%가 폭등했고 지금은 전세난에 아우성이다. 정부가 24번째 부동산 정책을 발표했다. 하지만 근본적인 문제를 해결하지 않은 단기성 대책 발표로 일관해 왔다. 국민은 안정되고 편안하며 주거의 자유를 보장받기를 바란다. 세금으로 옥죄는 정책이 아니라 부동산에 대한 사고를 전환시킬 수 있는 획기적 정책이 나와야 한다. 부동산은 심리다. 국민의 심리를 이해하며 부동산 정책을 펼칠 수 있는 '부동산 리더'를 원한다.

마지막으로, 인재다. 대통령 성패는 사람에서 결정된다. 영화배우 출신 레이건 대통령은 인재를 잘 써서 성공한 대통령으로 기억되고 있다. 해당 분야의 전문성, 정치적 눈치를 보지 않고 소신껏 일하는 사람, 도덕성을 겸비한 인재를 발탁해야 한다. 두루 인재를 등용하는 '탕평인사 리더'가 필요하다.

　AI 시대 대한민국을 이끄는 리더는 전임 대통령들의 불행을 반면교사로 삼아 민심을 어루만지며 소통하는 성공한 대통령이 나와야 한다. AI 시대 시대정신은 한국 경제를 AI 강국으로 이끄는 것이다. AI 시대에 맞는 'AI 리더'가 나와 한국 경제를 살리기를 기대한다.

(내외통신. 2020.11.19.)

　1부 1장은 코로나 뉴딜의 성공조건과 코로나발 실업 쇼크 어떻게 대처할 것인가를 제언했다. 2장은 청년일자리와 AI 신산업에 의한 일자리 창출 방안을 제시했다. 3장은 'IT 강국'을 뛰어넘어 'AI 강국'으로의 도약만이 한국 경제가 살길임을 강조했다. 4장은 제조업 중심의 수출 구조를 AI 시대의 산업 구조로 전환해야 한다며 한국 경제 미래 먹거리 산업을 제시했다. 5장은 일본의 경제 보복을 극복하는 방안과 주변 4강 외교에 관해 서술했다. 6장은 부동산 문제 해법을 제시했다. 2부는 각 분야에 대해 일반적 내용으로 정책 제언을 했다. 지금까지 분야별 정책 제언 100개를 토대로 구체적이고 면밀한 100대 국정과제를 작성 중이다.

　책을 집필하면서 많은 부문을 인터넷 검색을 참고했다. 이를 통해 여러 선학의 좋은 글을 많이 인용하거나 참고했음을 밝힌다. 여러 조각을 합쳐 새로운 그림을 만들 수 있다는 생각에서다. 널리 이해해 주시기를 바란다.

　부디 이 책을 읽고 성공한 대통령이 이어져 나오기를 간절히 바란다.

2020년 추수의 계절
지은이 朴正一

AI
한국경영
지도자 편
AI Korea Management
Leader Edition

2장 // 바보야, 문제는 일자리야

【 제1부 】

1장 //
바보야, 문제는 경제야

1. 경제노믹스 평가

1) 수소경제가 미래다

에너지 패권 판도 바꿀 게임 체인저

수소는 지구 온난화와 대기오염 문제를 해결할 친환경 청정에너지다. 수소는 탄소를 배출하지 않는 깨끗한 에너지원이며 에너지 패권 판도를 바꿀 게임 체인저다. 수소는 순환적이고 지속 가능한 에너지 시스템이다. 수소경제 시대가 되면 지금 사용하는 LPG 가스도 모두 수소로 바꿀 수 있다. 수소경제의 최종 목표는 수소 연료전지 기반의 수소자동차 운영과 수소로 전기를 공급받는 수소도시 완성이며 에너지 안보 확보다.

반도체 이후 수소경제는 새로운 한국 경제 미래 먹거리로 주목을 받고 있다. 이에 정부도 수소경제 육성에 적극적으로 나서고 있다. 정부는 작년 1월 에너지 정책의 한 축으로 '수소경제 활성화 로드맵'을 발표했다. 지난 1월 9일에는 '수소경제 육성 및 수소 안전관리에 관한 법률제정안'을 의결했다.

로드맵에서 밝힌 비전은 한국이 경쟁력 있는 수소차·연료전지를 양대 축으로 세계 최고 수준의 수소경제 선도국가로 도약하는 것이다. 수소경제 추진 활성화 방안에는 에너지 분야도 포함됐다. 발전용 연료전지 보급 확산 및 수출 산업화와 가정·건물용 연료전지 확대가 주요 내용이다. 수소연료전지를 동력원으로 하는 모빌리티(승용차, 트럭, 기차, 선박, 드론) 및 건설기계 그리고 발전 분야(전력 발전용, 가정·건물용, 가스터빈 등)는 물론 후방 산업인 수소 생산, 운송, 저장, 충전소 등 인프라 구축도 있다.

2040년까지 내수와 수출을 포함해서 수소차 620만 대로 세계 시장 점유율 1위, 수소연료 전지를 이용한 발전은 15GW(가정건물용 2.1GW 제외) 충전소 1,200개를 구축한다는 목표를 세웠다. 로드맵이 차질 없이 이행되면 연간 43조 원의 부가가치와 42만 개의 새로운 일자리가 창출된다.

세계 각국, 미래 먹거리 산업으로 수소경제 선점 경쟁

세계 주요국이 차세대 에너지원으로 수소경제에 주목하고 있다. 한국이 로드맵만 발표하고 주춤하는 사이 세계 각국은 청정 에너지 사업이라는 차원을 넘어 미래 먹거리 산업으로서 수소 경제를 선점하기 위한 패권 다툼 중이다. 2050년 시장규모가 약 3,000조 원으로 전망되어 경쟁이 더욱 치열해지고 있다.

유럽연합(EU)이 2030년까지 70배 규모로 수소경제를 키우겠다는 수소 전략을 발표했다. 2050년까지 기후 중립을 목표로 탈탄소를 위한 탄소배출 제로(Net Zero)를 추진하며 수소 인프라에 4,600억 유로 600조 원을 투자한다. 산업, 교통, 전력 생산 등에서 풍력, 태양광 같은 재생에너지를 통해 청정 수소를 생산하는데 초점을 두고 있다.

사실상 유럽에서는 독일이 가장 앞서가고 있다. 2022년 의장국인 독일은 수소 산업을 국가 성장 전략으로 선언했다. 독일은 재생에너지 보조금으로 대략 150조 원을 부담한다. 재생에너지에서 생산되었지만 사용되지 못하고 버려지는 전기량이 7,000억 원이 된다. 그 잉여 전기로 수소를 만든다는 계획이다. 링겐 지역에 수소 인프라를 구축하는 'GET H2', 풍력으로 얻은 전기를 수소로 변환 저장하는 P2G(Power to Gas) 시설을 구축 중이다.

네덜란드는 태양광과 해상풍력을 이용에 2050년까지 수소를 대량 생산해 북부지역의 도시 난방을 해결하는 하이스톨 프로젝트(Hystock Project)를 추진 중이다. 덴마크는 풍력과 수전해 발전에 의해 생산된 수소를 수소 배관을 통해 각 지역에 공급한다. 가정에 설치된 수소연료전지로 전기와 난방을 생산하는 낙스코브(Nakskov) 수소 사회 프로젝트를 진행 중이다. 수전해는 전기를 이용해 물(H_2O)을 산소와 수소로 분리해서 수소를 생산하는 기술을 말한다. 수소를 분해하는 데 쓰이는 전기는 신재생발전에서 나오는 잉여 전력을 활용해 '그린 수소'라 불리기도 한다.

미국은 수소연료전지와 수소 터빈 분야의 선도를 목표로 하고 있다. 10년 내 수소차 120만 대, 충전소 5,800개를 설치할 예정이다. 2030년에는 수소 생산 단가를 1kg당 1.28~2.16달러까지 맞출 계획이다. 일본은 작년 3월에 수소·연료전지 전략을 발표했다. 2030년까지 수소차 80만 대와 수소 충전소 900개소, 가정용 연료전지 530만 대를 보급한다는 목표를 세웠다. 중국은 2025년까지 수소 전기차 5만 대, 2030년까지 100만 대를 보급하겠다고 발표했다. 우리나라 일본의 목표치보다 높다. 세계 완성차 업체들은 중국에서 치열한 수소전기차 패권 다툼을 벌이게 될 전망이다.

저장된 수소로 전기를 만드는 것이 바로 '수소연료전지'

3차 전지인 수소전지(Hydrogen Fuel Cell)는 수소연료전지(水素燃料電池)라고도 불린다. 연료전지는 수소 연료의 화학에너지로 전기에너지를 생성한다. 재생에너지로 전기를 생산해 수소를 만들어 저장한다. 저장된 수소를 가지고 전기를 만드는 것이 바로 수소연료전지다. 즉, 수소를 산화시켜서 전기를 만든다. 수소연료전지와 이차전지는 서로 공존이 필요하다. 최적화 모델을 만들어야 하기 때문이다.

배터리와 달리 수소연료전지는 전기를 저장하지 않는다. 전해질로부터 분리된 2개의 전극 즉, 양극과 음극으로 구성된다. 수소연료전지의 경우 연료로 사용되는 수소는 탱크에 저장되어 있다가 공급된다. 대기로부터 산소가 양극에 공급되는 동안 연료수소는 음극에 공급된다. 전극 사이의 전자가 촉매제를 통해 외부 회로를 이동하는 방식으로 전기가 생성된다. 에너지 효율이 높고 값이 저렴하며 소음 공해가 없는 청정에너지다. 장거리 운행하는 대형 트럭에 적합하다.

단점으로 많은 국가들이 수소 생산에 화석연료를 사용한다. 수소를 만드는 대량 생산 방법이 없기 때문에 천연가스나 석탄 같은 지하자원을 이용해서 만든다. 수소는 기체 상태로 운송되기 때문에 운송 에너지 소비가 필요하다. 압력 차를 이용 충전하기에 연속 충전이 불가능하다. 충전소 건설에 상당한 부지가 필요하며 도심지 충전소 보급 설치에 불리하다. 수소 생산부터 운반 저장까지 비용이 비싸다.

미래는 수소경제다

그렇다면 수소경제를 어떻게 선점할 수 있을까.

첫째, 수소 생산과 운반, 저장·충전 활용까지 산업 생태계를 구축해야 한다. 한국은 수소 경제 활성화 로드맵 발표만 했다. 세부 추진 일정에 맞춰 진행 상황을 점검하고 예산을 적극적으로 투입해야 성과를 낼 수 있다. 연료전지 스택을 위시한 핵심 부품인 연료전지 탱크, 배터리, 충전소켓, 전기모터 분야의 기술개발과 가치사슬 구축을 해야 한다.

둘째, 정부와 기업이 역할을 분담해야 한다. 정부는 대규모 투자가 필요한 충전 인프라를 담당해야 한다. 기업은 생산과 수요, 사업화하는 주체가 돼야 한다. 정부가 나서서 모든 것을 추진하지 말고 대기업과 협업해야 한다. 정권이 바뀌면 정책이 변경되는 악순환을 끊어 내야 한다. 미래 먹거리와 에너지 안보 확보 차원에서 접근해야 한다.

셋째, 수소전기차를 준비해야 한다. 최근 세계 자동차 시장은 수소차보다 전기차가 대세다. 현대자동차도 수소차 전략에서 전기차로 전환했다. 2025년까지 전기차 100만 대 판매, 시장 점유율 10% 목표를 제시했다. 국가와 지역마다 친환경 차를 수용할 수 있는 여건이 다르고 이용자들이 원하는 친환경 차의 모습도 다르기 때문에 수소차가 대세가 될 수 없다. 수소 충전 인프라 구축을 하기 힘든 국가나 지역은 여전히 하이브리드 정도가 최선의 대안이다.

현대자동차가 수소차에서 전기차로 전략을 바꾼 근본적인 이유는 충전소 설치 문제다. 충전소가 도심에 없다면 승용차 판매는 어렵다. 테슬라가 전기차로 치고 나오자 전기차에 집중할 수밖에 없다. 테슬라는 전기차 시대의 메기다. 전기차용 리튬 배터리는 이미 부족한 상황이다. 현대자동차는 전기차에 집중하기 위해 배터리 전문회사들과 제휴를 모색하고 있다.

수소차는 장거리를 주행하는 중대형 트럭에 맞다. 최근 미국에서는 니콜라(Nicola) 수소트럭 회사가 전 세계의 주목을 받고 있다. 출시되지 않았는데 시가총액이 포드자동차를 넘어섰다. 장거리 수소트럭 메기가 등장했다. 현대자동차도 수소트럭 시장 진출을 준비해야 한다.

넷째, 새로운 일자리를 창출해야 한다. 재생에너지 관련 전 세계 일자리는 1,000만 개다. 세계 전기 생산량에서 한국은 2%를 차지한다. 그렇다면 약 20만 개 일자리가 있어야 한다. 하지만 현실은 재생에너지 관련 일자리는 3~4만 개에 불과하다. 수소경제 산업 육성으로 새로운 양질의 일자리를 얼마든지 창출할 수 있다.

다섯째, 에너지저장장치(ESS) 산업에 집중 투자해야 한다. 수소 경제 활성화의 핵심 기술은 에너지 저장장치다. 민간 기업 주도로 성장해 생태계를 구축하도록 정부는 제도적 뒷받침을 해줘야 한다. 안전성과 저가격대의 차세대 에너지저장장치 개발에 집중해야 한다.

여섯째, 수소경제를 위한 기술 기반을 준비해야 한다. 수소경제를 주장하는 사람들은 방향과 당위성만 주장하고 수소 기술을 개발하는 사람들은 지엽적인 기술만 본다. 그래서 전체가 엮이지 못하니 지지부진하다. 수소경제는 생산, 저장, 수송, 충전, 사용 장비 등의 모든 사이클에 맞는 기술이 일정 수준 이상을 갖추어야 경제성을 가진다.

생산에서는 전기 분해로 수소를 만들어 내는 경제성을 확보한 기술이 필요하다. 수소를 이용하여 전기를 생산할 때 촉매가 핵심이다. 백금을 사용하는 양을 코팅을 통해서 많이 줄였다. 하지만 백금을 대신할 촉매를 찾아내야 경제성이 높아진다.

저장된 수소가 용기 안에서는 외부의 충격으로 폭발하지 않아야 한다. 그래서 수소 저장 금속 기술 개발이 중요하다. 수송은 대형 수송을 의미하며 이를 위해서는 안전한 대형 탱크의 탄소섬유 저장 탱크 생산 기술이 필요하다. 사용 장비들은 자동차, ESS, 중장비, 선박, 비행기 등 다양한 용도에 맞춰 개발되어야 한다.

실제로 미국 부시 정부 때 15년이면 가능할 것이라고 했지만 8년 정도 진행을 해 보고는 어렵다고 판단했다. 오바마 정부는 전기차로 전환했다. 이후 파트별로 다양한 기술들이 개발되면서 조금씩 전체 퍼즐이 맞춰져 가고 있는 상황이다. 2040년 정도가 돼야 전체 사이클이 돌아갈 수 있다

수소 에너지 시스템 기술 표준화를 선점하는 것이 '열쇠'

수소경제를 이끌고 갈 한국기업은 전 사이클을 기반으로 하지 못하고 있다. 현대자동차만 수소전기차 기술력을 보유해 경쟁력이 있을 뿐이다. 전체 사이클을 관장하는 연구 기관에 의해서 종합적으로 방향을 설정하고 리딩해야 한다. 파트별로 성공해도 전체 수소 경제를 리드할 수 없다.

마지막으로, 글로벌 시장을 선도하려면 수소 에너지 시스템 기술 표준화를 선점해야 한다. 정책을 입안하려면 산업과 기술의 트렌드 변화를 이해해야 한다. 1997년 교토의정서를 통해 이미 친환경 재생에너지 산업의 패권 다툼 서막은 올랐다. 2050년 유럽에서는 100% 재생에너지를 활용해 생산된 제품만 판매할 수 있

다. 자동차의 부품 생산부터 완성차에 이르기까지 전 공정을 재생에너지가 담당해야 한다. 유럽은 재생에너지 기술을 무기로 수소경제 표준화를 선점한다는 전략이다. 세계 주요국들의 수소경제를 선점하기 위한 기술 패권 전쟁의 서막은 이미 시작됐다. 우리는 어떻게 할 것인가.

(국가미래연구원. 2020.08.20.)

2) 미·일·중·한, '경제노믹스'의 평점

세계 주요국들은 대통령 이름을 딴 '노믹스' 경제 정책을 추진하고 있다. 대통령 이름 앞에 노믹스를 붙인 것은 1980년대 감세 정책을 통해 미국의 경제 체질을 혁신적으로 바꾼 로널드 레이건 대통령의 경제 정책을 '레이거노믹스(Reaganomics)'로 부르면서 비롯됐다.

도널드 트럼프 대통령의 '트럼프노믹스(Trumpnomics)'는 '미국 우선주의'를 최우선으로 하고 있다. 성장률을 끌어올려 보다 많은 미국인에게 좋은 일자리를 만들어 주는 것이 '트럼프노믹스'다. 이를 달성하기 위해 가장 중요한 것은 공정한 무역을 통해 미국의 무역적자를 해소하고 제조업 일자리 창출에 중점을 둔다는 것이다.

하지만 미국의 제조업은 지난 수십 년 동안 경쟁력을 잃었다. 1970년 42,400개 공장의 제조업 일자리 비중이 26%에서 현재 8.5%로 내려갔다. 또한 지난해 비즈니스 생산성은 1.9% 증가했지만, 제조 생산성은 0.1%만 증가했을 뿐이다. 제조업이 국내 총생산(GDP)에서 차지하는 비중 역시 11.5%에 불과하다. 강력한 생산성 성장 없이 제조업은 전 세계적으로 경쟁력이 떨어지기 때문에 GDP보다 느리게 성장하게 된다.

근본적인 원인은 첫째, 산업정책의 문제다. 경쟁력 있는 R&D 세금 인센티브, 교육 및 훈련 정책, 인프라 지원, 과학 및 기술 정책을 포함하여 제조 및 혁신을 촉진하기 위한 최상의 산업 정책을 마련하지 못했다.

둘째, 외국 국가들이 무역 산업을 유치하고 성장시키기 위해 더 치열하며 불공정하게 경쟁하고 있다는 것을 간과하고 있었다. 가장 중요한 경쟁자는 중국으로 '중국제조 2025'를 앞세워 첨단기술 산업을 선점하려고 막대한 투자를 하고 있다.

셋째, 서비스 일자리가 차지하는 비중은 80%이지만 이에 대한 대책이 부족하다. 제조업 축소로 일자리가 사라지는 것이 아니라 신산업과 IT 기술의 출현으로 일자리가 옮겨가고 있는 점을 간과하고 있다.

넷째, 상반되는 정책을 추진하고 있다. 법인세와 소비세 감면을 통해 소비와 투자를 늘리는 방향으로 정책을 펴고 있다. 소비가 늘면 저축은 감소한다. 따라서 무역적자 축소와 세금 감면은 어울리지 않는 정책이다.

마지막으로, 투자 활성화로 생산성이 늘면 해외 투자가 미국으로 몰린다. 그러면 달러 가치가 오르고 대미 수출이 증가해 무역적자 폭은 커지게 된다. 무엇보다 트럼프가 주장하는 미국 우선주의는 자유무역을 옹호하는 전통 공화당의 경제 정책 기조와는 확연히 다르다는 것이다.

결과적으로 '트럼프노믹스'는 서로 양립할 수 없는 경제 논리를 함께 담고 있다. 3대 핵심인 무역적자 축소와 세금감면, 투자 활성화는 동시에 실현하기 어려운 트릴레마(Trilemma)다. 11월 대선에서 트럼프 재선 여부에 '트럼프노믹스' 성공 여부가 달려 있다.

스가베(스가+아베) 정권이 출범했다. 스가 총리는 취임 전후로 '아베노믹스(Abenomics)' 계승을 천명했다. '아베노믹스'는 잃어버린 20년으로 침체에 빠진 경제를 살리겠다는 아베 전 총리의 승부수다. 확장적 통화정책과 적극적 재정 운용, 구조개혁의 세 가지 화살로 상징된다.

1985년 플라자 합의 이후 심화한 엔고 상황을 통화 공급을 통해 엔저로 유도했다. 8년간 달러 대비 엔화 가치가 약 22% 절하됐다. 수출이 증가해 기업은 수익성이 대폭 개선됐다. 친(親)기업 정책으로 기업이 투자에 나서며 고용시장이 회복돼 대졸자 취업률이 100%를 기록했다.

하지만 재정 상황은 악화됐다. 경제를 살리기 위한 재정 확대 정책으로 국가채무 비율은 급증했다. 재정 포퓰리즘(Populism)으로 국가채무 비율이 10년 전에 비교해 두 배 상승한 225.3%다. 이자 지출을 제외한 기초재정수지도 만성 적자 상태다.

'아베노믹스'는 절반의 성공이었다. 경제 성장은 회복되었고 디플레이션으로부터 탈출했다. 여성 중심으로 일자리가 크게 늘어 고용률이 8년 전보다 4.1% 증가한 60.6%로 높아졌다. 재정적자를 크게 신경 쓰지 않고 정부 주도로 재정을 분배하는 정책을 마다하지 않은 결과다.

'스가노믹스(Suganomics)'는 어떨까. 아베 없는 친 아베 내각에서 '스가노믹스'는 어떻게 전개될까. 아베 신조 전 총리는 좌파적 정책을 마다하지 않았지만 스가 요시히데 총리는 신자유주의 경제를 강조하고 있다. 아베는 안보 중시파이지만 스가 총리는 경제 중시파다. '스가노믹스'의 경제 성장 전략은 경쟁과 규제개혁 두 개의 핵심축으로 경제 성장을 추구한다. 경제와 산업 구조, 인구 변화가 비슷한 일본의 경제 정책을 주시해야 한다.

시진핑(習近平)의 '시코노믹스(Xiconomics)'는 성장 담론으로 '신창타이(新常態)' 이론에 바탕을 둔다. '신칭타이'의 특징은 산업 구조 전환이다. 첫째, 성장 속도 변화다. 고속성장에서 7~8%대 중·고속성장으로 전환이다. 둘째, 성장 방식 변화다. 규모와 속도를 중시하는 것에서 품질과 효율을 중시하는 것으로 바꾼다는 것이다. 셋째, 경제 구조 조정 방식의 변화다. 생산량과 생산 능력을 확대하는 걸 위주로 하지 않고, 재고를 조정하는 동시에 우수한 생산을 늘리자는 것이다. 넷째, 성장 동력의 변화다. 자원과 저비용 노동력 등 생산요소 의존이 아니라 기술 혁신으로 성장하는 것이다. 마지막으로, 에너지를 토대로 신산업 선점이다. 결과적으로 성장의 속도는 늦추되 성장의 질과 지속 가능성에 중점을 두겠다는 새로운 포석이 '신창타이(New Normal)'다.

'시코노믹스'는 공급 축 개혁, 국유기업 개혁, 금융리스크 방지, 부동산시장 안정, 일대일로(一帶一路) 등 핵심 정책을 대대적으로 추진한다. IMF는 신종 코로나바이러스 감염증(코로나19) 충격 속에서도 중국이 올해 4%대 경제성장률을 달성할 것으로 내다봤다. 하지만 세계 경제성장률은 -4.9%로 예상했다.

문재인 대통령의 'J노믹스(Jnomics)'는 재정 확대 정책을 기반으로 하면서 소득주도성장, 혁신성장, 공정경제로 압축된다. 이를 'J노믹스'로 통칭한다. 문 정부는 일자리 정부를 표방했다. J가 문재인 대통령의 이름의 이니셜이 아니라 일자리(Job) 약자이길 바란다.

'J노믹스'의 핵심은 사람 중심 경영이다. 'J노믹스' 집권 1년 차인 2017년에는 3.2% 경제성장률을 기록하고 국민소득 3만 달러를 돌파하면서 성공적으로 출발하는 듯했다. 하지만 이후 대외 경제 여건 악화와 반(反)기업·친노조 정책, 최저임금의 급격한 인상, 주 52시간 근무제를 무리하게 추진해 소득주도성장의 성과는 나타나지 않았다.

정부는 산업, 노동시장, 공공 부문, 인구구조 및 기술변화, 규제혁신과 사회적 자본 축적 등 5대 혁신과제를 중심으로 구체적 실천 과제를 만들어 성장률을 높이겠다고 선언했다. 하지만 국민이 체감할 수 있는 성과는 아직 나타나고 있지 않다. 주어진 시간은 그리 많지 않다.

그렇다면 주요국의 '경제노믹스'가 주는 교훈은 무엇일까. 첫째, 정부는 재정 여건을 고려해 효율적으로 예산을 집행해야 한다. 국가채무가 지난 3년간 104.6조 원, 올해는 111조 원이나 증가할 전망이다. 문제는 재정지출증가율과 경제성장률이 비슷한 수준을 보이다가 2017년 이후부터 눈에 띄게 재정 건전성이 무너지고 있다는 것이다.

재정지출증가율은 경제성장률보다 빠르게 증가하여 그 격차가 작년에 10.6배로 확대되었다. 올해는 4차 추경 편성으로 전년 대비 15.1% 이상 증가하는 데 반해 경제성장률은 마이너스다. 정부 부채 GDP 비율이 올해 8% 올라 50%에 이른다. 문제는 중장기적 재정 건전성이다. 정부가 재정 지출을 늘리더라도 생산적인 지출로 민간 경쟁에 활력을 되살려야 경제 성장이 가능하다.

둘째, 글로벌 가치사슬(GVC : Global Value Chain) 약화에 따른 부정적 영향을 극복해야 한다. 주요국 중 GVC가 높은 한국은 위험 요인을 최소화하고 기회 요인을 극대화해야 한다. 미·중 기술 패권 다툼 격화로 GVC 악화가 가속화된다. 한국도 향후 중국에 대한 의존도를 낮추고 지역 블록화 방식으로 GVC가 재구조화되는 데 대비해야 한다.

셋째, 포스트 코로나 이후 글로벌 산업지형 재편에 대비해야 한다. 고부가가치 산업의 핵심 공정 R&D에 집중 투자해야 한다. 여기에 더해 FTA(자유무역협정) 교역 규모를 늘려야 한다. 현재 협상을 진행 중인 국가만 59개국이다. 세계 주요국은 한국 경제 영토에 포함되어 있다. 이들만 합쳐도 전 세계 GDP의 77%가 넘는 규모다. 경제 영토를 넓혀 나가야 한다.

넷째, 한국이 팬데믹 이후의 글로벌 경제 환경에서 우위를 선점해야 한다. 글로벌 기업은 이번에 중국에 대한 신뢰가 많이 떨어졌다. 우리는 코로나19 대응 과정에서 매우 신뢰할 수 있는 국가로 여겨지고 있기 때문에 많은 글로벌 소비자와 기업가들이 한국을 인정하고 있다. 향후 국내에서 세제 혜택과 기업 하기 좋은 노동 환경이 조성된다면 글로벌 기업들을 유치할 수 있다. 코로나19 사태 극복 과정에서 증명된 'K-방역' 우수한 시스템을 세계 시장 도약의 발판으로 삼아 진출해야 한다.

마지막으로, 기업의 투자 환경을 조성해야 한다. 한국의 경제

성장 구조는 투자 주도 체제의 성격이 강하다. 대기업, 중소기업, 자영업 간 삼중 구조로 얽혀있다. 현재의 어려운 한국 경제를 타파하기 위해서는 정부와 민간의 역할을 구분해야 한다. 기업은 노조와 규제에 막혀 있다. 정부가 규제를 풀어 기업의 기(氣)를 살려줘야 한다. 성과로 'J노믹스'의 정당성을 입증해야 한다. 코로나 경제 시대 '코로노믹스(Cononomics)'에 대응해야 하는 절박한 시기다.

(내외통신. 2020.09.25.)

3) 바이든 정책과 한반도 운명

역대 미국 대통령별 정당은 공화당 21번, 민주당 15번, 기타 9번이다. 대선 결과에 따른 미국의 정책 기조 변화는 한반도에 큰 영향을 미친다. 제46대 미국 대통령 선거는 끝났다. 민주당 조 바이든 행정부의 정책에 따라 외교, 경제, 정치, 무역 분야에서 한반도는 자유로울 수 없다.

바이든은 외교·안보 전문가다. 바이든 시대의 한반도 외교·안보 정책은 어떻게 달라질까. 첫째, 트럼프의 일괄 타결 방식에서 벗어나 철저한 검증을 통한 단계적 타결을 추진할 것으로 전망된다. 김정은 국무위원장과의 개인적인 친분에 의존하는 '톱다운(Top Down)' 회담 외교에서 탈피해 실무팀(Working Group) 협상을 통해 합의를 준수해 가는 '보텀업(Bottom up)' 접근 방법을 취할 것으로 보인다.

둘째, 북핵 감축 의사가 있을 경우에 한해 북·미 회담에 응할 것이다. 오바마 시대의 대북 정책인 '전략적 인내(Strategic Patience)' 노선에서 한 단계 발전한 대북 압박과 제재 정책으로 북핵을 제어하고 관리하는 정책을 추진할 것으로 전망된다.

셋째, 민주당의 전통적 외교 접근 방식인 다자간 협상 전략을 펼칠 것이다. 북한의 핵 보유를 가장 경계하고 있는 중국과의 협력을 통한 대북 압박 카드가 있지만, 실현 가능성이 작다. 다른 카드로 6자 회담 복원을 예상할 수 있다. 우리가 경계할 것은, 북한이 6자 회담에 참여하면서 한반도 평화 체제 구축을 위한 종전선언 명분을 내세워 유엔사 해체와 미군 철수를 주장할 것에 대비해야 한다.

넷째. 방위 분담금 협상과 미군 철수를 연계하지 않고 한·미 동맹을 존중하겠다는 약속에 기대를 건다. 바이든은 그동안 주한미군 철수와 과도한 방위비를 부담시키는 것에 반대 입장을 보였다. 한·미 동맹 가치와 함께 주한미군이 미국의 전략적 이익에도 부합한다는 관점에서 접근할 것으로 예측된다.

마지막으로, 동맹국들의 합의를 끌어낼 것으로 예측된다. 바이든은 중국 견제를 강화하고 동맹국과의 연대를 통한 다자주의 외교 방식을 취하겠다고 강조한 바 있다. 미·일·호·인도 '쿼드(Quad·4자안보회의)'를 중심으로 인도·태평양 지역에서 영향력을 확대하려는 중국을 압박한다는 전략이다.

바이든이 부통령 당시 "미국에 반대하는 쪽에 베팅하는 건 결코 좋은 베팅이 아니다."라고 말한 바 있다. 미·중 사이 양자택일 요구에 주도면밀한 전략을 마련해야 한다. 정부가 미국 입장을 고려한 절충안을 준비해 바이든 행정부 출범 전 이견을 조율해 나가야 남·북·미 회담이 조기에 열릴 수 있는 여건이 조성될 수 있다.

바이드노믹스(Bidenomics)의 핵심은 그린 뉴딜이다. 그린 뉴딜의 목표는 일자리 창출이라고 수차례 밝혔다. 오바마 정부 때보다 더 강력한 '일자리 자석 정책(Employment Magnet Policy)'을 추진할 것이다. 관련 예산으로 4년간 2조 달러(2,400조 원)를 청정에너지 인프라 구축에 집중 투입해 양질의 일자리를 만든다는 전략이다. 바이든의 경제 정책 방향은 고소득자와 기업에 부과하는 세금 인상을 통해 소득격차를 줄이고 공공투자 재원을 마련하는 것이다. 포스트 코로나 경제 회복을 위해 실업자 지원 등 즉각적 경기 부양을 위해 헬스케어, 교육, 인프라, 청정에너지 투자에 집중하겠다고 공약했다.

산업 정책도 일자리 창출 효과가 높은 제조업 부활 정책을 추진할 것으로 전망된다. 제조업을 다시 보자는 리프레쉬 운동과 함께 리쇼오링 정책을 추진해 세계 공급망 중심을 중국에서 미국으로 바꾸겠다는 전략이다.

한국 경제에 긍정적인 요인으로 한·미 통상 환경 완화에 따른 수출 실적 증가다. 한국은행은 세계 교역량이 1% 상승하면 국내 GDP는 0.26% 증가하며, 미·중 무역 갈등 불확실성이 줄어들어 국내 투자와 소비심리에 긍정적인 영향으로 경제성장률이 0.2% 상승할 것으로 전망했다. 관세부과와 보호무역에서 벗어나 무역 활성화를 추진해 시장 확대에 나설 가능성이 크다. 미·중 간 가치사슬 복원 노력에 따른 국내 수출 개선, 대외 불확실성 완화로 인한 주식시장 상승이 예측된다.

부정적인 요인으로 미국에 진출한 국내 기업이 바이든의 증세 정책에 따라 법인세 부담이 커질 수 있다. 현재 21% 법인세를

28% 수준으로 높이고 소득세 최고 세율도 오바마 정부의 39.6%로 되돌리겠다고 공약했다. 2050년 탄소 배출 제로를 선언했기에 환경 비용 부담까지 안게 될 가능성이 크다. 한·미 간 자유무역협정(FTA)에서 과제로 남아 있는 소고기, 자동차, 지식재산권 분야에서 미국 측 요구와 경제협력네트워크(EPN) 참여에 대해 압박이 거세질 것이다.

미국의 환율조작국 압박도 예상된다. 올해 발표될 미국 재무부의 환율보고서에 우리나라가 환율관찰대상국 지위를 벗어날지 이목이 쏠린다. 미국은 대미 무역흑자 200억 달러 초과, 국내 총생산(GDP) 대비 경상수지 흑자 2% 초과, 외환시장 개입 규모 GDP 대비 2% 초과 등 3가지 조건 중 2개 이상을 충족하면 관찰대상국으로 지정한다. 한국은 1월 보고서 기준으로 대미 무역흑자와 경상수지 흑자로 2개 조건을 충족한 상태다

기후협약에서 탈퇴를 번복하고 복귀할 것이다. 이에 따라 셰일가스, 석유 등 에너지 중심 정책에서 전기차, 신재생에너지 확대로 전환될 것으로 보인다. 2021년 경제 정책의 핵심은 바이오·에너지 산업을 집중 육성할 것으로 전망된다. 제약, 반도체, 전기차, 배터리, 재생 에너지 관련 기업 진출 가능성을 확대한다면 한국 경제 수혜가 더욱 클 것으로 예상한다.

(내외통신. 2020.11.06.)

4) '바이드노믹스' 대비 서둘러야

'바이드노믹스(Bidenomics)'의 목표는 중산층 회복을 통

한 안정적 성장이다. 두 축은 확장된 정부 지출과 증세다. '미국인에 의한 미국 내 제조(Made in USA)' 및 '미국산 구매(Buy American)' 공약은 '미국 우선주의 정책'과 맥이 통한다.

바이든 당선자의 공약은 일자리 창출과 밀접하게 연관돼 있다.

첫째, 신재생에너지 분야에서 양질의 일자리 창출로 중산층을 복원하겠다는 것이다. 친환경 산업 분야 인프라에 4년간 2조 달러(약 2,200조 원)를 투입해 일거리를 만들겠다고 선언했다. 정부가 일거리를 만들며 기업은 관련 산업의 일자리를 만드는 바이든식 선순환 경제 시스템을 구축한다는 계획이다.

바이든의 친환경 에너지 공약은 미국 전역에 전기차 충전소 50만 곳, 태양광 패널 500만 개, 풍력 발전용 터빈 6만 개를 설치하고 기존 원자력 발전을 유지해 친환경 에너지 생산을 확대하겠다고 발표했다. 바이든은 100% 클린 에너지를 지향하고 취임 전까지 파리기후협약에 재가입하겠다고 선언했다.

2050년까지 이산화탄소 배출량을 제로로 만들기 위해 향후 10년간 1조 7,000억 달러(약 1,870조 원)를 투자할 계획이다. 이 계획에는 이산화탄소 배출량을 최소화한 고효율 주거단지 150만 개 건설, 기존 빌딩 400만 개와 주거시설 200만 개 업그레이드, 정부 이동 수단 전기차로 변경, 자동차 업계에 친환경 자동차 생산 인센티브 제공, 주택 소유자에 친환경 가구 도입 지원, 자동차 소유주에게 친환경 차로 변경 인센티브 등이 담겼다.

바이든의 에너지 공약은 기후 변화를 뛰어넘어 국내 경기 활성화와 일자리 창출을 목적으로 하고 있다. 미국이 청정에너지를 사용하는 미래 자동차 분야에서 세계를 이끌어 가겠다는 비전을 제시한 것이다.

둘째, 국내 일자리를 지키고 새로운 일자리를 창출한다는 정책을 추진한다. 바이든은 미국 일자리를 해외로 이전하는 기업에 불이익을 주는 '오프쇼어링 추징세(Offshoring Tax)' 정책을 발표했다. 미국 기업이 해외로 이전해 생산된 제품을 미국 내에 판매할 때 법인세 최고세율에 10% 과세를 가산해 최대 30.8%를 추징한다는 방침이다. 미국에서 일자리를 창출하는 투자 기업은 세액공제 10% 혜택을 받게 된다.

셋째, 일자리 정책으로 친환경 차 보급을 선택하고 100만 개의 일자리를 창출하겠다고 밝혔다. 자동차 산업의 일자리를 지키고 미래 자동차로 전환되도록 유도하는 정책이다. 러스트 벨트(Rust Belt)라 불리는 지역을 전기차 중심으로 재편하겠다는 야심찬 계획이다. 전기차 산업의 판도를 뒤흔들고 있는 테슬라를 뒤따라 기존의 자동차 업체들도 공격적인 전기차 정책을 펴도록 전폭적 지원을 통해 새로운 일자리를 창출한다는 방침이다.

마지막으로, 일자리 때문에 자유무역 기조로 돌아갈 가능성은 작다. 원산지 규정 강화, 고관세 부과 등의 정책을 지속해 나갈 것으로 예상된다. 미국·캐나다·멕시코협정(USMCA)은 차량의 75%를 미국에서 생산하도록 규정돼 있다. 오바마 정부의 북미자유무역협정(NAFTA)에서는 62%였다. 바이든 당선자는 외국과의 통상 협상은 국내 경제를 회복한 이후에 추진하겠다고 말했다. 이에 따라 취임 초기에는 일자리 창출에 초점을 맞추고, 그 후에 국제 무역 협상을 다룰 것으로 예상된다. 만약 환태평양경제동반자협정(CPTPP)에 가입한다면 노동·환경 조항이 협상의 테이블에 올라올 것이다.

바이든의 주요 통상 정책은 중산층과 서민의 일자리 복원, 다자주의 자유무역 통상을 중시, 환태평양동반자협정(TPP) 지지, 중국의 기술 굴기(崛起)를 철저히 견제하는 것이다. 그중 핵심은 중국을 좀 더 정교하게 압박한다는 것이다. 그렇다면 어떻게 때릴 것인가.

첫째, 중국 때리기는 계속될 것이다. 미국은 중국을 이미 '전략적 경쟁자'로 여긴 지 오래다. 시진핑(習近平)이 이끄는 중국 공산당에 대한 불신과 중국을 압박해야 한다는 공감대가 있다. 트럼프 시대의 미·중 무역전쟁을 넘어 AI 시대 신기술과 신산업을 선점하기 위한 미·중 패권 경쟁이 가속화될 것이다.

둘째, 다자주의 회귀로 중국을 압박할 것이다. 바이든은 "미국은 중국에 강하게 나갈 필요가 있다. 중국이 마음대로 한다면 미국과 미국 기업의 기술과 지적재산권을 계속 털어갈 것"이라며 "가장 효과적 방법은 동맹 및 파트너와 공동전선을 구축하는 것"이라고 말했다. 북대서양조약기구(NATO), G7 등 다자간 동맹국과 긴밀한 협조를 통해 중국을 압박할 것이다. 바이든은 동맹국들과 중국을 포위해 대중 압박을 강화할 것으로 전망된다.

셋째, 가치 중시 통상외교를 통해 중국을 압박할 것이다. 민주당은 정강 정책에서 민주주의·인권·시장경제·자유무역의 외교 우선 원칙을 밝혔다. 역대 민주당 정부가 추진했던 민주주의, 인권을 앞세워 중국을 압박할 것으로 예상된다. 홍콩, 신장(新疆), 위구르 인권 문제를 거론할 가능성이 크다.

넷째, 무역전쟁을 자제하고 자국 경쟁력을 키우는 데 집중할 것이다. 바이든은 중국에 대응하기 위해 연구·개발(R&D) 비용으로 3,000억 달러를 투입하겠다고 선언했다. 5G와 AI, 배터리, 소재, 친환경 에너지 산업에 집중 투자한다는 계획이다.

마지막으로, 중국의 기술 굴기(崛起)를 견제하며 기술 탈취 경계를 강화할 것이다. 오바마 정부 시절 이미 화웨이 배후는 중국 공산당이라는 의회 보고서가 나왔다. 실리콘밸리의 기술 탈취와 인력 유출에 대한 문제는 심각해 더 이상 미국은 좌시하지 않을 것이다.

그렇다면, 한국은 '바이드노믹스' 시대에 어떤 대비를 해야 할까.

첫째, 화웨이에 대한 반도체 수출 금지가 상당히 지속되는 상황에 대비해야 한다. 바이든은 화웨이에 대한 수출 금지 조치에 확고한 지지를 밝힌 바 있다. 중국 IT 기업 때리기는 바이든 시대에도 계속될 것이란 의미다. 바이든 시대에 미·중 패권 다툼은 계속된다.

둘째, 급변하는 환경에서 국익을 극대화하는 통상외교에 적극 나서야 한다. 미국과 자유무역협정(FTA) 중심으로 경제 동맹을 한 단계 도약시킬 절호의 시기를 맞게 된다.

셋째, 정부와 기업은 '바이드노믹스'의 정책을 면밀히 분석해 이에 맞는 대응 전략을 사전에 준비해야 한다. 통상 불확실성 감소와 수출 증가는 기회 요인이나 유가와 원 달러 환율 하락은 한국 수출에 악재로 작용한다. 미국의 정책 기조 변화와 거시금융지표를 잘 분석해야 한다.

넷째, 한국판 뉴딜과 연계된 프로젝트를 개발해야 한다. 청정에너지, 친환경 산업 분야에 미국 시장이 확대된다. 국내 기업이 참여할 수 있도록 경쟁력을 높여야 한다. 국내 기업들은 '탄소국경조정세'에 준비가 필요하다.

다섯째, 쿼드(Quad) 참여 요청에 대비해야 한다. 바이든은 동맹을 중시한다. 쿼드를 중심으로 인도·태평양에서 반중 압박을 가속화할 것으로 전망된다.

마지막으로, '바이드노믹스'가 한국 경제 어떤 바람이 불어올까 대비해야 한다. 미·중 사이에서 줄타기 외교를 하고 있는 우리에게 선택의 순간이 다가오고 있다. 한·미 정상회담 추진을 통한 선제적 대응도 하나의 방안이 될 것이다.

(내외통신. 2020.11.09.)

5) 경제 정책 성과의 마지막 골든아워

J-노믹스의 핵심은 소득주도성장, 혁신성장, 공정경제 트로이카를 축으로 저성장과 양극화 구조를 타파한다는 것이다. 국민은 역대 정권의 정책 실패 전철을 밟지 않고 경제를 살리며 일자리 걱정 없는 세상을 기대했다. 하지만 4년 동안 수많은 정책이 발표되었음에도 불구하고 가시적 성과가 나오지 않자 문재인 정부를 향한 국민적 기대감이 하락하고 있다. 막대한 예산을 물 쓰듯이 사용한 정책들인데 왜 그렇게 성과가 나오지 않을까?

첫째, 소득주도성장은 디테일이 부족했다. 법 제도나 노조 활동에 의해 임금이 상승하면 근로자들의 소득 증가로 이어져 소비 증가, 기업 투자 증가, 국민소득 증가, 경제 활성화의 선순환 과정이 진행될 것이라고 봤다. 하지만 결과는 정반대로 나타났다. 기업은 생산성 향상이나 영업실적 호전이 없음에도 인건비가 상승하는 것을 경영 위기로 여긴다. 인건비 상승에 따른 비용 상승은 고용감축을 불러왔다. 제조업 공장 해외 이전으로 국내 투자가 감소하자 관련 납품업체는 직격탄을 맞았고 기존의 일자리까지 감축하는 상황에 직면했다. 엎친 데 덮쳐 최저임금의 급격한 인상이 이어졌다. 자영업자들은 임금 상승 지출에 대한 경영 압박으로 고용을 회피하는 부작용이 발생했다.

둘째, 혁신성장 성과는 아직 분명하게 손에 잡히는 무언가가 있지 않다. 혁신성장은 기업과 정부의 역할이 엄연히 다르다. 정부는 제도와 인프라 구축, 친시장적 환경으로 AI 벤처 붐을 일으키고, 혁신의 환경을 조성해 기업의 참여를 이끌어야 했다. 하지만 반(反)기업 정서로 인해 기업들은 투자를 미루며 혁신성장을 하지 못했다. 문 대통령도 혁신성장 체감 성과 부족을 지적했지만, 성과를 내지 못하고 있다. 규제개혁이란 목표는 구호에 그칠 뿐 구체적인 개혁안이 없기 때문이다. 산업 현장에선 여전히 규제로 인해 신산업 추진이 어렵다는 지적이 꾸준히 나온다. 혁신성장 정책의 대전환이 필요하다.

셋째, 공정경제 성과는 확실하지 않다. 공정경제 성과 보고대회를 했지만, 성과가 아직은 기업과 투자자, 소비자 그리고 대·중소기업 및 소상공인 등 국민들의 일터와 삶 구석구석에서 나타나지는 않고 있다. 경제 민주화라는 최소한의 견제 장치가 있어야 장기적으로 기업이 경쟁력을 강화하고 경제를 지속적으로 발전시킬 수 있다. 정책실장이 보이지 않는다. 당·정·청 조율하는 기능에 매몰되어서는 성과를 낼 수 없다. 기업 지배구조를 개선하고, 대기업의 경제력 남용을 근절하며, 금융 그룹의 재무 건전성을 강화하려는 법안인 공정경제 3법(상법, 공정거래법, 금융그룹감독법) 국회 통과를 성과로 볼 수는 없다. 코로나19 때문에 국내 경기가 최악이다. 향후 경제를 회복하려면 기업이 나서야 한다. 노동시장 경직성 개선이 절실한 이유다.

지나간 시간과 성적 평가는 일단 보류하자. 문재인 정부는 잔여 임기 동안 어떻게 해야 성과를 낼 수 있을까. 이것이 당장 우리가 묻고 답해야 할 선결과제다.

첫째, 경제 상황에 대한 정확한 현실 인식이 우선이다. 진단이 잘못되면 엉뚱한 처방이 나올 수밖에 없다. 경제 정책 기조를 친(親)시장 정책으로 전환하는 것이 시급한 과제다. 정부가 주도해서 전·월세도 공급하겠다고 하고, 일자리도 만들겠다고 하니 자꾸 꼬이는 것이다. 부동산도 시장에 맡겨야 하고 일자리도 기업이 만들도록 정부는 환경을 조성해 주면 된다.

둘째, 확장 재정 정책이 성공해야 한다. 막대한 재정을 투입했는데 효과는 기대만큼 나타나고 있지 않다. 원래대로였다면 투자 우선순위가 낮거나 선정될 수 없는 사업에 돈이 지출되고 있다. 미래 세대에 세금 부담이 전가되고 국제 금융시장에서 국가신용도가 하락한다는 문제를 수반한다. 확장적 재정 정책으로 자금이 비효율적 집행된다면 장기적으로 국가 경쟁력이 저하된다. 예산을 선택과 집중해 효율적으로 집행해야 하는 이유다.

셋째, 한국판 뉴딜 성공이 급선무다. 모든 정부가 그 시대에 맞는 경제 정책을 만들었지만, 정권과 함께 잊혔다. 한국판 뉴딜 성공으로 포스트 코로나 이후 한국 경제 체질을 바꿔야 한다. 정부가 바뀌더라도 프로젝트는 지속적으로 진행되도록 해야 성과를 낼 수 있다. 한국판 뉴딜이 4대강이나 창조경제의 전철을 밟지 말아야 한다. 한국판 뉴딜이 성공하려면 한 분야에 집중해야 한다. 우리가 AI 선도국이 아니기 때문이다. AI 시대는 선도국가가 모든 시장을 독식하게 된다. AI 산업에 투입할 수 있는 자원이 한정된 우리는 미국과 중국을 앞서가기는 현실적으로 어렵다. 우리가 보유한 강점과 잘할 수 있는 분야를 명확히 이해하고 선택해 집중해야 성공할 수 있다. 먼저 성과를 낼 수 있는 AI 분야에 성공사례를 하나씩 만들어 가는 것이 중요하다. AI 중심도시 광주 만들기에 성공하면 AI 산업 생태계와 AI 벤처 붐을 조성할 수 있다.

넷째, 일자리 정책이다. 지난 4년간 일자리 창출 본예산 85.3조 원에 추경예산 41.5조 원을 더한 합계 126.8조 원을 일자리 관련 사업에 쏟아부었다. 세금으로 일시적으로 만드는 '알바' 일자리는 청년들의 미래를 위해서도 결코 도움이 안 된다. 정부는 티슈형 공공일자리가 아니라 AI 시대 인프라를 만드는 데 집중해야 한다. 일거리는 정부가 만들고 일자리는 기업이 창출해야 선순환 경제가 된다.

다섯째, 정책을 프로젝트해야 한다. 현란한 새로운 정책 발표가 너무 많다. 이전에 발표된 것을 포장만 바꿔 내놓는 관행은 여전하다. 발표에만 집중하고 추진과 결과는 상관하지 않는다. 공무원은 보직이 변경되기까지만 관리하면 되기 때문이다. 정책이 성과를 내기 위해서는 한번 정책이 입안되면 결과물이 나올 때까지 담당하는 정책 실명제를 실시해야 한다. 기업과 같이 프로젝트에 따라 애자일 조직, 정책성과책임제를 통해 인센티브 제도를 운용해야 한다.

마지막으로, K-기본소득 추진이다. 예일대 교수 어빙 피셔(Irving Fisher)의 교환방정식 소득모형(MV=PT)은 종이돈 시대의 화폐수량설(Quantity Theory of Money)이다. M은 통화량, V는 화폐 유통 속도, P는 물가, T는 거래 총량이다. 지폐 시대는 V를 조절할 수 없어서 사람들의 관행이나 습관에 맡길 수밖에 없었다. 하지만 AI 시대는 화폐 유통 속도 V를 조절할 수 있다. 블록체인 기술을 이용해 K-Coin을 발행하면 가능하다. K-Coin이 시장에서 5번 돌면 소득이 5배 증가하고 경제를 5배 활성화할 수 있다. 사전에 재원 마련 없이 전 국민에게 기본소득 50만 원을 지급해 경제를 활성화할 수 있다. 결론적으로 증세 없이 복지가 가능한 시스템을 구축할 수 있다는 것이다. 정부가 재원을 K-Coin을 통해 지출하고 나중에 시스템을 통해 그 돈을 환수할 수 있다는 역발상이다. 코로나19 경제 위기를 돌파할 유일한 해결책이다.

한국판 뉴딜의 성공은 한국 경제가 AI 시대의 미래를 여는 열쇠이며 AI 강국 도약을 위한 필수 조건이다.

(내외통신 2020.11.22)

2. 코로나 뉴딜 성공조건

1) '코로나 뉴딜' 성공조건

한국 경제는 수출로 먹고산다. 최근 주력 수출 산업의 경쟁력 저하와 저성장 늪에서 벗어나지 못하는 실정이다. 코로나19로 인해 엎친 데 덮쳐 우리 경제가 전시(戰時) 상황이다. 정부는 포스트 코로나를 대비하고 일자리를 창출해 경제를 살리겠다는 '코로나 뉴딜'을 선언했다.

루스벨트 뉴딜(New Deal Policy)

1933년 미국을 휩쓴 경제 대공황을 돌파하기 위해 프랭클린 루스벨트 대통령은 '스퀘어 딜(공평한 분배 정책)'과 '뉴 프리덤(신자유 정책)'을 융합한 뉴딜정책을 추진했다. 초기 뉴딜정책은 서둘러 입안되고 일관성이 부족해 효과를 낼 수 없었다. 그 후 성과를 내기 위해 1차는 실업자 구제, 2차는 대규모 토목공사로 나누어 추진했다. 국민을 직접 설득한 라디오 연설 노변담화(爐邊談話)는 절망에 빠진 국민에게 국가의 미래 비전을 제시했다.

정부 주도의 대규모 토목공사 사업에 많은 국민들이 이해관계가 있었다. 노조의 권한을 보장하고 복지제도를 확충했다. 누진세제 확충과 고소득자 소득세율을 올려 중산층의 지지를 끌어냈다. 미국 민주당은 뉴딜정책으로 1960년대까지 30여 년에 걸쳐 장기 집권 기반을 마련했다.

대표적 뉴딜 법안인 '전국산업부흥법(National Recovery Act. 1933년)'과 '전국노동관계법(National Labor Relations Act. 1935년)'은 임금이 높게 책정됨에 따라 고용이 감소했다. '농업조정법(Agricultural Adjustment Act. 1933년)'은 농산물 생산이 줄면서 일자리가 사라졌다. 소비세, 법인세, 상속세 등 각종 세금이 올라 민간 소비는 침체했고 기업은 투자하지 않았다. 결과적으로 장기 불황으로 이어져 고용 참사가 발생했다. 미국이 대공황을 극복한 근본적인 요인은 뉴딜이 아니라 2차 세계대전 종전 후 민간 투자가 폭발적으로 증가했기 때문이다.

뉴딜 일자리 창출의 모순은 첫째, 정부가 재정 지출을 증가하면 일자리가 생긴다는 것이다. 이것은 달리 말하면 다른 분야의 일자리가 줄어든 것을 의미한다. 둘째, 세금을 올려 재정 지출을 늘리면 납세자인 국민 소비 형태 위축으로 이어져 내수가 감소해 일자리가 사라진다. 셋째, 정부 주도로 만드는 일자리는 특정 분야 즉, 사회적 약자나 노인 일자리는 증가하지만, 전체 고용량은 변화가 없다.

코로나 뉴딜

역대 정부들도 경제 위기 때마다 '한국판 뉴딜정책'을 제시했다. 김대중 정부는 외환위기 극복을 위해 '정보통신 육성 뉴딜정책'을 추진했다. 노무현 정부는 10조 원 규모의 정부 재정과 민간 자본을 들여 경기 파급 효과가 큰 사회 간접 자본에 투자하는 '한국형 뉴딜정책'을 시행했다. 이명박 정부는 중산층을 살리기 위한 '녹색 뉴딜'인 4대강 살리기에 이어 '휴먼 뉴딜' 정책을 추진했다. 박근혜 정부는 정보기술을 산업 전반에 적용하고 소프트웨어 산업을 새로운 성장 동력으로 육성하겠다는 '창조경제 스마트 뉴딜 정책'을 시행했다.

그러나 국민의 정부를 제외하고 과거 정부의 뉴딜정책들은 대부분 성공하지 못했다. 이유는 간단하다. 첫째, 발표만 하고 지속적으로 실행하지 못했다. 둘째, 통계 수치에 집착했고 목표를 달성할 구체적인 로드맵이 없었다. 셋째, 일자리 창출의 주역인 기업의 참여가 낮았다. 마지막으로, 국민의 참여를 끌어내지 못했다.

뉴딜정책의 목표는 정부가 주도해 일자리를 창출하고 소비 시장을 활성화해 경제를 살리는 것이다. 목표는 코로나 경제 위기를 넘어 '포스트 코로나' 시대를 대비해야 한다. 고용특별대책으로 공공 40만 개, 민간 15만 개 일자리 창출이 핵심이다. 정부가 주도하는 공공일자리는 단기 통계상 고용은 향상되겠지만 지속 가능하지 못하다. 양질의 일자리는 발표만 한다고 해서 만들어지지 않는다. 일자리 정부는 일자리 창출이 핵심이라고 하면서도 오래 지속될 수 없는 단기 고용에만 열중했다. 세금을 내며 미래가 있는 일자리는 줄어들고 있다.

한국판 뉴딜이 성공하기 위해서는 첫째 'AI 강국 도약' 기반으로 추진돼야 한다. 왜냐하면 AI 산업에 양질의 일자리가 있기 때문이다. D(데이터), N(5G 네트워크), AI(인공지능), U(언택트),

S(사회간접자본) 분야에서 정부 발 대형 프로젝트 발굴로 AI 벤처 붐을 조성해야 한다.

둘째, 디지털 SOC는 'AI 광주 산업융합 집적단지 조성 사업'을 핵심으로 추진돼야 한다. 외환위기 때는 아날로그에서 디지털 시대로 전환되는 시기였다. 이때 문서를 디지털화하는 프로젝트가 IT 벤처 붐을 조성했다. 'AI 중심도시 광주 만들기' 프로젝트를 성공모델로 하여 'AI 강국'으로 도약해야 한다.

셋째, 일자리는 기본적으로 기업 투자에 의해 창출된다. 기업 경영하기 좋은 환경 조성이 최우선이 되어야 한다. 정부의 역할은 기업의 활동을 촉진하는 경영 환경 조성에 있다. 코로나 뉴딜의 기업 정책을 기업 기(氣) 살리기에 중점을 둬야 한다. 기업의 사회적 책임은 양질의 일자리 창출에 있다. 기업은 정부가 무엇인가 해 주기를 기다리지 말고 선제적으로 움직여야 한다.

넷째, 산업 경쟁력을 강화해야 한다. 산업 경쟁력의 약화는 경제 환경 변화에 있지 않다. 기업의 내부 역량에 있다. 저성장 극복의 기준은 국가 산업 정책에 있지 않고 기업 경영에 있다. 기업은 4차 산업혁명 기술에 대한 연구개발과 새로운 비즈니스 모델을 창안해야 한다. 국내 시장 점유에 안주하지 말고 글로벌 마케팅 능력을 향상해 틈새시장을 공략해 세계 시장으로 나가야 한다. 세습 경영을 버리고 경영 마인드를 혁신해야 한다. AI 시대에 맞는 고객 맞춤형 전략을 추진해야 한다. 단기 성과 집착을 버리고 과도한 위기 관리 경영으로 사내 유보금을 높이지 말아야 한다. 경쟁력을 높이려면 연구, 개발에 집중 투자해야 한다.

다섯째, 국가 예산을 선택과 집중해 효율적으로 집행해야 한다. 올 예산은 513조 원에 추경 240조 원을 합해 753조 원이다. 기업을 살리는 데 최우선으로 지원해야 한다. 우선 기업이 생존해야 일자리를 지킬 수 있다. 올해 가을, 겨울 2차 팬데믹을 대비해 재원을 어떻게 마련할 것인지 고민해야 한다.

마지막으로, 일자리 창출 정책 방향을 수정할 절호의 기회다. 지금까지의 정책 방향을 과감히 전환해야 한다. 기업과 민간의 투자 심리를 회복하는 정책을 추진해야 한다. 결국 일자리 창출은 기업이 만들기 때문이다. 대기업도 동참해 '한국판 뉴딜'을 성공시켜야 한다.

새로운 양질의 일자리 창출 프로젝트가 돼야 한다

AI 경제 구축으로 4차 산업혁명 신산업이 주력 수출 산업이 돼야 한다는 새로운 양질의 일자리 창출 프로젝트가 '코로나 AI 뉴딜'이 돼야 한다.

(국가미래연구원. 2020.05.)

2) '중국판 뉴딜' 배워야

시진핑 국가 주석은 2025년까지 1조 4,000억 달러(약 1,737조 원)를 투입하는 마스터플랜을 마련했다. AI(인공지능)와 5G(차세대이동통신), 신(新)에너지, 자율주행차, 빅데이터, 사물인터넷 산업에 집중 투입한다. 2030년 미국을 제치고 AI 패권을 잡겠다는 '중국판 뉴딜'이다.

경제의 위기는 정치의 기회다. 중국은 전염병 위기를 기회로 만들었다. 2003년 사스 때는 인터넷 혁명으로 전자상거래의 최대 강국이 됐다. 2008년 세계 금융위기에는 4조 위안(약 694조 원)을 SOC(사회간접자본)에 투입해 고속철도 강국으로 도약했다. 2020년 코로나 팬데믹 위기를 극복해 AI 패권국이 되겠다는 야심 찬 전략이다.

중국의 강점은 정부가 목표를 설정하면 지방정부가 세밀한 계획을 세워 추진한다. 기업들은 지방정부가 발주한 프로젝트를 수주한다. 중국식 선순환 경제 시스템이다. 중국 31개 성은 AI 프로젝트를 속속 발주하고 있다. 중국 전역이 IT 벤처 붐을 뛰어넘는 AI 시대 인프라 투자 붐이 조성되고 있다는 의미다.

최근 우리 경제는 주력 수출산업의 경쟁력 저하와 저성장의 늪에서 벗어나지 못하고 있는 실정이다. 여기에 코로나19가 엎친 데 덮쳐 그야말로 전시(戰時) 상황이다. 문재인 대통령은 '한국판 뉴딜'을 선언했다.

뉴딜정책의 목표는 정부가 주도해 일자리를 창출하고 소비 시장을 활성화해 경제를 살리는 것이다. 이번 '한국판 뉴딜'의 핵심은 '포스트 코로나' 시대를 대비하고 양질의 일자리 창출이다. 좋은 일자리는 발표만 한다고 만들어지지 않는다.

그렇다면 어떻게 해야 '한국판 뉴딜'이 성공할까.

첫째, '중국판 뉴딜'에서 배워야 한다. 중국은 목표가 AI 패권국으로 명확하다. 재정 투입을 4차 신산업에 집중 투입한다. 중앙과 지방정부가 합심해 성과를 낸다. 한국도 정부와 지자체가 합심해야 한다. 'AI 중심도시 광주'에 집중 투자해 '광주형 AI 일자리' 성공모델을 만들어 확산해야 한다. 우리가 잘하는 패스트 폴로어(Fast Follower) 전략으로 '중국판 뉴딜'을 따라잡을 수 있다.

둘째, '한국판 뉴딜'은 구호가 요란하며 무늬만 뉴딜이다. 과학기술 뉴딜, 디지털 뉴딜, 바이오 뉴딜, 그린 뉴딜에 이르기까지 다양하다. 'IT 강국'이 된 결정적 계기는 외환위기 이후 몰려온 IT 쓰나미 물결에 올라타 정보통신 뉴딜을 추진했기 때문이다. 지금 세계는 AI 시대다. AI 시대에 걸맞은 AI 뉴딜에 집중돼야 한다.

셋째, 양질의 일자리 창출을 해야 한다. 임시적인 단기 일자리는 재정 투입만으로 가능하겠지만 한국 경제 성장과 기업 경쟁력 확보에 결코 도움이 되지 않는다. 일자리는 어디에 있는가. 경쟁력 있는 곳에 있다. 경쟁력 있는 산업은 D(데이터), N(네트워크), AI(인공지능), U(언택트)다. 정부가 대형 프로젝트를 발주하면 AI 벤처 붐이 조성돼 좋은 일자리가 창출된다. 한국 경제가 갖고 있는 역량을 총동원해야 좋은 일자리를 만들 수 있다. 자칫 과거 방식대로 한다면 재정만 쏟아붓고 성과는 내지 못하게 된다. 혁신적 사고로 추진해야 하는 이유다. 좋은 일자리 창출은 '한국판 뉴딜' 성공의 필수 조건이다.

넷째, 정책 발표는 그만하고 실행해야 한다. 일자리 정책의 5년 로드맵, AI 국가 전략, 제조업 르네상스 전략 등 그동안 정부가 발표한 정책을 추진하는 것이 '한국판 뉴딜'이 돼야 한다. 새로운 뉴딜정책을 다시 만들 필요는 없다. 기존의 정책들은 우수하고 훌륭하다. 선택과 집중해 추진하면 성과를 낼 수 있다. 성공 여부는 결국 기업의 참여에 달려 있다. 기업의 참여 없는 뉴딜은 공염불이 될 수밖에 없다.

마지막으로, 기존의 일자리 정책으로 성과를 내지 못했다면 돌아보고 혁신할 필요가 있다. 기존 방식을 변혁하지 않으면 산업 위기를 극복하고 일자리를 지킬 수 없다. '한국판 뉴딜'은 'IT 강국'에서 'AI 강국'으로 이어져야 한다. 뉴딜의 성공은 AI 시대의 시대정신이고 사명이다.

(내외통신. 2020.05.25.)

3) 일자리 뉴딜 성공 조건

박정일 한양대 컴퓨터소프트웨어학부 겸임교수는 일자리 창출 전문가다. 4차 산업혁명 혁신성장 및 일자리 창출 칼럼만 100여 편에 달한다. 저서 『미·중 패권 다툼과 일자리 전쟁』에는 역대 정부의 일자리 정책 실패 원인을 분석하고 AI 시대 일자리 창출에 대한 제언이 담겨 있다. 대통령 직속 일자리위원회 중소벤처T/F장과 AI 중심도시 광주 만들기 추진위원으로 활동 중이다. 삼성그룹에서 20여 년 동안 IT 글로벌 비즈니스 현장을 누빈 경험을 바탕으로 AI 시대 일자리 창출에 대한 정책 제언을 하고 있다. 일자리 뉴딜의 성공 조건이 무엇인지 궁금해 인터뷰했다.

Q. 정부는 코로나발 위기를 극복하기 위해 '한국판 뉴딜'을 선언했다. 바람직한 목표는?

소비 시장을 활성화하고 일자리를 창출해 경제 위기를 극복하는 것이다. 이번 '한국판 뉴딜'의 핵심은 '포스트 코로나' 시대를 대비해 경제를 살리는 양질의 일자리 창출에 있다. 즉, '한국판 뉴딜'은 '일자리 뉴딜'이 핵심이 돼야 한다.

Q. 정부의 발표에 의하면 '한국판 뉴딜'은 일자리 지키기를 강조하고 있다. 의견은?

일자리 정책의 기본 방향은 사라지는 일자리만큼 새로운 일자리를 만드는 것이다. 제조업 일자리는 감소 추세라 일자리를 지키기는 어렵다. 4차 산업혁명과 AI 시대에 걸맞은 신산업과 신기술에 의한 새로운 일자리를 창출하는 것이 한국 경제와 미래 세대에 도움이 된다.

Q, 정부의 일자리 정책에 대해 조언한다면?

일자리 정부의 일자리 정책은 정부가 주도해 공공일자리 만들기에 중점을 두고 있다. 정책 방향을 전환해야 한다. 정부 역할은 일거리를 제공하는 것이다. 일거리와 일자리는 엄연히 다르다. 일자리는 기업이 만든다. 정부는 일거리, 기업은 일자리를 만드는 역할 분담이 되어야 한다.

Q, 일자리 개념에 관해서 설명한다면?

일자리란 생계를 꾸려 나갈 수 있는 수단으로서의 직업을 말한다. 일자리는 경제의 근간이고 생산의 핵심이며 소비의 원천이다. 경제를 살리려면 일자리를 창출해 수출과 내수를 활성화해야 한다. 일자리 창출은 정부의 책무이며 시대적 사명이고 최고의 복지 정책이다.

Q, 양질의 일자리를 창출하려면 어떻게 해야 하나.

일자리 예산을 늘린다고 좋은 일자리는 만들어지지 않는다. 지금까지 사회적 약자를 위한 일자리 정책인 임시직 노인 일자리 만들기에 재정을 집중 투입했다. 지금부터는 4차 신산업의 핵심인 AI와 5G 산업에 우선 투입하는 정책으로 전환해야 한다. 미래는 AI 시대다. AI 산업에 양질의 일자리가 있다. 한국 경제 미래 먹거리는 AI다. AI 강국만이 살길이다.

Q, 정부는 공공일자리 창출에 집중하겠다고 한다. 바람직한 방향인지?

공공일자리가 민간일자리 마중물 역할을 할 것이라고 지난 3년 간 정부는 주장했다. 하지만 성과는 미미했다. 공공일자리는 미래 세대에 부담을 주며 실물 경제 활성화에 도움이 되지 않는다. 재원이 끊기면 사라진다. 세금을 내는 지속 가능한 일자리를 만들어야 한다.

Q, '일자리 뉴딜'은 어떻게 진행돼야 성공할 수 있나?

'한국판 뉴딜'의 핵심은 '일자리 뉴딜'이 돼야 한다. 경제를 살리려면 일자리 창출이 필수 조건이기 때문이다. 성공하기 위해서는 새로운 정책 발표는 그만해야 한다. 기존에 발표한 국가 AI 전략을 디지털 뉴딜의 핵심으로 추진해 성과를 내야 한다. 제조업 경쟁력 확보는 르네상스 전략을 토대로 추진하면 된다. 정부와 지자체가 합심해 대형 프로젝트를 발주해야 한다. 기업이 프로젝트를 추진하면 양질의 일자리가 만들어진다. 이것이 경제 선순환 시스템이다.

Q, 과거 정부는 왜 일자리 정책에 성과를 내지 못했나?

첫째, 과거 정책을 당시 경제 상황에 맞게 조금씩 변경해 일자리 정책을 추진했다. 둘째, 청년들이 원하는 좋은 일자리가 아니라 세금으로 만드는 일시적 파트타임에 몰두했다. 셋째, 단기 노인 일자리 양산에 집중했다. 넷째, 중소기업 취직 지원에 예산을 투입하고 시간에 쫓겨 급조된 정책을 강압적으로 추진했다. 다섯째, 일자리 정책 발표에만 중점을 뒀다. 아무리 좋은 정책도 지속적으로 추진해야 성과를 낼 수 있다. 여섯째, 통계에만 매달렸다. 국민들은 고용 관련 통계수치에는 별 관심이 없다. 마지막으로, 신산업 육성을 통한 일자리 창출보다는 기존 방식대로 손쉽고 정책 리스크가 적은 복지를 위한 일자리 만들기에 치중했다.

Q. 일자리 창출 정책이 성과를 내려면 어떻게 해야 하나?

역대 정부의 실패 원인을 반면교사로 삼아야 한다. 5년마다 바뀌는 정권, 경제 환경 변화에 따라 달라지는 고용 정책, 임기 내 가시적 성과를 내기 위한 조급성과 일관성 부족 등으로 일자리 정책의 실효성이 떨어지고 있는 게 현실이다. 정부의 일자리 정책이 효과를 내기 위해서는 장기적이고 지속적인 투자와 직업훈련, 노동 정책이 맞물려 추진돼야 한다.

Q. 양질의 일자리를 창출하기 위해서는 무엇을 해야 하나?

경쟁력을 갖고 있는 산업에 선택과 집중을 해서 몰아줘야 한다. 글로벌 경쟁력이 있는 곳만 살아남는 시대다. 글로벌 기업과 경쟁할 수 있는 기업은 대기업이다. 투자와 생산, 고용의 시스템이 선순환돼야 양질의 일자리가 창출된다. 글로벌 거대 기업과 경쟁할 수 있는 대기업이 일자리를 만들어야 한다. 새로운 사업을 시작할 수 있도록 과감히 규제를 걷어내고 M&A 시장도 열어줘야 선순환 프로세스가 작동한다. 기업의 기(氣)를 살려줘야 양질의 일자리가 창출된다. 대기업은 한국 경제를 먹여 살리는 숙명과 양질의 일자리를 창출할 소명이 있다.

Q. '일자리 뉴딜' 정책의 방향은?

'일자리 뉴딜' 방향은 'AI 강국' 도약을 목표로 추진돼야 한다. AI 산업에 양질의 일자리가 있기 때문이다. D(데이터), N(네트워크), AI(인공지능), U(언택트), 디지털 SOC(사회간접자본) 분야에서 정부가 대형 프로젝트를 발주하면 AI 벤처 붐이 조성돼 좋은 일자리가 창출될 수 있다. 양질의 일자리를 창출하기 위해서는 한국 경제가 갖고 있는 역량을 총동원해야 한다. 자칫 과거 방식대로 한다면 재정만 쏟아붓고 성과는 내지 못하게 된다. 혁신적 사고로 추진해야 하는 이유다. 한국 경제가 살길은 양질의 일자리 창출에 있다.

(경기매일. 2020.06.01.)

4) 국가균형발전은 지역혁신 뉴딜로 해야

수도권 집중의 폐해가 심화하고 있다. 우리 인구의 도시 집중화는 세계에서 가장 높은 90% 이상이다. 전체 국토 면적의 11.8%에 불과한 수도권에 인구 50%가 모여 살고 있다. 국토 면적의 0.6%인 서울에 18.8%의 인구가 살다 보니 서울의 주택은 항상 부족하고 가격이 계속 오른다. 서울에는 상장회사 72%, 예금 70%, 입법부와 사법부, 주요 기업 및 금융사, 방송사, 대학들이 몰려 있다. 주요 신용카드사 개인 회원 사용 금액의 81%가 수도권에서 이뤄지고 있다. 돈과 일자리가 집중화되어 있다. 양질의 일자리가 많다 보니 지방에서 사람들이 몰려든다. 사람이 몰릴수록 서울 아파트값은 올라가고 결국 금싸라기가 됐다.

수도권의 인구가 전체 인구에서 차지하는 비율은 산업화 시대 이후 계속 늘어나다가 세종시와 혁신도시 이전이 활발했던 2011년부터 2015년 사이에는 49.3%로 정체됐다. 하지만 2016년 이후 수도권 인구 비중이 다시 늘어나 지난해는 전체 인구의 50%를 돌파했다. 지방에서 수도권으로 인구 유출이 심각한 상태다. 지방 인적 자본의 유출은 지역 경제의 순환 구조 및 산업 구조, 성장 경로에 악영향을 미친다.

지방의 읍·면 소재 78개 초등학교는 전교생이 5명 이하이며 향후 30년 228개 시·군·구 중 85개와 읍·면·동의 40%가 소멸할 것으로 전망된다. 저출산, 고령화, 지방소멸 등 문제가 심각하다.

신종 코로나바이러스 감염증(코로나19) 여파로 서울과 지방의 경제 격차가 더 커지고 있다. 지역 총생산 중 수도권의 비율은 2006년 49.3%로 정점을 찍은 뒤 2012년 48.2%까지 하락했다. 국가균형발전 추진을 멈춘 2013년부터 상승세로 돌아섰고 2017년 50%를 넘겼다.

코로나19로 인해 지방의 광공업 생산 증가율이 수도권에 뒤처졌다. 서비스업은 마이너스 성장이다. 지방은 수출도 수도권 대비 더 많이 감소하고 실업자는 수도권보다 많이 늘고 있다. 경기 편차는 비수도권 지역에서의 인구 유출을 촉진할 가능성이 크다.

서울과 지방 사이의 아파트 가격의 격차도 더 커지고 있다. 경실련 발표에 따르면 지난 3년 동안 서울의 부동산 불로소득은 490조 원에 이른다. 2014년 이후 서울 집값의 급격한 상승 원인은 국가균형발전 정책 추진이 중단된 결과다. 세종시와 혁신도시

54

건설이 활발했던 시기에는 서울의 집값은 4.5%가 떨어졌다.

국가균형발전이란 지역 간 발전의 기회 균등을 촉진하고 지역의 자립적 발전 역량을 증진함으로써 삶의 질을 향상하고 지속 가능한 발전을 도모하여 전국이 개성 있게 골고루 잘사는 사회를 구현하는 것이다. 정부에서는 지방정부의 자율성을 제고하는 자치분권과 지역 혁신 체계, 균형발전 거버넌스 구축 등을 차별적으로 제시하고 있다.

그렇다면 국가균형발전을 성공적으로 추진하려면 어떻게 하면 될까.

첫째, 지역에 혁신적인 산업이 뿌리내릴 수 있도록 재정과 정책 지원을 해야 한다. 국가균형발전의 핵심은 지역에 좋은 기업, 양질의 일자리, 우수한 인력, 혁신 산업으로 이어지는 선순환 산업 생태계를 만드는 것이다. 지역에 혁신 기업을 활성화하는 정책을 펴기 위해서는 지역별로 특화된 혁신 산업을 구축할 수 있도록 지역별 최적화된 특화 산업을 선정해야 한다. 이는 현재의 산업보다 미래 산업이어야 하며, 이를 위해서 지역에만 맡기는 것이 아니라 국가적인 차원에서 정책을 추진해야 한다.

둘째, 수도권을 중심으로 교통망을 확장해 나가는 정책을 펴야 한다. 편리한 교통망 구축이 우선이다. 성공한 대표적인 사례가 축구장 16개 규모의 삼성전자 평택 2공장과 LG화학의 오창·청주 공장이다. 일자리가 있으니 사람들이 모여든다. 공장 유치가 완전히 도시 모습을 바꿨다.

셋째, 지방 간 격차와 지역 내 격차의 두 가지 문제를 동시에 해결해야 한다. 즉, 투트랙 접근 방식을 지닌 국가균형발전 정책으로 확대해야 한다. 인구와 산업을 분산시키는 정책은 더 이상 성과를 낼 수 없다. 행정부와 공공기관 이전으로 주중 인구만 이동했다. 본 주거지는 대부분 서울이다. 일자리가 있는 산업과 기업은 수도권에 그대로다. 지역 일자리 창출 없는 국가균형발전 정책은 의미 없다.

넷째, AI(인공지능) 시대에 맞는 국가균형발전 계획을 추진해야 한다. 산업화 시대의 발상을 AI 시대로 전환해야 한다. 제조업 산업단지에 얽매인 지방균형발전 정책은 더 이상 약발이 먹히지 않는다. 시대가 변했다. 인구의 이동 경로가 변했다. 수도권에 인구가 집중되는 것은 양질의 일자리가 있기 때문이다. 일자리와 교통, 교육, 상업 등 기본 인프라가 잘 갖춰져 생활이 편리하기에 집중화된다.

지역 특성이 반영된 신산업에 의한 생태계가 구축돼야 일자리가 생긴다. 지역 간 격차 해소를 위해 일자리 창출 및 경제 활력 회복이 필요하다. 단기적으로는 일자리 창출 및 지역경제 활력 회복에 역점을 두고 장기적으로는 지역산업 활성화를 지속하기 위해 지역 뉴딜정책 추진이 시급하다. 신산업과 신기술을 선도할 비즈니스 모델을 만들어야 한다. 광주광역시에서 추진하는 'AI 중심도시 만들기' 모델이 좋은 사례다.

다섯째, 대학을 지방으로 이전해야 한다. 지방의 특화 산업에 맞는 대학과 지역 중소기업이 협업해 제품을 개발하면 경쟁력을 높일 수 있다. 청년들이 원하는 양질의 일자리가 창출될 수 있다. 서울로 이주하는 인구의 70%가 지방 청년들이다. 지방 청년들은 대학 진학 때 1차, 대학 졸업 후 2차로 서울에 몰려든다. 청년들의 지방 탈출을 막으려면 교육, 취업, 생활이 가능한 특화된 산업 생태계를 구축하면 된다. 졸업 뒤에도 지방에서 거주할 수 있게 공기업의 지방 인재 채용 할당제를 확대해 일자리를 창출하면 된다.

마지막으로, 현재 우리나라는 저성장, 양극화, 저출산, 고령화, 지방 소멸 극복과 포스트 코로나 이후 AI 비대면 사회의 시대적 흐름에 대응하는 과제에 직면해 있다. 코로나19로 인한 비수도권의 경제 위기를 돌파하고 지속 가능한 지역 발전을 위해 국가균형발전이 필요하다. 지역혁신 뉴딜정책을 국가균형발전 프로젝트로 추진해야 한다.

(경기매일. 2020.08.31.)

5) 산업 DNA 완전히 바꿀 'AI 뉴딜' 기회

1933년 미국을 휩쓴 대공황을 돌파하기 위해 프랭클린 루스벨트 대통령은 '스퀘어 딜(공평한 분배 정책)'과 '뉴 프리덤(신자유 정책)'을 융합한 뉴딜정책(New Deal Policy)을 추진했다. 뉴딜은 공격적으로 재정을 투입해 구조(Relief)·회복(Recovery)·개혁(Reform)을 달성하기 위해 실업자 구제와 대규모 토목공사로 분리해 추진했다.

역대 정부들도 경제 위기 때마다 '한국판 뉴딜정책'을 제시했다. 김대중 정부는 외환위기 극복을 위해 '정보통신 육성 뉴딜정책'을 추진했다.

노무현 정부는 사회간접자본에 투자하는 '한국형 뉴딜정책'을 시행했다. 이명박 정부는 중산층을 살리기 위한 '녹색 뉴딜'과 '휴먼 뉴딜' 정책을 추진했다. 박근혜 정부는 정보 기술과 소프트웨어 산업을 성장 동력으로 육성하는 '창조경제 스마트 뉴딜정책'

을 시행했다.

그러나 국민의 정부를 제외하고는 대부분 성공하지 못했다. 이유는 간단하다.

첫째, 발표만 하고 지속적으로 실행하지 못했다. 둘째, 통계 수치에 집착했고 목표를 달성할 구체적인 로드맵이 없었다. 셋째, 일자리 창출의 주역인 기업의 참여가 낮았다. 마지막으로, 국민 참여를 끌어내지 못했다.

뉴딜정책의 목표는 정부가 주도해 일자리를 창출하고 소비시장을 활성화해 경제를 살리는 것이다. 문재인 대통령은 '코로나 뉴딜정책'을 선언했다. 고용 특별 대책으로 공공 40만 개, 민간 15만 개 일자리 창출 계획이 핵심이다.

민간 청년 디지털 일자리 5만 개는 기록물 전산화 등 시대에 뒤떨어진 일자리다. 청년일자리 5만 개는 코로나19 사태로 채용 여력이 부족한 민간 사업장에 고용된 아르바이트 형태 일자리다. 40만 개는 인턴 단기 수준의 일자리다. 문제는 공공 부문 일자리의 경우 재원이 끊기면 지속할 수 없다는 것이다. 일자리 수만 생각하는 미봉책이다.

그렇다면 정부는 어떻게 대응하고 돌파해야 할까. 정부의 역할이 달라져야 한다.

첫째, 역대 정부의 실패 원인을 반면교사로 삼아야 한다. 무늬만 뉴딜은 곤란하다. 발표만 한다고 양질의 일자리가 만들어지지는 않는다.

둘째, 2020년 코로나 뉴딜은 4차 산업혁명 핵심인 AI(인공지능) 뉴딜이 돼야 한다. 외환위기 때는 아날로그에서 디지털 시대로 전환되는 시기였다. 이때 문서를 디지털화하는 프로젝트가 IT

산업을 성장시켜 'IT 강국'으로 도약할 수 있었다. 현재는 AI 시대다. AI는 빅데이터가 핵심이다. 각 산업 분야의 빅데이터를 구축하는 정부발 대형 AI 프로젝트 발굴이 절실하다. 빅데이터를 선점해야 AI 강국으로 도약할 수 있다.

셋째, 예산을 효율적으로 집행해야 한다. 올해 국가 예산은 513조 원에 추경 240조 원을 합치면 753조 원이다. 흑자 도산 기업이 없도록 긴급히 지원하고 경쟁력이 없는 좀비 기업은 과감히 구조조정해 국가 산업 경쟁력을 높여야 한다.

마지막으로, 추가 양적 완화에 대비해야 한다. 세계 주요 선진국은 경기 부양으로 국민총생산(GDP) 대비 30% 재원을 투입하고 있다. 우리나라 지난해 GDP가 1,844조 원으로 30%는 553조 원이다. 즉, 앞으로 300조 원이 더 투입돼야 한다. 재원을 어떻게 마련할 것인가.

한국 경제가 위기에 처할 때마다 미국의 정치적 이해 관계에 따라 '신탁통치'와 한반도 분할을 제안한 루스벨트 대통령의 '뉴딜정책'을 활용한다고 하니 씁쓸하다.

(매일경제. 2020.05.08.)

3. 포스트 코로나 준비해야

1) 중소기업 줄도산은 막아야

　신종 코로나바이러스 감염증(코로나19)과 경기 침체 장기화 여파로 기업들이 쓰러지고 있다. 미국 파산협회에 따르면 올해 들어 8월까지 자산 규모 10억 달러(약 1조 2,000억 원) 이상의 대기업 45개가 파산 신청했다고 밝혔다. 이는 2009년 글로벌 금융위기 당시 38개를 훌쩍 뛰어넘은 수치다. 중소기업 8만 곳이 영구 폐쇄했다. 이 중 6만 곳은 지역에 기반을 둔 중소기업이다. 미국 상공회의소 설문조사에서 중소기업의 약 50%가 영구 폐쇄를 고려하고 있다고 전했다.

　중소기업 500 미만 기업은 전체 기업의 44%, 고용의 50%를 차지하며 평균 생존 기간은 5년이다. 코로나19 영향으로 중소기업 수명은 더욱 짧아지고 있다. 7월 실업률은 10.2%다. 미국 정부가 전폭적인 현금 지원을 했음에도 불구하고 연쇄 파산 사태를 막지 못했다.

　일본은 올해 들어 7월까지 중소기업 406사가 도산했고 코로나 사태가 지속되면 중소기업 10% 이상이 폐업을 신청하겠다고 조사업체 제국데이터뱅크가 전했다. 업종별로는 이자카야(선술집)와 레스토랑 등 음식점에 이어 호텔이나 료칸(여관), 의료와 식품 판매업 순으로 이어졌다.

지역별로는 도쿄(東京)가 95개사로 가장 많았고, 이어 오사카(大阪)가 41개사, 홋카이도(北海道)가 23개사 등이다. 100개사 도산에 소요된 기간이 61일이었는데 101개사에서 200개사 되는 데 걸리는 시간은 35일밖에 되지 않아 1.74배 속도로 파산기업이 폭증했다. 파산 신청 건수도 전년 같은 기간 대비 2월에는 2%, 3월은 14.3%, 4월은 16.4%로 폭증했다. 앞으로 갈수록 더욱 폭증할 것이라는 전망이다.

코로나19 2차 확대로 인한 일본 국내 경기 위축으로 연쇄 도산 우려가 커지고 있다. 외국에 진출한 기업도 파산 신청이 급증하는 구조적 문제를 안고 있다. 한국에 진출한 '무인양품'은 미국에서도 파산을 신청했다. 이전 분기부터 재고가 계속 쌓였고 높은 임대료에 고비용 구조로 도산했다. 파산 이유로 첫째, 어중간한 가격과 품질로 소비자의 외면을 받았다. 둘째, 제품을 적시에 적량을 공급할 능력이 없었다. 마지막으로, 현금 흐름 관리가 부족했다. 미국에 진출한 일본의 대표적 외식기업 '페페푸드', 중국에 진출한 '도쿄제강'도 파산했다. 이렇게 메이드 인 재팬이 누리던 프리미엄은 뉴노멀 시대를 맞아 점점 더 가파르게 추락하고 있다.

우리나라는 연도별 파산 신청이 2017년 699사, 2018년 807사, 2019년 1,007사로 증가하고 있다. 올해 1~7월까지 전국 법원에 접수된 파산 신청 건수가 625건으로 관련 통계 작성을 시작했던 2013년 이후 최대치를 기록했다. 지난해 같은 기간보다는 10.4%,

2018년보다는 35.5%나 늘어났다. 코로나19로 인한 경기 침체가 지표에 반영되기 시작했다는 분석이 나온다.

개인 파산 신청도 2016년 이후 최대치인 29,007건을 기록했다. 기업 파산이 개인 파산으로 이어지는 파산 도미노가 우려되는 상황이다. 자금이 부족한 추석 전, 후 10월에는 파산 신청이 더욱 확산할 전망이다.

재무구조가 부실해 영업이익으로 이자 비용도 감당 못 하는 한계기업도 증가하고 있다. 상장된 기업 중 한계기업 증가율은 21.6%로 세계 주요국 20개국 중 2번째로 높은 수치다. 2018년 2,556사에서 작년에는 3,011사로 21.8% 급증했다. 그중 대기업은 415사, 중소기업은 2,596사로 86.2%를 차지한다. 국내 500대 기업 중 67.5%가 코로나19가 6개월 이상 지속 시 고용 유지 한계 기간으로 보고 있다. 중소기업이 위험하다.

제조업의 중심인 국가산업단지의 올 상반기 수출액이 100억 달러(약 11조 원) 줄었고 생산액은 전년 동기 대비 20조 원 급감했다. 가동률도 외환위기나 글로벌 금융위기 때보다 낮은 역대 최저치 수준이다. 장기 불황에 코로나19 쓰나미가 엎친 데 덮쳤다.

그렇다면 중소기업의 줄도산을 막으려면 어떻게 해야 하나.

첫째, 중소기업의 구조조정 수요 증가에 따른 파산 신청에 대비해야 한다. 코로나19 여파로 글로벌 저성장과 제조업 경기 둔화로 불확실성이 확대되고 있다. 일자리가 감소해 소비 심리는 위축되고 있다. 수출 교역 감소는 기업의 실적 악화로 이어져 재무적 곤경에 빠진다. 파산 신청 급증에 대비해야 한다.

둘째, 기업들의 파산 도미노 현상을 막기 위해서 긴급 자금 수혈에 나서야 한다. 가장 절박한 곳에 실제로 자금이 투입돼야 한다. 경쟁력 있는 기업에 투입하고 좀비기업은 구조조정을 해야 한다. 일시적인 경영자금 악화로 파산 위기에 몰린 기업을 살리는 일은 시간과 싸움이다. 중소기업들이 운전자금 부족으로 수없이 쓰러졌던 IMF 때 정부가 구조 개선 자금을 연장해 지원하겠다는 안일한 대책만 내놓은 결과 1997년 1만 개 기업이 도산한 것을 반면교사로 삼아야 한다.

셋째, 대기업의 도산은 중소기업 파산과 직결되므로 막아야 한다. 전체 기업의 99%, 근로자의 88%가 중소기업이다. 한국의 중소기업 대다수가 대기업의 하청 구조에 속해 있다. 국내 중소기업은 대기업에 납품하는 수직 종속 구조로 대기업이 어려워지면 중소기업이 직접 타격받는다. 아직까지는 대기업의 선방으로 심각한 타격을 받지 않고 있다. 하지만 대기업 경영난은 바로 중소기업 경영난으로 이어진다. 대기업과 중소기업의 상생 협력으로 코로나19 위기를 극복해야 하는 이유다.

마지막으로, 추석 전후 한계 중소기업 폐업 및 도산을 예측하고 준비해야 한다. 중간재를 수입해 수출하는 중소기업은 전년 대비 -10.4% 역성장했다. 산술적으로 따져 봐도 수출하는 중소기업의 10%는 타격을 입는다는 의미다. 만약 3/4분기 실적에서도 수입 감소가 나타나면 수출 타격으로 심각한 경영 악화가 우려된다. 연쇄 파산에 대비해야 한다.

중소기업은 한국 경제의 중추적인 역할을 맡고 있다. 중소기업이 살아야 한국 경제의 미래가 있다.

(국가미래연구원, 2020.09.09.)

2) 포스트 코로나 시대, 경제 살려야

신종 코로나바이러스 감염증(코로나19) 팬데믹은 지금까지 인류가 겪어보지 못한 뉴노멀이다. 전 세계 확진자는 호주 인구를 넘어선 3,000만 명에 육박하고, 사망자도 100만 명에 근접했다.

세계 경제는 제2차 세계대전 이후 최악의 경기 침체를 겪고 있다. 경제에 미치는 여파도 2008년 금융위기를 넘어선 지 오래다. 향후 글로벌 경제 정책에도 상당한 변화가 예상된다.

백신 개발이 진행되고 있지만, 변종이 나오고 전파 속도가 빨라서 내년 말까지 종식되지 않을 것이라는 비관적 전망이 많다. 미국과 일본을 비롯한 유럽 선진국조차 충격적인 마이너스 성장을 기록했다. 천문학적인 재정을 투입하고 있지만, 코로나 이전의 경제로 돌아가기는 힘든 상황이다. 일각에서는 1920년대 대공황이 재현될 것이라는 걱정도 팽배하다.

그렇다면 포스트 코로나 시대 한국 경제를 어떻게 하면 살릴 수 있을까.

첫째, 국가부채가 급격히 늘고 있음을 유의해야 한다. 코로나 위기를 극복하기 위한 통화 확대 정책은 필요하지만 동시에 정책의 효율성과 중장기적 재정 건전성을 높이는 방향으로 가야 한다.

OECD 회원국들은 공기업 적자나 공적 연금 충당금 등을 국가부채에 포함하는 IMF 기준에 의해 관리하고 있다. 하지만 한국은 공기업의 부채는 국가부채에 포함하지 않는다. 비금융 공기업 부채의 경우 2018년 GDP 기준 20.5%로 일본 16.4%, 영국 1.3% 등 OECD 국가 중 가장 높은 수준이다. 정부 부채 GDP 비율이 올해 8% 올라 50%에 이른다.

문제는 중장기적 재정 건전성이다. 저출산·고령화로 성장 잠재력은 하락하고 정부 부채비율은 가파르게 상승하고 있다. 축적될 공공부채는 미래 청년 세대가 짊어져야 한다. 정부가 재정 지출을 늘리더라도 생산적인 지출로 민간 경쟁에 활력을 되살려야 경제 성장이 가능하다.

둘째, 한국판 뉴딜정책을 제대로 추진해야 한다. 3차 추가경정 예산이 통과된 지 2달이 넘도록 '한국판 뉴딜' 관련 사업의 절반은 예산을 한 푼도 쓰지 않은 것으로 드러났다. 정부가 사업의 집행에 따른 일자리 창출 가능성을 따지기보다는 예산 밀어넣기에 급급했다는 지적을 받고 있다. 새로운 프로젝트는 찾아보기 힘들고, 예비 타당성 조사조차 통과하지 못하는 사업 등에 예산이 책정됐다.

비생산적인 곳에 재원을 낭비하고 있다. 경기 부양 효과도 없고 국가채무만 증가해 향후 한국 경제 장기 성장에 역효과를 줄 것이 염려된다. IMF 보고서에 따르면 전 세계 공공 인프라 투자의 3분의 1이 낭비됐으며, 한국은 최근 들어 대규모 인프라 사업 결정에 정치적 압력이 커졌다고 지적했다.

셋째, 세금을 내는 양질의 일자리를 만들어야 한다. 일자리 정부 출범과 함께 공공일자리 81만 개 창출 목표를 선언했다. 지난 4년간 일자리 창출 본예산 85.3조 원에 추경예산 41.5조 원을 더한 합계 126.8조 원을 일자리 관련 사업에 쏟아부었다. 성과는 나왔을까.

결과는 고용 대란으로 코로나 청년 세대들은 취업 절벽에 내몰린 신세로 전락했다. 공무원 수 증가는 실업률을 낮추기보다는 민간 부문 일자리 감소로 오히려 실업률을 끌어올리는 결과를 초래

한다.

공무원 수의 증가가 실업률에 미치는 영향을 예측해 보면 공무원 수가 1% 증가하면 실업률은 약 2.1% 증가하는 것으로 나타났다. 올해 공무원 수 증가로 인해 실업률은 약 0.2%가 상승할 것이다. 한국의 공무원 수 증가율은 OECD 국가 중 5위로 높은 증가세를 보이고 있다. 포스트 코로나 시대에 정부는 일거리를 만들고 기업이 일자리를 창출해야 한다.

넷째, 디지털 기술 안보에 대비해야 한다. 미국의 화웨이 제재가 시작됐다. 과거에는 에너지와 식량이 주요 안보 이슈였다. AI(인공지능) 혁명 시대는 분리주의와 결합한 AI 반도체 및 5G 핵심 기술이 정치적으로 활용된다. 삼성전자는 이번 미국의 화웨이 제재로 글로벌 스마트폰 시장 1위 복귀는 물론 수익률도 한층 끌어올릴 수 있을 전망이다. 화웨이는 TSMC 파운드리 설비 이용 제한으로 자체 애플리케이션 프로세서 '기린' 생산이 중단된다.

다섯째, 포스트 코로나 시대에 맞는 산업 정책이 필요하다. 코로나 이후 경제 블록화가 가속화되기 때문에 이에 관한 다양한 준비를 해야 한다. 원재료, 부품 소재, 기술 장벽, 블록화된 국제 유통 시장, 국제 기업 간 인수 합병, 중소기업들의 시장 진출 방안 등 다양한 형태의 산업 정책 준비가 이루어져야 한다. 지금까지 효율성, 성장성을 중시였던 산업 정책이 포스트 코로나 시대는 안정성 중시로 변화된다. 리쇼어링보다는 자국 내 제조 기반 확충을 추진해야 한다.

미·중 무역 갈등으로 제조업의 중요성이 재조명되고 있다. 비대면 인프라 등 디지털 기술이 모든 산업 분야에 적용되고 있다. 코로나19 사태 이후의 새로운 맞춤형 산업 정책을 입안해야 하는 이유다. 디지털을 키워드로 한 다양한 환경 변화에 맞게 산업 정책을 추진해야 한다. 일자리 창출과 신기술 산업 비중 확대를 동시에 실현하는 것이 산업 정책의 목표가 돼야 한다.

여섯째, 기업은 협력과 혁신을 기반으로 새로운 산업을 선점해야 한다. 앞으로 AI 기술이 적용된 비대면 비즈니스 솔루션들이 글로벌 시장에서 각광 받을 가능성이 크다. 바이러스 검사 치료와 재택근무 관리에 스마트 기술이 적용된 스마트 바이오, 바이러스 발생에도 공장 가동이 가능한 스마트 팩토리, 바이러스 프리의 비대면 거래 활성화를 위한 온라인 거래 등이다.

특히 디지털 콘텐츠, AR·VR을 활용한 AI 헬스케어, 에듀테크 및 화상회의 관련 산업이 포스트 코로나 이후 뉴노멀 시대 신산업으로 급부상할 것이다. 디지털 경제로 패러다임 전환에 대비한 체계적인 지원 시스템을 구축해 능동적이며 선제적으로 사업 포트폴리오 재편을 추진해야 한다. 코로나 위기를 글로벌 생산 기지 및 공급망 최적화의 기회로 활용해야 한다.

마지막으로, 민간 역량을 활용하는 협력 체계가 시급하다. 지금까지 코로나 위기 관리 대응 과정에서 재정과 통화 정책은 소진돼가고 있다. 재정 확대만으로 경제를 살릴 수 없다. 민간의 투자를 끌어내야 그간의 재정·금융 정책이 상승효과를 낼 수 있다. 경제를 살리려면 기업과 협력해야 한다. 정부가 앞장서 친기업 정서와 규제 혁파로 경영하기 좋은 환경을 조성해야 한다. 포스트 코로나 시대는 AI 시대다. 'AI 강국' 도약만이 한국 경제가 살길이다.

(경기매일. 2020.09.17.)

3) 코로나발 '실업 쇼크' 어떻게 할 것인가

신종 코로나바이러스 감염증(코로나19) 팬데믹이 전 세계 일자리 시장을 붕괴하고 있다. 세계 공장인 중국 제조업이 멈춘 뒤 한 달 만에 세계 제조업은 셧다운(일시 폐쇄)이 이어지고 있다. 글로벌 공급 사슬(GSC)이 사실상 마비돼 세계는 실업 쇼크에 빠졌다.

글로벌 금융회사 JP에 따르면 올해 중국 경제의 성장률은 작년 6.5%에 비해 대폭 낮은 1.1%로 전망했다. 일본 노무라 증권은 1/3분기 중국의 경제성장률은 전년 대비 -9% 추락해 제조업 중심으로 1천800만 명 일자리가 사라질 것이라고 예측했다. 중국은 금융위기 때와 달리 재정을 투입하지 않고 있다. 오히려 부채 줄이기와 거품을 꺼뜨리겠다고 오판하고 있다.

미국 일자리 상황도 역시 부정적이다. 세인트루이스 연방은행은 올해 경제성장률이 -3.8% 최대 6천 680만 명이 일자리를 잃어 실업률이 32.1%에 육박할 것이고 경고했다. 이는 1920년대 대공황 평균 실업률 25%를 훨씬 넘는 수치다. 최근 1천만 건에 육박하는 실업 수당이 신청됐다. 2008년 글로벌 금융위기 이후 10년 동안 창출된 일자리 2,480만 개 중 절반이 2주 만에 사라졌다. 실업 대란은 이미 현실이 돼 가는 분위기다. 트럼프 대통령은 일자리 창출에 2조 1,083억 달러(약 2,635조 원)를 투입한다.

수출로 먹고사는 한국 경제는 직격탄을 맞았다. 대외 의존도가 절대적인 국내 기업들은 전 세계 수출과 수입 및 물류 마비까지 미증유 사태에 직면하고 있다. 실업급여 신청자가 작년에 비해 30% 늘었고 고용유지지원금 신청도 급증하는 추세다. 기업의 공채 일정은 취소 또는 연기됐고 소비 단절로 단기 일자리도 실종 상태다. 자영업과 중소기업은 물론 대기업에 이르기까지 일자리 시장은 얼어붙었다. 본격적인 실업 대란이 나타날 조짐이다.

그렇다면 일자리 정부는 어떻게 대응하고 돌파해야 할까. 정부의 정책이 달라져야 한다.

첫째, 일자리 지키기 정책이 최우선이다. 일자리 유지가 실업 생계를 지원하는 것보다 효율적이기 때문이다. 위기 상황에는 일자리 유지가 최고의 생계 지원 대책이다.

둘째, 경제 성장의 원동력인 기업 파산을 막는 재정·금융 정책을 펴야 한다. 긴급 기업 구호 자금이 현장에서 집행되는 시스템으로 바뀌어야 한다. 흑자 도산 직전 기업을 살려야 일자리를 지킬 수 있다.

셋째, 소상공인과 자영업자의 파산을 막기 위해 대출을 보증하고 세금 감면 정책도 추진해야 한다. 저소득층과 일용직 근로자, 비정규직 등 취약 계층을 위한 생계비 지원이 시급하다.

넷째, 정부발 일자리 창출 AI(인공지능) 프로젝트를 추진해야 한다. 원격진료, 온라인 교육 등 코로나 사태가 바꿔 놓은 일상생활에 적용할 AI 산업은 얼마든지 있다.

다섯째, 기업이 돌아오는 리쇼어링(본국 회귀) 정책을 강화해야 한다. 이번 코로나 사태로 과다한 중국 투자가 불러오는 위험성을 깨달았다. 국내로 돌아오는 기업에 자금 지원과 세제 혜택 등 업종에 맞는 패기지 정책 지원을 통해 일자리 창출에 나서게 해야 한다.

마지막으로, 금융권은 기업의 부채 동결과 상환 연기 대책을 마련해야 한다. 기업이 도산하면 가치가 떨어지기 때문에 은행권 입장에서는 그 부분을 받아들이고 부채 연기를 하는 것이 효과적이다.

기업들은 해고 대신 단축근무, 순환휴직제 등 일자리를 유지해야 한다. 경영 단체를 중심으로 해고 안 하기 운동을 벌여야 한다. 정부의 고용 안정 대책이 위기 경영 극복에 직접 도움이 되도록 현장의 목소리를 정부에 알려야 한다. 휴업 수당을 지급하지 않고 권고사직을 통한 인력 구조조정은 멈춰야 한다.

노조도 어려운 경영 환경을 이해하고 적극 협조해야 한다. 상생형 지역 일자리 창출을 내세운 광주형 일자리 사업이 휘청거리고 있다. 협약서에 없는 경영 개입 조항을 요구하는 한국노총은 사회적 대타협의 정신을 바탕으로 합의 파기를 번복해야 한다.

노·사·민·정이 고통 분담 없이는 위기를 극복할 수 없다. 실업 대란을 막기 위해서는 노·사 합의를 지켜야 한다. 이제는 AI 시대다. 'AI 중심도시 광주'를 만들기 위해서는 '광주형 AI 일자리'가 절실하다.

한국 경제는 외환위기 때 실업 대란을 경험했다. 이번 코로나 19 사태가 일자리 걱정 없는 AI 세상을 만들 수 있는 절호의 기회다. 위기를 기회로 만들 수 있는 산업이 AI다.

(내외통신. 2020.04.17.)

4) 포스트 코로나를 준비해야 한다

신종 코로나바이러스 감염증(코로나19) 팬데믹이 세계 경제를 불황으로 내몰고 있다. 세계 공장인 중국 제조업이 멈춘 뒤 한 달 만에 세계 제조업은 셧다운(일시 폐쇄) 됐다. 글로벌 공급 사슬(GSC)이 사실상 마비돼 국가 간 물류 이동에 차질이 생겨 전 세계 경제가 패닉 상태에 빠졌다.

역사를 돌이켜 보면 전염병과 주요 사건은 기존의 경제 질서를 완전히 바꿔 놓았다. 14세기 중반 유럽에서 시작된 흑사병(페스트)은 중세 봉건 경제를 붕괴시켰다. 교역과 상업 확대로 인해 르네상스 시대가 개막됐다. 16세기 중남미에서 발병된 천연두로 원주민이 90%까지 사망했다. 노동력이 부족해지자 스페인은 아프리카에서 남미로 흑인 노예를 이주시켜 플랜테이션(대농장) 시대를 열었다. 이후 빈부 격차와 군부 독재 시대가 확산했다.

제1차 세계대전(1914~1919) 중 유럽에서 발병한 스페인 독감은 세계적으로 퍼져 5,000만 명이 사망했다. 노동력 감소는 자본 집약 산업 발전과 생산성 향상을 불러왔다. 헨리 포드가 컨베이어 벨트를 도입해 자동차 생산 혁명을 일으켜 미국 경제가 급성장했다. 2차 세계대전(1938~1945) 종전 후 항공과 조선 산업은 비약적으로 발전했다. 대량 소비 시대 시작에 맞춰 미국은 세계 경제 패권을 잡았다.

아시아 외환위기(1997~1998)는 중국 경제의 부상과 경제 글로벌화가 이뤄졌고 인터넷 혁명으로 온라인이 새로운 산업으로 자리 잡았다. 미국에서 발생한 글로벌 금융위기(2008~2009)는 세계적 경기 둔화를 초래했지만, 대규모 경기 부양 정책으로 인해 모바일 산업 혁명이 탄생하는 계기가 됐다.

앞으로의 세상은 코로나 전(BC:Before Corona)과 후(AC:After Corona)로 분리될 것이라는 전문가들의 진단도 있다. 세계 경제는 어떻게 바뀔 것인가.

첫째, 디지털 플랫폼 경제가 확대되고 보호무역주의가 한층 강화돼 세계 경제 질서가 급격히 재편된다.

둘째, 세계 각국은 공급 쇼크와 소비 감소가 겹쳐 잠재적 경제 성장률이 하락한다. 재정 대응도 벽에 부딪혀 대공황(The Great Depression)이 현실화하는 분위기다.

셋째, 산업 구조 변동으로 제조업은 스마트 팩토리로 전환되고 글로벌 IT 기업 자리를 AI(인공지능) 기업들이 차지한다.

넷째, 세계인의 일상을 통째로 바꿔 놓는다. 대규모 모임 금지와 이동 제한 조치는 소비 패턴에 변화를 줬다. 온라인과 언택트(Untact, 비대면) 소비문화가 확산하고 있다.

다섯째, 원격진료, 원격교육, 원격근무, 화상회의, 클라우드, 스트리밍 산업이 폭발적으로 성장한다. 코로나19의 최종 승자는 온라인과 모바일, 유통 산업이다.

여섯째, 마지막으로 AI와 바이오, 헬스케어 산업을 선점하는 국가는 패권국이 된다.

수출로 먹고사는 한국 경제는 코로나 여파가 심각하고 장기화되면 큰일이다. 미·중·일에 경기 위축이 예상되면서 3국에 대한 수출 의존도가 43.8%인 수출 전선에 먹구름이 짙어졌다. 국내 소비 감소는 기업의 실적 악화로 이어져 세금 수입이 줄면 국가 재정 상태가 나빠진다. 포스트 코로나 대책을 준비해야 하는 이유다.

그렇다면 어떻게 대응하고 돌파해야 할까. 정부의 역할이 달라져야 한다.

첫째, 수출과 내수를 살릴 수 있는 정책을 펴야 한다. 세계 교역량은 수출에 큰 영향을 준다. 주요 수출국에 기업인 입국 제한을 완화하는 경제 외교력이 절실하다. 일본과도 통화스와프를 체결해야 한다. 아세안 등 신흥국 시장 개척에 힘을 모아 수출의 편중 구도를 탈피해야 한다.

둘째, 재정 여력 확보를 염두에 둬야 한다. 지난해 말 기준 국가부채는 1,743조 6천억 원, 국가채무는 728조 8천억 원으로 사상 최고치다. 올해 국가채무가 국내총생산(GDP) 대비 43%를 넘어설 것이라고 한다. 국제 신용평가회사인 피치(Fitch)는 국가채무 비율이 46%에 도달하면 국가신용등급이 떨어진다고 경고한다. 재정 지원은 흑자기업 도산을 막는 데 집중돼야 한다. 이진부터 경쟁력 없이 정부 지원금에 연명해온 좀비 기업은 정리가 돼야 한다.

셋째, 기존의 경제 정책을 전환해 경제를 회생시켜야 한다. 코로나 불황은 소비와 공급, 금융과 실물이 동시에 타격을 입은 미증유 상황이다. 경제 정책이 코로나 이전과 달라져야 한다. 경제팀은 비상 위기 대응으로 바꾸고 경제 참모진도 실무 전문가로 교체해야 한다. 반(反)시장·반(反)기업 정책으로는 기업의 투자를 유도할 수 없다.

넷째, 선진 의료 시스템을 수출해야 한다. 의약품에 대한 규제를 철폐하고 연구개발 중인 기술을 담보로 대출을 받을 수 있는 제도를 운용해야 한다. 정부가 나서 투자를 받을 수 있는 환경을 조성해야 한다.

다섯째, AI 시대는 정답이 없다. 지금껏 한국 경제 발전을 이끈 방식은 AI 시대는 더 이상 통하지 않는다. AI 산업을 선점해 글로벌 시장을 이끄는 새로운 길을 가야 한다.

여섯째, 실업 쇼크에 대비해 일자리 창출 정책을 혁신해야 한다. 국민은 일자리가 넘칠 때 행복하다. 일자리를 능가하는 복지 정책은 없다. AI 뉴딜을 추진해야 한다. AI 산업 육성과 양질의 일자리를 창출하는 최전선에 'AI 중심도시 광주'가 있다. 광주형 AI 일자리 성공을 기대한다.

마지막으로, 'IT 강국' 인프라에 AI 기술을 접목해 AI가 수출 주력산업이 돼야 한다. 한강의 기적을 일궈낸 저력과 'IT 강국'의 유전자를 융합해 'AI 강국'으로 도약해야 한다. 코로나 위기를 기회로 만들 수 있는 산업이 AI다. 일자리 정부 성공은 AI에 달려 있다. 경제 살리기 시작도 끝도 일자리 창출이다.

(국가미래연구원. 2020.04.20.)

2장 //
바보야, 문제는 일자리야

1. 일자리 창출

1) 바보야, 문제는 일자리야

"바보야, 문제는 경제야(It's the economy, stupid)" 슬로건으로 빌 클린턴 미국 대통령은 1992년 대선에 승리하고 재선까지 했다. 동서고금을 막론하고 국민에게 가장 중요한 공통적 이슈는 경제다. 국민들은 먹고사는 문제가 가장 중요하기 때문이다. 각종 여론조사에서도 경제 활성화가 1위를 차지한다.

경제의 근간은 일자리다. 일자리는 생산의 핵심이며 소비의 원천이다. 경제 활성화란 일자리 창출이다. 일자리 창출은 국가의 당연한 책무이며 국민의 권리이다. 국민은 일자리가 넘칠 때 안정되고 행복하다. 일자리를 능가하는 복지 정책은 없다. 일자리가 없다면 국민소득이 3만 달러를 넘고 세계 경제 규모 11위가 된들 의미 없다.

정부는 일자리 창출을 통해서 국민에게 희망과 행복을 줘야 한다. 문재인 대통령은 광복절 경축사에서 "아무도 흔들 수 없는 나라"를 목표로 제시했다. 일자리 정책은 복지와 산업 발전 정책으로 나뉜다. 복지 정책은 사회적 약자와 생계형 일자리 정책으로 분류한다. 산업 발전 정책은 신산업 육성을 통한 청년일자리 창출이 속한다.

　일자리 정책은 4개로 분류한다. 첫째, 일자리 창출이다. 유망한 산업을 육성해 창업과 고용 유도로 일자리를 만드는 것이다. 둘째, 일자리 늘리기와 쪼개기다. 노동 시간 단축과 공공일자리 확대 및 시간제 일자리로 기존의 일자리를 늘리거나 나누는 것이다. 셋째, 일자리 지키기다. 중소기업 고용 지원과 인센티브 강화 정책으로 중소기업 일자리를 유지한다. 넷째, 취업 지원이다. 청년들의 취업을 위해 신기술 관련 교육과 지원을 한다.

　역대 정부는 막대한 예산 투입과 수많은 정책을 발표했지만, 실업 문제를 해결하지 못했다. 실패 원인으로는 첫째, 과거 정책을 경제 상황에 맞게 조금씩 변경해 일자리 정책을 추진했다. 둘째, 청년들이 원하는 일자리가 아니라 세금으로 만드는 일시적 파트타임에 몰두했다. 셋째, 단기 노인 일자리 양산에 집중했다. 넷째, 중소기업 취직 지원에 예산을 투입하고 시간에 쫓겨 급조된 정책을 우격다짐으로 추진했다. 다섯째, 일자리 정책 발표에만 중점을 뒀다. 아무리 좋은 정책도 지속적으로 추진해야 성과를 낼 수 있다. 여섯째, 통계에 매달렸다. 국민들은 고용 관련 통계 수치에는 별 관심이 없고 일자리만 관심이 있다. 마지막으로, 신산업 육성을 통한 일자리 창출보다는 기존 방식대로 손쉽고 책임을 지지 않으며 정책 리스크가 적은 복지를 위한 정책에 치중했다.

　문재인 대통령은 일자리 정부를 표방했다. 일자리 예산으로 2017~2018년에 36조 원(고용보험 포함 54조 원), 2019년에 22조

9천억 원을 투입했다. 2020년에는 25조 8천억 원이 편성됐다. 막대한 예산을 투입했지만, 눈에 띄는 성과를 내지 못하고 있다.

집권 3년 차로 반환기가 코앞이다. 과거 정부의 실패를 반면교사로 삼아 성과를 내야 한다. 일자리 예산을 늘린다고 양질의 일자리는 만들어지지 않는다. 경제가 올바른 방향으로 가고 있어도 양질의 일자리가 늘지 않는다면 신산업에 의한 일자리 창출 정책으로 과감하게 전환해야 한다.

미래는 AI(인공지능) 시대다. 전 세계적으로 AI 혁명이 일어나고 있다. AI는 4차 산업혁명의 총화이며 양질의 일자리를 창출하는 블루오션 산업이다. 일거리(생태계)는 정부가 조성하고, 일자리(직업)는 기업이 만들고, 일꾼(인재)은 대학이 육성하는 삼위일체(三位一體) 산업이 AI다. 한국 경제의 미래 먹거리인 AI 산업에 올인해야 한다. '뭣이 중한디, 일자리가 중하지', 국민들의 외침이 귓전을 때린다.

(매일경제. 2019.10.10.)

2) 일자리 정부에 일자리 없다

청년실업률 최악

통계청에 따르면 5월 청년(15~29세) 실업률은 10.5%로 2000년 이래 최고치를 기록했다. 청년 체감 실업률은 23.2%로 2015년 이후 최악이다. 청년일자리는 작년과 비교해 9만 5,000개 줄어 거의 참사 수준이다. 실업률은 4%, 실업자 수는 112만 1,000명으로 18년 만에 최고다. 취업자 수도 1월에 33만 4,000명에서 7만

2,000명으로 줄어, 2010년 이후 8년 만에 최저다. 한국 경제에서 취업자 수는 30만 명가량 증가해야 정상이다.

정부는 공공일자리를 마중물 삼아 올해는 민간일자리를 창출한다고 했다. 하지만 각종 고용지표를 분석해 보면 외환위기(1997년)나 글로벌 금융위기(2008년) 수준과 비슷하다. 올해는 일자리 지표가 계속 나빠져 일자리 상황이 녹록지 않다. 매달 발표하는 고용지표는 일자리 창출을 최우선으로 하는 정부를 난처하게 만들고 있다. 청와대에 일자리 상황판까지 설치하였고 일자리위원회, 일자리수석까지 신설하였지만, 일자리 정부에서 일자리 문제가 심각하다.

역대 정부의 일자리 정책

일자리 문제는 소득 불균형과 사회 불안을 가져온다. 역대 정부는 고용 문제 해소를 위한 각종 정책을 추진했다. 김대중 정부는 외환위기 극복과 실업 문제 종합 대책으로 국무총리실 산하 실업대책위원회를, 노무현 정부는 양극화 해소와 고용 친화 정책으로 청년실업대책특별위원회·고용지원센터를, 이명박 정부는 세계 금융위기 극복을 위한 국가고용전략회의와 고용노동부를, 박근혜 정부는 창조경제 추진을 위한 창조경제혁신센터를 운영했고, 문재인 정부는 청년 실업 대책으로 일자리위원회, 일자리수석을 신설해 대통령이 직접 일자리를 챙기고 있다.

연평균 일자리 예산은 국민의 정부 5조 3,262억 원, 참여정부 1조 6,191억 원, 이명박 정부 9조 2,230억 원, 박근혜 정부 약 14조 원이었다. 예산 1억 원당 일자리 창출 효과는 김대중 정부 는 7.4명, 노무현 정부는 17.1명, 이명박 정부는 2.1명, 박근혜 정부는 미미했다. 문재인 정부는 지난해 11조 원, 올해 3조 원의 일자리 추경 예산을 투입하고 있는데 청년일자리 문제는 해결의 실마리가 보이지 않는다.

역대 정부의 일자리 정책은 크게 달라진 것이 없다. 청년일자리 정책이 실패한 가장 큰 이유는 첫째, 과거 정부의 정책을 경제 상황에 맞게 조금씩 변경해 추진했다. 청년들이 원하는 정책이 아니라 일자리 수에만 집중해 세금으로 만드는 정책에 몰두했다. 둘째, 청년들이 원하는 양질의 일자리와 동떨어진 일자리들을 만드는 데 정부의 지원이 집중됐다. 셋째, 비경제활동인구에 속한 청년들이 스스로 노동시장에 진입하도록 유도하는 정책이 부족했다. 넷째, 청년일자리 정책이 독립적으로 시행돼 산업 정책과 연계를 통해 시너지 효과를 내지 못했다.

선진국은 일자리 넘쳐

최근 주요 선진국들은 세계 경제 회복과 구조 개혁 등에 힘입어 고용 호황을 누리고 있다. 미국의 5월 실업률은 3.8%로 2000년 이후 최저다. 일자리를 창출하는 글로벌 정보기술(IT) 기업들이 타 산업과 기술을 융합해 일자리를 만들고 있다. 아마존, 구글, 페이스북, 애플, 마이크로소프트 등이 혁신성장과 민간일자리 창출의 엔진 역할을 한다.

일본은 대학 졸업자 취업률이 100%다. 로봇 신전략과 스마트공장과 같은 새로운 제조 시스템 구축을 통해 제조업 중심의 일자리를 창출하고 있다. 프랑스는 마크롱 대통령이 노동 개혁을 통해 역대 최저의 실업률을 유지하고, 혁신성장 정책으로 글로벌 정보기술(IT) 기업을 유치해 일자리를 창출하고 있다. 독일은 제조업 강점을 기반으로 정보통신기술(ICT)과 융합을 통해 일자리를 늘리고 있다. 중국은 '제조2025'를 목표로 5대 중점 계획과 드론·로봇·의료 분야의 융합이 가능한 산업을 10대 육성 산업으로 지정하고 자금 지원을 통해 새로운 일자리를 창출하고 있다.

일자리 창출 위해서는

역대 정부는 실업률이 높아진 이유를 산업 구조조정과 취업자가 구직 활동을 늘렸기 때문이라고 했다. 인구 구조 변화는 10년 전부터 예견되었기에 올해 들어 일자리 수가 감소했다고 하기에는 이유가 부족하다. 안정된 일자리는 늘었고 임시직 일자리가 줄었다고 하는 것은 일자리에 대한 국민의 인식과 너무 동떨어져 있다. 김동연 부총리는 "국민이 일자리에 대해 우려하는 것을 정부가 함께 공감하는 모습을 보여야 한다."라고 했다.

고용 참사의 원인은 경직된 노동시장, 대기업의 제조업에 편중된 산업 구조, 인구 고령화와 구조적 요인, 최저임금 인상과 주 52시간 근무제 시행 등 복합적이다. 이를 해결하기 위해서는 첫째, 일자리 수에 연연하지 말고 양질의 일자리를 창출하자. 둘째, 청년 실업 대책을 새로운 방향을 통해 접근하자. 우리 강점인 제조업과 정보기술(IT) 산업을 융합해 기존에 없는 직종, 직업을 만들어 청년들에게 제공하자. 셋째, 역대 정부의 일자리 정책 중 일자리 늘리기·쪼개기, 일자리 지키기, 일자리 지원 정책에 예산을 투입하지 말고 일자리 창출 정책으로 전환해 유망한 기술을 통해 창업할 수 있도록 선택과 집중하자. 넷째, 혁신성장으로 한국 경제의 성장 엔진을 찾자. 다섯째, 과감한 규제 개혁을 통한 세제·재정 지원을 하자. 여섯째, 노동시장 유연성 확보와 기업의 기를 살리자. 혁신성장으로 일자리를 창출하자.

(국가미래연구원. 2018.6.17.)

3) 실업대란 쓰나미가 몰려온다

기업 경영 환경 악화로 고용시장마저 급속히 위축되고 있다. 국내 주요 기업들이 신규채용을 미루거나 중지하면서 취업문이 좁아지고 있다. 한경연은 한국 경제가 연내에 경기 반등을 이뤄내기는 사실상 어렵다고 봤다. 하반기 경제성장률이 -3.8%를 기록할 것으로 분석했기 때문이다. 따라서 향후 고용시장도 갈수록 악화될 것이다. 16일 통계청이 9월 고용동향을 발표한다.

이번 지표에는 사회적 거리두기 여파가 반영돼 8월보다 더 악화될 것이다. 코로나19의 고용 충격은 쉽사리 나아지기 어려운 상황이다. 실업대란은 현재 진행 중이고 언제 해결될지 예측할 수 없는 불확실성이 높다. 코로나 청년 세대가 취업 절벽에 내몰리며 실업대란 쓰나미가 몰려오고 있다.

그렇다면 어떻게 대응하고 일자리를 창출해야 할까.

첫째, 일자리 예산을 효율적으로 집행해야 한다. 일자리 정부 출범과 함께 본예산 2017년 15조 9,452억 원, 2018년 18조 181억 원, 2019년 21조 2,374억 원, 2020년 25조 4,998억 원, 지난 4년간 총 80조 7,005억 원에 추경 예산 41.5조 원을 더한 합계 126.8조 원을 쏟아부었다. 막대한 예산을 투입했지만 양질의 일자리 창출은 눈에 띄지 않는다. 추가경정예산이 통과됐는데도 한국판 뉴딜 관련 사업의 절반은 예산을 한 푼도 쓰지 않은 것으로 드러났다. 정부가 사업 집행에 따른 일자리 창출 가능성을 따지기보다는 예산 밀어넣기에 급급했다는 지적을 받고 있다. 조급하다는 의미다.

둘째, 역대 정부가 성과를 내지 못한 일자리 정책 답습에서 벗어나야 한다. 지난 정부들은 세금으로 임금을 주는 '티슈형 공공 일자리'를 만드는 데 몰두했다. 고용 통계에 취업자로 계산되기 때문이다. 100번이 넘는 고용 대책과 100조 원이 넘는 예산을 투입했지만 일자리 문제를 해결하지 못했다. 일자리 정부도 과거 정부의 실패한 정책을 따라 하고 있다. 차이점이 있다면 20년에 걸쳐 사용된 예산을 4년 만에 집행했지만 결과는 같다는 것이다. 재정만 투입한다고 양질의 일자리는 창출되지 않는다.

셋째, 양질의 일자리 100만 개를 창출해야 한다. 일자리 정부는 집권 4년 차까지 청년이 원하는 일자리 만들기에 미흡했다. 정부는 한국판 뉴딜을 본격 시행하겠다면서 2022년 89만 개, 2025년까지 190만 개 일자리 창출 목표를 제시했다. 세금으로 만드는 공공일자리는 청년들이 원하는 일자리가 아니다. 세금 지원이 중지되면 바로 사라진다. 4년 차까지 양질의 청년일자리를 만들지 못했는데 남은 임기 동안 100만 개를 창출한다면서 세부적 실행 계획은 보이질 않는다. 재정을 투입하는 일자리가 아니라 세금을 내는 양질의 청년일자리를 창출해야 하는 것은 정부의 책무다.

넷째, AI(인공지능) 전문인력 양성에 집중해야 한다. 전 세계가 AI 산업에 국가 역량을 쏟고 있다. 일본은 AI 인재 100만 명 양성, 중국은 화웨이 단독으로 AI 인력 100만 명을 채용하겠다고 한다. AI 산업에서 중국은 벌써 한국보다 저만치 앞서 나가고 있다.

다섯째, 정부와 기업이 역할을 분담해야 한다. 정부가 일거리를 만들면 기업은 일자리를 창출한다. 지금은 정부가 일자리를 만들 겠다고 나선 상황이다. 정부가 주도하는 데는 한계가 있다. 정부 는 미래 산업의 인프라와 첨단 기술에 투자해야 한다. 기업과 협 력해야 한다. 기업이 투자해야 일자리가 창출돼 경제가 살아난다. 반(反)기업·반시장 법안을 철폐해 기업이 경영하기 좋은 환경을 조성해야 한다. AI 원격 산업의 규제를 풀어주면 새로운 시장을 통해 일자리가 창출된다.

마지막으로, 경제 전시 상황에 맞게 정책을 유연하게 추진해야 한다. 문 대통령은 경제 전시 상황을 강조했다. 코로나19가 소멸 한다는 내년 말까지 한시적으로 국회에서 주 52시간, 최저임금을 유예하는 법안을 여야 합의로 추진하는 것은 어떨까. 그래야 중소 기업과 자영업자의 일자리를 지킬 수 있다. 취약한 산업 분야를 중심으로 모니터링을 강화해 고용시장 붕괴를 미연에 방지해야 한다. 동시에 포스트 코로나 이후 도래할 고용 환경 변화에 대처 해 나가야 한다.

(매일경기. 2020.10.12.)

4) 일자리 창출 어떻게 할 것인가

역대 정부 실패 원인 반면교사 삼아 신기술에 투자해야

2018년 예산은 문재인 정부의 비전과 철학을 제대로 담지 못 했다. 내년도 예산이 본격적인 일자리 정부의 예산이다. 정부의 2019년도 예산은 470조 5,000억 원을 배정했다. 정부는 보건·복 지·고용 분야에 올해보다 12.1% 늘어난 162조 2,000억 원을 책정했는데 이는 전체 예산의 35%에 달한다.

역대 최고의 청년 실업과 줄어드는 제조업 및 자영업 일자리 상황을 타개하기 위해 일자리 예산을 올해보다 22% 늘린 23조 5,000억 원을 편성했다. 정부는 늘린 예산으로 공무원 3만 6,000명과 사회서비스 일자리 9만 4,000개, 어린이집 보조교사 1만 5,000명의 일자리를 창출하고 노인 일자리 61만 개, 아이·노인 돌봄 서비스 등 여성 일자리 13만 6,000개, 장애인 일자리 2만 개 등을 늘린다.

또한 높은 청년 실업을 감안해 실업급여 예산은 7조 4,093억 원, '청년내일채움공제' 사업에 1조 374억 원, '청년추가고용장려금'에 7,135억 원을 지원하고 졸업한 지 2년이 안 된 구직 청년에게 월 50만 원씩 6개월간 지원금을 주는 사업에 2,019억 원을 편성했다.

역대 정부의 연평균 일자리 예산은 국민의 정부 5조 3,262억 원, 참여정부 1조 6,191억 원, 이명박 정부 9조 2,230억 원, 박근혜 정부 약 14조 원이었다. 예산 1억 원당 일자리 창출 효과는 김대중 정부 7.4명, 노무현 정부 17.1명, 이명박 정부 2.1명, 박근혜 정부는 미미했다.

문재인 정부 출범 후 지금까지 일자리 관련 예산은 총 54조 원이다. '재정 지원 일자리 예산'이라는 통계를 기준으로 하면 2017년 17조 원에 2018년 19조 원을 합하면 36조 원이다. 현재까지 본예산 66%, 추경 71%가 투입됐고 하반기에 7조 5,000억 원을 사용한다. 막대한 일자리 추경 예산을 투입하는데도 일자리 문제는 날로 심각해지고 있는 상황이다.

역대 정부는 막대한 예산을 투입하고도 실업 문제를 해결하지 못했다. 실패 원인은 임시적 일자리 양산과 중소기업 취직 지원에 예산을 투입하고 시간에 쫓겨 급조된 정책을 우격다짐으로 추진했기 때문이다.

일자리 정부는 일자리 예산 집행을 과거 방식이 아닌 새로운 방법으로 미래를 보고 사람에 투자해야 일자리를 창출할 수 있다. 구체적으로 청년들이 원하는 양질의 일자리를 만드는 신기술에 집중 투자해야 한다.

이명박 정부 시절 4대강 사업에 투입된 26~32조 원의 막대한 예산을 AI와 소프트웨어산업 육성에 사용했다면 현재 청년일자리는 넘쳐난다. 똑같은 실수를 반복하지 말자. 중소기업에 취직하면 지원금을 준다고 하지 말고 경쟁력 있는 중소기업을 키우기 위해 전폭 지원하자. 산업단지 환경 개선이 중요한 것이 아니라 중소기업이 신기술로 무장하도록 지원해야 한다.

또한 정부가 앞장서 대규모 프로젝트를 발주하자. 과거 정부가 추진했던 전자정부, 행정전산화 프로젝트와 유사한 시대에 맞는 정부 주도 AI 프로젝트 추진에 일자리 예산을 집행하자. 그러면 AI 인력 양성, 청년들이 원하는 양질의 일자리 창출 문제들은 저절로 해결된다.

예산을 집행해 생기는 임시직은 예산이 끊기면 사라진다. 일시적 일자리가 아니라 미래에도 지속 가능한 양질의 일자리 창출 분야에 선택과 집중하여 일자리 예산을 집행하자.

일자리 창출 어떻게 할 것인가

첫째, 벤처 창업 붐을 일으키자. 1997년 IMF 위기 당시 김대중 대통령 초청으로 손정의, 빌 게이츠 회장이 한국을 방문해 초고속인터넷을 제안했기에 현재 세계 최고의 인터넷 강국이 됐다. 문재인 대통령도 손정의 회장을 초청해 한국의 미래 먹거리에 대해 조언을 받자. 현재 손정의 회장은 세계적으로 벤처 투자에 영향력이 대단히 크다. 손정의 회장이 AI가 미래를 지배하며 한국은 우수한 인재가 많아 유망하기에 한국 벤처에 투자한다고 발표하면 제2의 벤처 붐을 조성하는 계기가 된다.

둘째, 중소·벤처기업의 경쟁력을 키우는 데 일자리 예산을 지원하자. 최근엔 대기업과 소규모의 중소기업보다 중견기업이나 신생 기업이 새로운 고용을 만드는 추세다. 무엇보다 전체 일자리의 88%를 차지하는 중소·벤처기업이 양질의 일자리를 만들어야 하는데 우리나라의 중소기업은 대부분이 대기업에 납품하는 협력업체로서 대기업의 경영 상황에 따라 실적이 좌우된다. 독일의 히든 챔피언과 강소기업, 세계적인 기술과 경쟁력을 갖고 있는 일본의 부품 중소업체와 경쟁할 수 있도록 산업별로 중소기업을 선정 집중 지원하자.

셋째, 일자리 창출하는 산업 정책을 제대로 수립해 추진하자. 최근 한국은 눈에 띄는 산업 정책이 보이지 않는다. 과거에는 정부가 나서 산업 정책을 만들고 기업과 협력하여 경제 성장을 이끌었다. 그러나 현재는 일자리를 없애는 산업 정책을 하고 있어 안타깝다. 4차 산업혁명 신기술에 맞는 산업 정책을 세워 일관되게 추진하자.

넷째, 일자리를 만드는 일자리 정책을 추진하자. 자국 기업들의 해외 공장을 국내로 되돌리는 '리쇼오링'이 세계적 추세다. 트럼프 대통령은 리쇼오링 정책을 강력하게 추진해 지난 2년간 제조업에서만 26만 개의 일자리를 만들었다. 미국은 7년간 1,200여 개, 일본은 작년 724개 공장이 유턴했으나 한국은 2개뿐이다. 우리 기업이 해외에서 고용한 근로자는 286만 명이다. 중국 시진핑은 미국에서 유학한 우수 학생들이 국내에서 창업하도록 적극 지원하고 있다. 이는 천인계획, 만인계획의 연장선이다. 이런 것이 일자리 정책이다. 일자리 창출이 일자리 정책이지 일자리 나누기, 일자리 쪼개기, 중소기업 취직 자금 지원 등은 일자리 정책이 아니다. 일자리를 창출하는 일자리 정책을 추진해야 한다.

다섯째, 정부는 플랫폼 정부가 되어야 한다. 일자리 정책이 현장에서 효율적으로 집행되어 성과를 내려면 정부의 역할이 중요하다. 각 부처 이기주의에 우선시 되는 구시대 관습을 타파해야 한다. 일자리 창출을 위해서는 각 부처와 지자체가 유기적으로 협조하고 도와줘야 한다. 정부는 부동산 가격을 잡겠다고 하는데 지자체는 개발하겠다고 한다. 부동산 가격이 폭등하는 엇박자는 이제는 없어야 한다. 일자리 정부라는 목표가 정해졌으면 모든 부처는 일자리 창출에 올인해야 한다. 각 부처의 이기주의를 버리고 벽을 허물고 오로지 일자리 창출에 집중하자. 모든 부처 평가도 일자리 창출에 가중치를 최대치로 하자. 국무회의 때 각 장관들은 일자리 창출과 관련하여 수치로 보고하자. 그렇지 않으면 책임지지 않고 중간만 하자는 생각에 정부가 추진하는 일자리 창출은 어렵다.

여섯째, 평가 시스템과 감사 방식을 바꿔 규제 혁파를 제대로 하자. 규제를 철폐하려면 정부는 감사 방식을 바꾸고 다소 부족한 서류가 있어도 허가를 빨리 해 주고 선 조치 후보완 해도 문제 삼지 말고 오히려 담당자를 승진시키자. 한 번만 그렇게 하면 공무원 사회는 완전히 변화한다. 일의 진행 과정 즉, 규정을 지켰는지가 아니라 시장 상황에 맞게 빨리 허가를 내준 성과를 보고 공무원 평가를 하자. 기존의 감사 방식도 새롭게 바꾸자. 더불어 정치인들은 규제를 철폐하자고 말로만 떠들지 말자. 제발 현장을 이해하고 시대에 맞게 법을 개정해 줘야 한다.

일곱째, 통계와 정책 프레임에 함몰되지 말자. 국민들을 통계와 정책으로 설득하려고 하지 말아야 한다. 대다수 국민들은 소득주도성장, 혁신성장, 공정경제, 포용국가와 같은 정책과 고용 관련 통계 수치에는 별 관심이 없다. 오로지 내 직업과 안정된 일자리를 원할 뿐이다.

마지막으로, 탁상공론(卓上空論)과 견지망월(見指忘月)하지 말자. 그리고 제발 핑계를 대지 말고 현장 상황에 맞는 맞춤형 정책을 추진해 일자리 창출 성과를 내기를 기대한다.

(한국경제. 2018.09.05.)

5) 일자리 창출, 흑묘든 백묘든 상관없다

한국 경제 하반기 빨간불

한국은행이 발표한 6월 기업경기실사지수(BSI)는 5월보다 0.1 포인트 떨어진 80.0으로 향후 경기 회복에 대한 기대감이 감소하고 있다. 한국경제연구원에 조사에 따르면 기업들의 7월 전망치가 90.7로 17개월 만에 최저치다. 기업들이 느끼는 체감 경기는 수출 환경 악화와 최저임금, 주 52시간 시행과 내수 부진으로 최악이다.

29일 통계청에 따르면 설비투자는 3개월 연속 떨어졌고 5월 설비투자는 전월보다 3.2% 감소했다. 설비투자 감소는 경기가 악화

됨을 의미한다. 소매 판매도 전월보다 1.0% 감소해 2달 연속 떨어졌다. 투자와 소비 지표가 동반 하락한 건 10개월 만이다. 향후 2분기 후의 경기를 미리 예견하는 선행종합지수 순환변동치도 전달보다 0.1% 하락한 100.0으로 올 2월의 100.6 이후 4개월 연속 떨어졌다. 3분기에도 하락하면 경기는 침체 국면에 접어든다.

지난 5월 기준에 의하면 6개월 이상 구직 활동을 한 실업자 수는 13만 5,000명으로 지난해 같은 달 대비 1만 6,000명으로 13.6% 증가했다. 전체 실업자 112만 1,000명 가운데 12.0%를 차지해 외환위기 때와 같은 상황으로 고용의 양과 질 모두 악화됐다. 5월 일자리 참사에 이어 하반기 한국 경제가 어려워진다는 것을 알려 주는 지표다.

黑猫白猫(흑묘백묘) 상관없다

'흑묘백묘 주노서 취시호묘(黑猫白猫 住老鼠 就是好猫)'의 줄임말이다. 검은 고양이든 흰 고양이든 쥐만 잘 잡으면 된다. 중국의 개혁과 개방을 이끈 덩샤오핑[鄧小平]이 1979년 미국을 방문하고 돌아와 자본주의든 공산주의든 상관없이 중국 경제를 살려 인민을 잘살게 만들겠다고 주장했다.

덩샤오핑이 흑묘백묘식으로 경제 발전을 이끌어 중국은 비약적인 경제 발전을 거듭했다. 경제 발전만 할 수 있다면 '검은 고양이'와 '흰 고양이'를 가리지 않겠다던 중국이 이제는 우수한 고양이만 선별해 '녹색 고양이(녹묘:綠猫) 경제'를 추진하고 있다. 4차 산업혁명에 맞는 '쥐'를 잡기 위해 친환경·첨단·고부가가치 기업을 육성하고 있다.

문재인 정부는 한국 경제 성장 정책의 두 축으로 소득주도성장과 혁신성장을 강조했다.

소득주도성장은 국민의 소득을 올려 경제 성장을 주도하겠다는 수요에 초점을 맞춘 정책으로 소득 분배 개선과 추가 성장 동력을 발굴해야 했다. 하지만 단기적인 수요 확대에 집착해 공급 부문의 근본적인 혁신 추진과 경제 성장 엔진 발굴, 일자리 창출을 못 했다. 한국 경제는 소득주도성장 정책만으로는 이끌어 갈 수 없는 세계 경제 12위권 규모다. 소득주도성장의 1년을 되돌아보며 친 노동 정책인 최저임금 인상에만 몰두한 결과 고용지표 악화와 일자리 참사로 이어졌다.

혁신성장은 민간 기업의 혁신을 유도해 경제 성장을 이끈다는 공급 중심의 정책이다. 혁신성장 정책은 혁신 거점 구축, 혁신 생태계 조성, 혁신 인프라 강화, 규제 완화를 중심으로 추진한다. 하지만 혁신성장의 성과는 나타나고 있지 않다.

지금 문재인 정부에 필요한 것은 '흑묘'(소득주도성장)'냐, '백묘(혁신성장)'냐를 따질 때가 아니다. 성장과 분배의 이분법적 차원이 아니라, 성장을 추구해 성장 과실의 고른 분배로 삶의 질을 높여야 한다. 정책이나 이념을 더 이상 논하지 말자. 국민은 이념이나 논쟁에 관심 없다. 그저 내 삶이 나아질 수 있는 양질의 일자리를 원한다. 하반기에는 일자리 창출이라는 가시적 성과를 내야 한국 경제가 성장할 수 있다.

일자리 창출해야

일자리를 창출하기 위해서는 첫째, 전 산업 부문의 혁신성장을 추진하자. 청와대에 혁신성장 컨트롤타워를 만들어 한국 경제의 혁신성장을 이끌어야 한다. 중소·벤처기업과 대기업이 조화롭게 혁신성장을 할 수 있도록 유도하자. 기업과 정부, 노동계가 한국 경제의 혁신성장을 위해 협조와 조정, 양보를 해야 일자리를 창출할 수 있다.

둘째, 제대로 된 규제 혁신을 하자. 규제 개혁이 대통령 의지만으로 안 된다는 것은 역대 정부에서 확인됐다. 규제 개혁 드라이브를 강하게 할수록 이익집단 반발은 거세진다. 규제 개혁은 청와대가 직접 챙겨 기업 하기 좋은 환경을 만들어야 한다. 일자리는 민간 기업에서 나온다. 규제를 혁파해 기업들의 기(氣)를 살려 신바람 나는 경영으로 새로운 투자를 할 수 있도록 '프렌들리 기업정책'을 펼치자.

셋째, 일자리 문제는 정부의 정책에 의해서만 해결될 수 없다. 정부는 지방자치단체와 협력하여 일자리 만들기 붐을 확산하자. 실례로 광주시(光州市)는 친환경 자동차 산업 육성을 통해 미래 먹거리 해결과 청년일자리 창출이란 두 마리의 토끼를 잡는다는 복안인 광주형 일자리 성공모델을 만들어 성공시켜야 한다. 광주형 일자리 모델은 기업으로부터 적정한 임금을 받는 노동자들에게 지역사회가 주거와 의료 등을 지원하겠다는 것이다.

넷째, 중소벤처기업의 창업 열풍을 만들자. 막대한 대기업의 사내 유보금을 중소벤처기업과 신기술 인수합병(M&A)에 투자하도록 하자. 금융권도 중소벤처기업에 융자가 아닌 투자를 하자. 융자 중심에 의존하는 은행 경영 구조로는 유망한 기술·벤처를 발굴하고 육성하기는 어렵다. 2017년 중소벤처기업 투융자 비중을 보면 중소기업 대출 융자는 632조 원으로 98.8%인 반면 벤처 투자는 7조 7,000억 원으로 1.2%에 불과했다.

다섯째, 일자리 전문가를 과감히 발탁하자. 일자리를 만들어 본 경험이 없으면 일자리를 만들기 어렵다. 일자리를 한 번이나 만든 경험이 있는 인물이 일자리를 담당해야 한다. 현장을 알아야 올바른 방향으로 정책을 추진해 성과를 낼 수 있다. 좋은 정책 발표만으로는 일자리를 만들 수 없다. 역대 정부도 청년일자리 창출 정책을 29번이나 발표했지만 실패했다. 현 정부도 출범 후 6번이나 일자리위원회를 개최했지만 일자리는 최악이다. 비즈니스 현장과 기업의 속성을 이해하고 일자리를 창출해 본 전문성을 갖춘 인재를 발탁하자.

여섯째, 신기술 교육에 집중 투자하자. 앞으로 양질의 일자리는 4차 산업혁명 관련 산업에서 나온다. 기업이 직원 교육에 투자할 수 있도록 정부가 지원 체계를 구축하자. 앞으로 현장에서 필요한 기술은 신기술이다. 근로자들을 교육하고 기술 수준을 향상해 미래 직업에 전환할 수 있도록 하자.

친노동 정책 추진으로 가뜩이나 어려운 중소기업과 자영업자, 일자리가 없어 파트타임과 공시(公試)에 목메는 청년들은 힘들다. 일자리 정부에 일자리가 없는 슬픈 현실을 직시해 이제는 국민이 체감할 수 있는 일자리 창출의 가시적 성과를 내야 한다. 경제를 성장시키고 일자리를 만드는 유일한 방법은 기업과 시장을 활성화시키는 것이다.

(국가미래연구원. 2018.7.4.)

6) 일자리 창출 없인, 일자리정부 성공 없다

일자리 참사

지난 17일 통계청이 발표한 고용지표는 '일자리 참사' 수준이다. 일자리 상황이 어렵다는 것은 알았지만 이 정도까지 나빠질 것이라고는 예상 못 했다. 이번 발표한 고용지표의 특징을 요약하면 다음과 같다.

첫째, 취업자 수는 전년 동월에 비해 30만 명 증가 수준은 유지해야 하는데 지난달은 5,000명 증가에 그쳤다. 취업자 수 증가 폭이 1만 명에도 미치지 못한 것은 글로벌 금융위기인 2010년 1월 이후 8년 6개월 만이다. 취업자 증가는 올해 들어 2월 10만 4,000명으로 떨어진 이후 6개월 연속 10만 명 밑이다. 취업자 수가 고용시장이 정상이던 작년에는 매달 평균 31만 명 증가 수준을 유지했다.

둘째, 40대 일자리 감소와 안정적 일자리가 빠르게 사라지고 있다. 특히 주목할 사항은 27시간 이상 일하는 취업자의 감소 속도가 빠르다. 이는 한국 사회의 핵심 노동력이 경제 활동을 하지 못하고 있다는 의미다. 재정을 동원한 일자리 정책은 일시적 미봉책이다. 역대 정부의 실패를 반면교사로 삼아 근본적 해결책을 추진해야 한다.

셋째, 일용직과 임시직이 23만 명 줄어들어 서민 일자리가 참사 수준이다. 지난달 임금 근로자 중 일용직 근로자는 12만 4,000명, 임시직 근로자는 전년 대비 10만 8,000명으로 줄었다. 일용직은 지난해 11월부터 9개월째, 임시직은 23개월째 줄고 있다.

넷째, 실업률은 3.7%로 전년 동월보다 0.3%포인트 상승했고,

청년실업률은 9.3%로 전년과 같았다. 실업자가 7개월 연속 100만 명을 넘었고 실업자 수는 103만 9,000명으로 전년 동월 대비 8만 1,000명 증가했다.

다섯째, 제조업 취업자는 전년 동월 대비 12만 7,000명 줄어 4개월 연속 감소했다. 특히 최저임금 인상의 여파를 받고 있는 도소매, 숙박, 식당업은 8만 명, 경비원 등이 속해 있는 사업시설관리·사업지원 및 임대서비스업에서 10만 1,000명 감소했다. 홀로 가게를 운영하는 자영업자도 10만 2,000명 줄어들어 일자리 참사에 영향을 끼쳤다.

마지막으로, 체감실업률을 나타내는 고용보조지표는 11.5%로 0.6%포인트 상승했다. 관련 지표가 도입된 2015년 이후 7월을 기준으로 가장 높은 수준이다. 국민 열에 하나 이상은 실업 상태라는 뜻이다.

선진국 일자리 호황

미국은 글로벌 정보기술(IT) 기업들이 일자리 창출과 경제 성장을 리드하고 있다. 트럼프 대통령도 리쇼오링 정책을 강력하게 추진해 지난 2년간 제조업에서만 26만 개의 일자리를 만들었다. 지난 2월 실업보험 청구자 숫자가 1969년 이후 48년 만에 최저치를 기록하고, 실업률은 완전고용 상태인 4%, 경제성장률은 3%이상을 자신하고 있다.

일본은 규제를 완화하고 법인세를 내리는 적극적인 경기 부양책으로 기업들은 호황이다. 기업들은 일손을 구하지 못해 인력난에 시달리고 대학 졸업자 취업률은 100%다. 2020도쿄올림픽을 계기로 로봇 강국과 경제 대국의 위상을 되찾겠다고 난리다.

중국은 BAT(바이두, 알리바바, 텐센트)가 창업 열풍의 선두에서 뛰고 있다. 미국에서 공부한 우수한 인재가 귀국해 창업 붐을 일으킨다. 벤처 투자 자금도 넘쳐나 하루 1만 7천 개가 창업한다.

일자리 창출해야

세계는 일자리 전쟁 중이다. 미·중 무역전쟁 서막은 이미 올랐다. 세계를 긴장시킨다. 겉으론 무역 분쟁이지만 이면은 미래 신기술에 대한 일자리 선점의 전초전 성격이 짙다.

4차 산업혁명 시대에 미국 트럼프 대통령과 중국 시진핑 주석은 패권, 무역, 환율, 원가, 산업, 인재 전쟁에서 승리하기 위해 총력전을 펼치고 있다. 현재 우리나라는 미국과 중국의 패권 다툼에 낀 형국이다. 안타깝게도 한국은 미·중 보호무역 여파와 저성장, 청년 실업, 저출산, 고령화 등 총체적 난국이다. 최근 한국은 실물 경제, 재정, 금융, 산업, 실업 위기 등 경제 상황이 녹록지 않다.

한국 경제의 위기를 타파하기 위한 유일한 방책은 일자리 창출이다. 일자리는 사회 안정의 근간이다. 일자리 창출은 시대적 사명이자 과제다. 일자리가 사라지고 줄어든다면 한국 경제의 미래는 없다. 청년일자리 참사 후 대책을 세우는 것은 '소 잃고 외양간 고치기'다. 일자리를 창출해야 한국 경제가 재도약할 수 있다.

일자리 정책의 핵심은 일자리 창출이다. 근로시간을 단축해 일을 나누는 것은 일자리 창출이 아니다. 일자리 창출과 일자리 나누기 정책은 엄연히 다르다. 근로시간 단축으로 일자리를 늘린다는 정책은 이미 유럽에서 실패했다.

일자리 창출에서 가장 중요한 것은 청년일자리 창출이다. 청년일자리 창출은 바로 신기술에 의한 일자리 창출이다. 한국은 대학 졸업자가 많지만 우수한 인재들을 활용할 수 있는 일자리가 부족하다.

일자리를 창출하기 위해서는 다음과 같은 5가지 점에 유의할 필요가 있다.

첫째, 일자리 계획(Plan)과 정책은 이미 충분하다. 이제는 일자리를 만드는 실행(Action)을 하자. 역대 정부의 실패 원인을 반면교사로 삼아 4차 산업혁명 신기술 관련 양질의 일자리를 만들자.

정부는 공공일자리를 마중물로 삼아 국민이 체감할 수 있는 성과가 하반기에 나온다고 했다. 그러나 지금은 내년 초나 돼야 나온다고 한다. 다들 성과를 자신하고 있지 못한다.

둘째. 흑묘(黑猫)든 백묘(白猫)든 상관없다. 소득주도성장과 혁신성장을 따질 때가 아니다. 짜장면이든 짬뽕이든 짬·짜장이든 일단 만들어 내놓자. 국민들은 배가 고파 짜증이 나기 시작한다.

셋째, 창업 열풍을 위해서는 블루오션 분야가 필요하다. 국민의 정부 시절 정보기술(IT)이라는 블루오션이 있었기에 벤처 붐이 일어났다. 현재는 인공지능(AI)이 블루오션이다. 청년들이 창업 붐을 일으키도록 정부가 인공지능 관련 시장을 개척하고 판을 깔아 주자. 산업화 시대는 경부고속도로 개통으로 수출 대국의 문을 열었다. 국민의 정부는 인터넷 고속도로를 만들어 IT 강국으로 우뚝 설 수 있었다. 일자리 정부는 AI 고속도로 플랫폼을 만들어 미래 먹거리를 확보해야 한다.

넷째, 일자리 창출에만 올인하자. 일자리 창출과 상반되는 정책은 현장 상황을 고려하여 단계별로 추진하자. 기업의 두 손을 묶어 놓고 일자리를 만들라고 하는 것은 어불성설이다.

마지막으로, 사람과 시스템이 혁신적으로 변화해야 한다. 현장을 알아야 시장이 원하는 정책을 추진해 성과를 낼 수 있다. 일자리를 만들어 본 경험이 없으면 일자리를 만들기 어렵다. 좋은 정책 발표만으로는 일자리를 만들 수 없다. 예컨대 월드컵에 출전한 감독이 "선수들이 경험을 많이 쌓았다"라고 설명하면, 해설자는 "월드컵은 경험을 쌓는 무대가 아니라 좋은 결과로 실력을 보여 줘야 한다."라고 지적할 것이다.

10년 후 일자리의 60%는 아직 나타나지도 않았다. 청년들은 존재하지 않는 미래의 일자리를 준비해야 한다. 기존의 획일적인 방법에 얽매이지 말고 자신의 꿈과 미래를 개척하자. 올여름은 유난히 찜통더위였다. 더위와 일자리 스트레스를 한 번에 날려줄 일자리 태풍이 불기를 기대한다.

(국가미래연구원. 2018.8.23.)

2. 청년일자리 창출

1) 청년일자리 신기술에 있다

청년 실업 심각

　정부가 발표한 통계에 따르면 지난 3월 국내 경제 실업률이 4.5%로 17년 만에 사상 최고치를 기록하고 실업급여 대상자는 62만 명을 넘었다. 심각한 청년일자리 문제를 해결하지 못하면 올해 경제성장률은 3%를 넘기 힘들다.

　청년 실업자(15~29세)는 청년 10명 중 1명꼴로 늘었다. 아예 구직 활동을 포기하거나, 아르바이트로 일하면서 더 좋은 일자리를 찾는 청년까지 포함한 체감실업률을 보여주는 고용보조지표는 청년층이 22.7%로 전년도 22.1%보다 0.6%P 높아졌다.

　향후 3~4년 동안 청년 고용시장이 인구 구조 문제로 개선되기 어려운 상황이다. 청년층 중 일자리 수요가 가장 많은 25~29세 인구는 2014년 326만 명을 저점으로 지속적으로 증가해 2021년에는 367만 명으로 39만 명이 증가된다.

　결과적으로 에코붐 세대(1991~1996년생)는 향후 3~4년 동안 노동시장 진입 인구가 연평균 30만~40만 명 늘어난다. 중소벤처기업부는 에코붐 세대가 취업 시장에 진입하는 향후 5년간 청년실업 문제가 심해질 것으로 전망했다.

역대 정부 일자리 정책 실패 원인

역대 정부는 지난 20년 동안 청년일자리 문제 해결을 위해 40번의 청년 고용 대책 발표와 100조 원이 넘는 예산을 투입했지만 청년일자리 문제는 계속해서 심화하는 양상을 보이고 있다.

역대 정부의 정책은 크게 달라진 것은 없다. 과거 정책을 경제 상황에 맞게 조금씩 변경하여 추진했다. 청년들이 원하는 정책이 아니라 세금으로 만드는 정책에 몰두했다.

실패 원인은 첫째, 정규직, 아르바이트, 인턴 등 일자리 수에만 집중하여 예산을 투입했기 때문이다. 청년들이 원하는 양질의 새로운 일자리 창출보다는 일시적 일자리 늘리기와 취업 지원 정책에만 집중했다.

둘째, 비경제활동인구에 속한 청년들이 스스로 노동시장에 진입하도록 유도하는 정책이 부족했다.

셋째, 청년일자리 정책이 독립적으로 시행돼 산업 정책과 연계를 통해 시너지 효과를 내지 못했다. 결과적으로 정권 차원에서 성과를 낸 일자리 정책은 찾아보기 어렵다. 양질의 일자리를 만들기 위해서는 정부는 과거 정부의 일자리 정책을 반면교사로 삼아 신기술을 통한 일자리 창출을 해야 한다.

신기술 통한 청년일자리 창출

4차 산업혁명에 의한 획기적 기술 발전으로 사람과 기계의 역할 변화, 현실세계와 가상세계의 결합, 감성 컴퓨팅 기술의 발전, 스마트 기술을 통한 융합 분야에 새로운 청년일자리가 있다.

드론의 클라우드 비행 기술은 산불, 홍수와 같은 자연 재해 대응과 농업 및 건설, 스포츠 중계 등 다양한 산업 분야에 적용이 가능하다. 드론 활용이 많아질수록 이를 제어 운용하는 컴퓨팅 솔루션 소프트웨어 엔지니어 일자리 3만 개가 창출된다.

미래 신산업 분야를 중심으로 국가가 연구개발(R&D) 투자를 하면 전자부품, 영상, 음향 및 통신, 운송장비 업종에서 2만 개 이상의 일자리 창출이 가능하다. 지능정보 분야 최고급 전문인력 6,000명, SW전문·융합인재 2만 명, 사이버보안 전문인력 1만 명, 연구 산업계 일자리 1만 2,000개가 창출된다.

3D프린팅 산업은 사물을 디지털 파일로 전환하는 스캐닝 소프트웨어와 디자인 도면을 쉽게 제작할 수 있는 3D디자인 소프트웨어 개발자 등 일자리 8,000개 창출된다.

가상현실·증강현실(AR) 분야는 가상공간 제작을 위한 그래픽 디자인, 렌더링, 스캐닝, 콘텐츠 플랫폼 등과 관련된 8만 3,000개 일자리가 창출된다.

감성 컴퓨팅 기술로 사물인터넷은 사물 생성 데이터를 수집, 분석하고 이를 활용해 서비스를 발굴하기 위한 소프트웨어 전문가와 사물인터넷 운영체제, 플랫폼 개발자 등 일자리 12만 8,000개가 만들어진다.

클라우드 컴퓨팅 분야는 데이터 센터를 구축하고 효율적인 데이터 처리와 수집한 대량의 데이터를 분석하는 데이터 분석가, 분산처리 전문가, 서버 개발자, 클라우드 플랫폼 개발자, 애플리케이션 개발자 등 일자리 1만 3,000개가 창출된다.

스마트 기술을 통한 융합 분야로, 스마트카와 관련해서 자율주행에 필요한 인공지능 알고리즘과 센서 개발자 및 수집된 도로 정보를 분석하는 빅데이터 분석가 직업이 생겨난다. 부품과 센서를 제조하는 하드웨어 부문에서 일자리 1만 4,000개, 소프트웨어 부문에서 일자리 1만 6,000개를 창출할 수 있다.

그리고 5세대(5G) 이동통신과 사물인터넷(IoT), 지능화인프라, 융합서비스, 맞춤형 헬스케어, 스마트공장, 스마트농업, 자율운항선박, 스마트시티, 신재생에너지산업 분야 등 정보통신기술(ICT) 기반의 일자리 26만 개가 창출될 수 있다.

마지막으로, 블록체인 기술은 인증·보안 영역을 넘어 금융, 의료, 제조, 물류, 무역, 공공 등 다양한 산업에 적용 가능하고 이와 관련된 새로운 일자리 창출이 가능하다.

예를 들어 블록체인 소프트웨어 엔지니어, 기업의 솔루션을 구현하는 블록체인 개발자, 클라우드 엔지니어, 컨설턴트 등 블록체인 기술을 바탕으로 12만 8,000개 일자리가 창출될 수 있다.

청년들이 공감하는 양질의 일자리를 만들기 위해서는 정부는 과거 정부의 일자리 정책을 반면교사로 삼아 새로운 방향으로 추진해야 한다. 신기술 관련 각종 규제를 획기적으로 완화하여 풀어 기업들이 투자하기 좋은 환경을 조성하고 4차 산업혁명 시대에 맞는 신기술을 통한 새로운 일자리를 창출해야 한다.

(국가미래연구원. 2018.5.9.)

2) 청년일자리 정책 어떻게 할 것인가

청년실업률 9.9%로 최고, 청년들은 양질의 일자리 원해
청년 실업 문제 극단 대책 세워야

청년들의 가장 큰 고민은 일자리 문제다. 청년실업률이 10% 육박하고, 향후 3~4년 동안 청년 고용시장이 인구 구조 문제로 개선되기 어려운 상황이다. 지난 10여 년간 정부가 총 21회에 걸쳐 청년 고용 대책을 발표했지만 결과적으로 해결하는 데 실패했다.

역대 정부의 정책은 크게 달라진 것은 없다. 과거 정책을 경제 상황에 맞게 조금씩 변경하여 추진했다. 청년들이 원하는 정책이 아니라 세금으로 만드는 정책에 몰두했다.

실패 원인은 정규직, 아르바이트, 인턴 등 일자리 수에만 집중하여 예산을 투입했기 때문이다. 새로운 일자리 창출보다는 일시적 일자리 늘리기와 취업 지원 정책에만 집중했다. 결과적으로 정권 차원에서 성과를 낸 일자리 정책은 찾아보기 어렵다.

과거에는 청년 실업 원인을 일자리 미스 매치, 노동시장과 교육의 문제 등으로 여겼다. 현재는 대졸 인력의 과잉 공급, 고용 없는 성장, 대기업의 투자 부진, 노동시장의 경직성, 학교 교육의 획일화, 유니콘 기업의 부족 등이다.

중소기업은 정규직을 채용할 경우 신입보다는 경력직을 선호한다. 신입 직원 채용의 경우 계약직이 많아 청년들이 일자리를 구함에 있어 많은 제약이 따른다. 대학을 졸업한 청년들 중에 중소기업에서 필요로 하는 경력자는 없다. 전공과 관련 없는 새로운 직종을 구할 경우 나이로 인해 취업에 제약을 받을 때가 많다.

중소기업에 취직하면 지원금을 준다는 정책도 매력적이지 못하다. 대기업과의 연봉, 복지, 사회적 인식이 현격하게 차이 나는 현실에서 청년들의 눈높이와는 큰 차이가 있다. 결국 새로운 구직 활동을 위한 시간과 비용 등은 청년 취업준비생들의 몫이다.

정부는 벤처·창업을 지속적으로 지원했으나 아쉬운 점이 많다. 평균 생존율은 창업 5년 차 80% 이상이 폐업에 이른다. 청년들은 성공의 확률이 희박하고 마땅히 창업할 기술과 아이템이 없다. 실패를 딛고 일어나겠다는 자신감도 부족하다. 사회 분위기도 실패를 용인하지 않는다. 창업하고 싶어도 자금도 없다.

창업에 실패했을 경우 재창업은 어렵다. "창업을 하면 망한다."라는 인식도 있다. 전문가의 지원, 제도 마련, 인식 개선, 사회적 격려 분위기 조성이 필요하다.

청년일자리 정책이 효과를 내기 위해서는 장기적이고 지속적인 투자가 필요하다. 그러나 5년마다 정부가 바뀌어 일자리 정책이 변동되고, 임기 내 구체적 성과를 내기 위한 정책 추진의 조급성과 일관성 부족으로 성과를 거두지 못한다.

세계 어떤 선진국도 단기간 내에 청년일자리 문제를 해결한 사례는 없다. 독일과 영국이 5년에 청년 고용을 5% 이상 높이는 데 성공했는데, 이는 장기간에 걸쳐 직업훈련과 노동 정책이 지속적으로 추진됐기 때문이다.

지금까지의 정부 정책으로는 청년들이 원하는 양질의 일자리를 창출하지 못한다. 이제는 새로운 시각과 방향을 정하여 추진해야 한다. 비경제활동인구에 속했던 청년들도 취업 시장으로 끌어내야 한다. 신기술 교육 훈련과 일자리에 대한 정보도 제공해야 한다.

청년일자리 정책이란 신기술 발달에 의한 새로운 직업을 만드는 것이다. 먼저 일자리가 어디에 있는지 파악하는 것이 중요하다. 4차 산업혁명의 핵심인 스마트시티, 인공지능, 사물인터넷, 3D프린팅, 자율주행차, 가상현실, 클라우드 컴퓨팅, 블록체인 기술에 새로운 일자리가 있다. 2022년까지 최소 40만 개 창출된다.

청년일자리 문제는 정부의 정책에 의해서만 해결될 수 없다. 정부는 지방자치단체와 협력하여 일자리 만들기 붐을 확산해야 한다. 중소·벤처기업은 기술 개발을 통한 경쟁력을 확보하여 대기업의 단순 하청 업체에서 벗어나 청년들이 지원할 수 있도록 경쟁력을 키워야 한다.

경영자는 사회적 책임을 인식하고 일자리를 많이 만들어 경제성장에 기여해야 한다.

노동계는 독일의 제조업이 오랫동안 지켜온 비결인 강성 노조가 없는 것을 배워야 한다. 공공기관은 정부 정책에 맞게 일자리를 만들어야 한다. 대학은 취업과 창업에 실질적 도움이 되는 신기술의 커리큘럼으로 교육해야 한다.

국방부는 청년 장병 취업을 위해 중소기업 취업 연계와 신기술 교육으로 전역 후 창업할 수 있도록 지원해야 한다. 국회는 일자리 만들기 법안, 예산 등 정부 정책 추진에 협력해야 한다. 정치인들도 말로만 일자리가 부족하다고 하지 말고 청년일자리 만들기에 앞장서야 한다. 올해는 청년일자리 만들기 원년이 되자.

(한국경제. 2018.1.31.)

3) AI 시대, 40대 일자리 창출 서둘러야

21세기 세 번째 십 년이 시작되는 첫 해에 가장 주목받는 것은 인공지능(AI)이다. PC에서 모바일 거쳐 새로운 10년의 주역은 AI가 될 전망이다. AI는 경제 성장을 견인하고 사회 혁신을 일으킨다. AI는 산업 간 경계를 무너뜨리고 부가가치를 창출한다. AI는 산업 간 융합으로 새로운 시장과 산업을 만들어 낸다. AI는 모든 산업에 응용이 가능해 현재 존재하지 않는 직종이 생겨난다. AI는 투자와 고용을 불러온다. 미래 일자리 가운데 60%는 아직 나타나지도 않았다

40대 실업 문제가 한국 경제에 적신호를 보내고 있다. 40대 일자리는 외환위기 이후 최악이다. 제조업과 금융업에서 40대 양질의 일자리가 사라지고 있다. 정규직에 종사하다 퇴직 후 경력을 살리지 못하고 저임금의 비정규 일자리를 찾는 40대가 부쩍 늘고 있다. 제조업 경기가 바닥을 기고 있어 동종업계 재취업이 불가능한 게 현실이다.

40대의 특징은 첫째, 노동시장의 중추이며 소비에 미치는 영향이 커서 경제의 핵심 계층이다. 둘째, 근로 소득에 비해 자식 교육, 부모 공양 등 지출이 많다. 셋째, 고용시장에서 가장 인기 없는 연령대다. 넷째, 일자리 정책은 청년과 노년층에 집중돼 소외된 낀 세대다. 다섯째, 세금 부담은 크고 고용 안전망 혜택과 재취업 교육 혜택은 제대로 받지 못하고 있다. 마지막으로, 청년 시기에는 국제통화기금(IMF) 관리체제 직격탄을 맞았고 현재는 제조업 불황을 온몸으로 겪고 있는 슬픈 세대다.

그동안 정부는 고용이 높다는 이유로 40대 일자리 대책을 소홀

히 했다. 하지만 40대 고용률은 2017년 79.4%에서 2018년 79%, 작년 78.4%로 계속 내림세를 보이고 있다. 모든 연령을 통틀어 고용률이 떨어지는 유일한 세대다.

정부는 지난해까지 일자리 예산으로 76조 9,000억 원(고용보험 포함)을 집행했고 올해는 25조 8,000억 원을 편성했다. 문제는 막대한 예산을 투입했지만 40대 일자리 상황은 좀처럼 나아질 기미가 없다는 것이다. 40대 일자리를 만드는 것은 국가적 과제다.

40대 일자리 창출을 어떻게 해야 할까. 첫째, 일자리 정책 방향의 대전환과 혁신이 시급하다. 40대 맞춤형 일자리 로드맵은 AI 사회 변화에 맞춰 재취업을 할 수 있도록 직업훈련에 집중돼야 한다. 40대 일자리 창출 재원 조달 방안을 마련해야 한다. 고용보험기금 20%는 부족하다. 정책은 타이밍과 속도에 승패가 달려있다.

둘째, 낡고 불합리한 규제를 혁파해야 한다. 일자리의 95%는 민간기업에서 만든다. 신산업 분야에서 최근 규제를 피해 외국에서 사업을 펼치는 기업이 늘고 있다. 혁신 산업을 가로막고 있는 규제를 과감히 걷어내 기업이 투자할 수 있는 환경을 조성해야 한다. 혁신이 투자를 불러와 일자리를 만든다. 경제 성장의 주역은 혁신이고 혁신의 주체는 기업이다. 혁신하지 않으면 기업은 살아남을 수 없다. 기업이 혁신 역량을 발휘하고 투자할 수 있도록 제도적 환경을 개선해야 한다.

셋째, 노동의 유연성을 높여야 한다. 임금인상과 근로환경 개선을 위해 파업하는 시대는 이미 끝났다. 이제는 투쟁보다 사회적 대화가 앞서야 한다. 기업이 망하길 바라는 노조는 없을 것이다. 기업 경영이 어려워지면 일자리가 줄어든다. 글로벌 시장에서 노동의 효율성은 기업 경쟁력을 좌우한다. AI 시대에 걸맞게 노사 관계가 '윈윈'하는 인식 전환이 절실하다.

　AI 혁명 물결을 타고 글로벌 비즈니스 환경이 급변하고 있다. AI 관련 분야에 선제적으로 대응하면 일자리를 창출할 수 있다. 새해는 정말 성과를 내야 하는 집권 4년 차다. 정부는 40대 일자리 만들기에 총력을 기울여야 한다. 더 이상 40대 퇴출이 없는 원년이 되길 기대한다.

(전자신문. 2020.01.16.)

3. 신산업 일자리 창출

1) 신기술을 통한 일자리 창출

청년실업률 심각

외환위기 직후 급상승한 청년실업률은 이후 7~8%대에 머물다가, 2014년 9.0%, 2015년 9.2%, 2016년 9.8%, 지난해 역대 최고치인 9.9%로 2000년 이후 최고치를 기록했다. 전체 실업자 수는 102만 8,000명, 구직 단념자도 48만 3,000명이다. 청년 실업자(15~29세)가 청년 10명 중 1명꼴로 늘었다. 아예 일자리 구하는 걸 포기하거나, 아르바이트로 일하면서 더 좋은 일자리를 찾는 청년까지 포함한 체감실업률을 보여주는 고용보조지표는 청년층이 22.7%로 전년보다 0.7% 포인트 높아졌다.

향후 3~4년 동안 청년 고용시장이 인구 구조 문제로 개선되기 어려운 상황이다. 통계청의 장래인구추계에 의하면 청년층 중 일자리 수요가 가장 많은 25~29세 인구는 2014년 326만 명을 저점으로 지속적으로 증가해 2021년에는 367만 명으로 39만 명이 증가된다.

역대 정부 일자리 정책 실패 원인

역대 정부는 지난 20년 동안 청년일자리 문제 해결을 위해 40번의 청년 고용 대책 발표와 100조 원이 넘는 예산을 투입했지만, 청년일자리 문제는 계속해서 심화되는 양상을 보이고 있다.

역대 정부의 정책은 크게 달라진 것은 없다. 과거 정책을 경제 상황에 맞게 조금씩 변경하여 추진했다. 청년들이 원하는 정책이 아니라 세금으로 만드는 정책에 몰두했다.

실패 원인은 첫째, 정규직, 아르바이트, 인턴 등 일자리 수에만 집중하여 예산을 투입했기 때문이다. 청년들이 원하는 양질의 새로운 일자리 창출보다는 일시적 일자리 늘리기와 취업 지원 정책에만 집중했다. 둘째, 비경제활동인구에 속한 청년들이 스스로 노동시장에 진입하도록 유도하는 정책이 부족했다. 셋째, 청년일자리 정책이 독립적으로 시행돼 산업 정책과 연계를 통해 시너지 효과를 내지 못했다. 결과적으로 정권 차원에서 성과를 낸 일자리 정책은 찾아보기 어렵다.

4차 산업혁명 신기술 통한 일자리 창출

양질의 일자리를 만들기 위해서는 정부는 과거 정부의 일자리 정책을 반면교사로 삼아 신기술을 통한 일자리 창출을 해야 한다. 과학기술정보통신부는 정보통신기술(ICT) 기반 일자리 창출이란 비전 아래 일자리 창출의 인프라 조성, 과학기술 기반 및 ICT 기반의 일자리 창출, 일자리 기회 제공 등 4대 추진전략과 14대 세부 과제를 제시하며 일자리 26만 개 창출 방안을 발표했다.

지능 정보 분야 최고급 전문인력 6,000명, SW전문·융합인재 2만 명, 사이버보안 전문인력 1만 명, 연구 산업계 일자리 1만 2,000개 창출한다. 전체 일자리의 88%를 차지하는 중소·벤처기업의 일자리 창출 능력을 확충해야 한다. 혁신벤처단체협의회는 12개 분야, 160대 추진 과제와 5대 선결 인프라를 확정했다. 혁신·벤처 생태계의 고도화가 이뤄지면 좋은 일자리 200만 개를 창출할 수 있다고 한다.

서비스산업 관련 규제를 완화하고, 다양한 서비스산업 융합 비즈니스 모델과 기업을 육성할 필요가 있다. 한국개발연구원(KDI)에 따르면 우리나라 서비스산업이 선진국 수준에만 이르러도 2030년까지 최대 69만 개 일자리가 창출된다. 미래 신산업 분야 등을 중심으로 국가 연구개발(R&D) 투자를 집중해야 한다. 전자부품, 영상, 음향 및 통신, 운송장비 업종에서 2만 개 이상의 일자리 창출이 가능할 것으로 보인다.

블록체인 기술은 인증·보안 영역을 넘어 금융, 의료, 제조, 물류, 무역, 공공 등 다양한 산업에 적용된다. 블록체인 기술 관련 새로운 일자리가 생긴다. 블록체인 소프트웨어 엔지니어, 기업의 솔루션을 구현하는 블록체인 개발자, 클라우드 엔지니어, 컨설턴트 등이다. 국내 일자리는 블록체인 기술을 바탕으로 12만 8,000개 창출될 수 있다.

스마트카와 관련해서는 자율주행에 필요한 인공지능 알고리즘과 센서 개발자 및 수집된 도로 정보를 분석하는 빅데이터 분석가 직업이 생겨난다. 부품과 센서를 제조하는 하드웨어 부문에서 일자리 1만 4,000개, 소프트웨어 부문에서 일자리 1만 6,000개가 만들어진다.

가상현실 분야는 가상공간 제작을 위한 그래픽 디자인, 렌더링,

스캐닝, 콘텐츠 플랫폼 등 관련 8만 3,000개 일자리가 창출된다.

3D프린팅 산업은 사물을 디지털 파일로 전환하는 스캐닝 소프트웨어와 디자인 도면을 쉽게 제작할 수 있는 3D디자인 소프트웨어 개발자 등 일자리 8,000개 창출된다. 사물인터넷은 사물 생성 데이터를 수집, 분석하고 이를 활용해 서비스를 발굴하기 위한 소프트웨어 전문가와 사물인터넷 운영체제, 플랫폼 개발자 등 일자리 12만 8,000개 창출된다.

클라우드 컴퓨팅 분야는 데이터 센터를 구축하고 효율적인 데이터 처리와 수집한 대량의 데이터를 분석하는 데이터 분석가, 분산처리 전문가, 서버 개발자, 클라우드 플랫폼 개발자, 애플리케이션 개발자 등 일자리 1만 3,000개가 창출된다.

(재정정보원. 2018.3)

2) 5G 시대 일자리 창출 5대 포인트

지난 3일 밤, 세계 최초 5세대(5G) 이동통신 상용화에 성공한 우리나라는 '정보기술(IT) 강국'에 이어 '5G 강국'으로 도약할 수 있게 됐다. 세계는 빠르게 변화한다. 5G는 훨씬 빠르다. 5G는 한국인 특성인 '빨리빨리' 문화하고도 맞는다.

5G는 한국 경제 성장을 이끌던 주력 산업의 경쟁력이 떨어져 미래 먹거리를 찾아야 할 시기에 딱 맞는 산업이다. 5G라 불리는 차세대 정보통신기술을 선점하기 위한 세계 강대국들의 일자리 전쟁은 이미 시작됐다. 5G는 사람과 기계 사물 전체가 인터넷으로 연결되는 새로운 시대의 핵심 기술이다. 5G는 4차 산업혁명

시대의 인프라스트럭처이며 산업 경쟁력이다. 5G를 주도하는 국가는 산업 패권을 잡아 신규 일자리를 창출한다.

5G 밸류체인 생산액과 신규 일자리 창출에 대한 글로벌 시장 조사기관 IHS마킷 발표에 따르면 중국은 1,118조 원 950만 개, 미국은 817조 원 340만 개, 한국은 136조 원 96만 개가 창출될 것이라고 발표했다.

미국은 '5G국가전략수립계획'에 따라 규제 완화와 일자리 창출을 최우선으로 추진 중이다. 중국은 '5G경제사회영향백서'에서 5G 굴기를 목표로 2025년까지 254조 원을 투자한다. 과학기술정보통신부는 2026년 세계 시장 15% 점유, 생산액 180조 원, 일자리 60만 개 창출을 목표로 5G 기반 10대 핵심 산업과 5대 핵심 서비스를 집중 육성한다는 '5G플러스(+)전략'을 발표했다.

5G 상용화 시대에는 단말기에 의한 단순 서비스보다는 다양한 분야에서 새로운 서비스로 신규 일자리를 창출하는 것이 중요하다. 5G는 초고용량 전송 처리가 가능해 인공지능(AI), 가상현실(VR), 증강현실(AR), 자율주행차, 사물인터넷(IoT), 빅데이터, 스마트시티, 로봇, 헬스케어, 핀테크, 유통, 보안, 스마트팜, 교육, 교통, 에너지, 환경, 스마트홈, 엔터테인먼트, 미디어 등 모든 산업 분야에서 신규 일자리 창출이 가능하다.

5G 상용화 시대를 맞아 양질의 좋은 일자리를 창출하기 위해서는 첫째, 5G 산업 관련 전문인력을 집중적으로 양성하자. 5G 산업 관련 데이터 분석, 알고리즘·애플리케이션 솔루션 개발 등 소프트웨어 인력이 필요하다. 산·학·연·정이 긴밀히 협력해 전문인력 육성에 적극 나서야 한다.

둘째, 정부와 국회는 규제를 혁파하고 과감한 세제 혜택으로 기업의 투자 환경을 조성하자. 국회는 빅데이터 경제 3법으로 불리는 신용정보법, 개인정보보호법, 정보통신망법 등 개정안을 서둘러 심사하고 처리해야 한다. 정부는 성과를 내는 현장 맞춤형 전략 추진과 5G 관련 연구개발(R&D) 세제 지원을 통해 미·중에 비해 뒤떨어진 경쟁력을 높여야 한다. 미국과 중국은 정부의 정책 지원으로 5G 경쟁력에서 1위였던 한국을 밀어냈다.

셋째, 5G 관련 산업에 정부의 일자리 예산을 투자해 일거리 환경을 조성하자. 일거리 생태계를 만들어 기업들이 안심하고 투자해 일자리를 창출하도록 해야 한다.

넷째, 차세대 글로벌 통신 무선 표준에 관한 연구와 투자를 하자. 미국은 4G 글로벌 시장을 선점해 국내총생산 114조 원, 기업 매출 142조 원, 일자리 84%가 증가했다. 이에 세계 각국은 5G 산업을 선점하기 위해 경쟁하고 있다. 또한 6세대 이동통신 표준 및 개발에 박차를 가하고 있다.

마지막으로, 정부는 세계 최초 5G 상용화 발표에만 집착한 것은 아닌지 돌아봐야 한다. 과거 우리나라는 코드분할다중접속(CDMA)을 세계 최초로 상용화했지만 미국 IT 기업들이 글로벌 시장을 독차지했다. 5G 산업이 한국 경제 발전의 견인차가 돼야 한다.

(매일경제. 2019.04.17.)

3) 광주형 일자리 어떻게 할 것인가

노사관계와 생산방식을 혁신해야
광주형 일자리를 성공모델로 만들어야
규제 프리 경제자유구역 조성해야

광주형 일자리는 날로 심각해지는 청년 실업과 지역의 경제적 불평등을 해결하기 위한 대안이다. 대기업들은 청년 실업이 사상 최악인데도 강성 노조의 과도한 임금 체계와 낮은 생산성, 각종 규제로 인해 해외로 공장을 이전하고 국내 투자는 하지 않고 있다.

광주형 일자리는 지자체와 노사가 사회적 협약과 연대에 의해 노사 관계와 생산 방식을 혁신한다. 신규 투자를 유치하고 일자리를 창출하는 미래지향적이며 사회 통합형 혁신 운동이다. 적정 수준의 임금과 노동 시간을 보장하고 바람직한 노사 관계를 구축해 지역 경제를 활성화한다. 국내 생산 기반을 확충하고 일자리를 늘릴 수 있는 지자체와 노사가 만족하는 상생 모델이다. 지자체가 일자리를 창출해 노사문제를 해결하고 산업 개편을 가져온다.

광주형 일자리는 독일의 폴크스바겐 '아우토(AUTO) 5000'이 시초다. 폴크스바겐은 자동차 산업 경쟁력이 급격히 약화되자 해외로 공장 이전을 추진했다. 지역 경제가 붕괴되고 고용불안에 직면한 지자체와 기업, 노조가 협약과 양보를 통해 지역 경제 활성화 방안을 마련했다. 공장을 해외로 이전하지 않는 대신 적정한 임금으로 고용을 보장하고 노동자와 사용자 동수로 구성된 사업장평의회를 통해 직장 내 주요 사안을 결정하는 노사 협치 모델을 정착시켰다.

광주형 일자리는 사회적 협약을 통해 빛그린산단에 완성차 공장을 유치하는 사업이다. 제조업 공장 건설은 고용 없는 성장이 정착된 상황에서 지자체, 노사, 기업이 협약을 통해 적정 임금으로 일자리를 만드는 것이다.

현대자동차는 자회사를 설립하고 미래 친환경 자동차 공장을 세워 신규채용을 한다. 임금 체계는 노사, 지역사회, 시민단체가 결정한다. 생산 목표는 연간 10만 대로 공장이 완성되면 일자리 1만 2,000개가 창출된다. 임금은 현대자동차 평균 연봉의 절반 수준인 4,000만 원 정도이지만 주택·육아·교육·의료·교통 등을 지원받으면 실질 임금과 같은 수준이다. 정규직 채용, 노동 시간 단축과 원·하청 상생을 통한 일자리 나누기를 포함한다. 노사 관계 개선, 노동자 경영 참가도 추진한다. 경영은 광주시가 맡는다.

광주형 일자리가 추진되면 광주광역시는 고용을 늘려 지역 경제를 발전시킬 수 있다. 지난 20년 동안 국내 신규 공장에 투자하지 않은 현대자동차는 고비용과 저효율 생산 구조에서 벗어날 수 있다.

광주광역시와 현대자동차가 추진해온 자동차 위탁 생산 합작 공장 건설 협약식이 지난 19일 예정됐지만 돌연 취소됐다. 투자 협약 조인식에는 문재인 대통령도 참석 예정이었다. 취소된 이유는 지역 노동계 전문가들의 반발과 현대자동차 노조가 임금 하향 평준화를 우려해 반대했기 때문이다.

광주형 일자리 또는 광주발 일자리 모델을 성공시키기 위해서는 첫째, 강성 노조는 기득권을 버리자. 현재 세계 자동차 시장은 침체 국면이다. 유럽 시장에서 점유율이 5% 중반 이하로 떨어졌고 중국에서도 30%가량 줄었다. 해외 판매량이 계속 떨어지고 있는 위기 상황이다. 국내외 시장 현황이 얼마나 어려운지를 노조도 인식해 협약을 통해 적정 수준의 양보를 하는 것이 노사 모두가 살길이다. 이제는 노조가 노동자들의 임금 협상에만 집중하지 말고 사회적 책임을 갖도록 하자. 노조가 임금인상을 빌미로 파업을 하지 않겠다고 대국민을 상대로 선언하자. 경영자는 적극적인 자세로 노조와 경영 현실을 공유하여 위기를 헤쳐나가자.

둘째, 정·비정규직의 임금 격차를 줄이고 하도급 구조를 혁신하는 사회적 합의를 하자. 절감된 인건비를 통해 새로운 일자리 창출에 투자하고 노동시장 이중 구조를 개선하자.

셋째, 정치권과 시민단체는 금속노조와 민주노총의 동의를 끌어내자. 지역 물가에 맞는 적정한 임금체계와 노동시간 단축으로 노사가 타협할 수 있도록 주변 여건을 만들자. 노조는 개별 사업장의 임금인상 중심 교섭 전략에서 일자리 창출과 양보와 신뢰를 바탕으로 하는 연대 임금 교섭으로 변하자.

넷째, 광주형 일자리 세부 모델을 구체화하여 추진하자. 임금체계와 성과급제, 근로시간 및 유연화, 교대근무제, 직업 교육 등 세분화하여 정책을 만들어 추진하자.

다섯째, 사공이 많으면 배가 산으로 간다. 컨트롤타워가 필요하다. 투자 유치를 맡고 있는 '광주시 전략사업본부', 사회적 대화를 강조하는 '더 나은 일자리위원회', 노동자 권익을 우선하는 '금속노조 지부', 지역사회 이익을 대변하는 '시민단체', 경영 환경을 중시하는 기업들의 연대와 협약을 끌어낼 수 있는 시장 직속의 '광주형 일자리 전담부서'를 만들어 지자체 고용과 관련된 이해당사자들의 의견을 조정하자.

여섯째, 경제자유구역을 조성해 광주형 일자리를 창출하자. 일자리는 기업이 만든다. 국내의 각종 규제를 적용받지 않는 지역으

로 지정해 일본의 부품업체, 4차 산업혁명의 신기술 벤처 업체를
유치해 양질의 일자리를 만들자. 빛그린산단의 광주형 일자리를
지역 일자리 정책의 성공모델로 만들자.

(한국경제. 2018.06.25.)

4) 블록체인 등 신기술에 청년일자리 있다

통계청에 따르면 지난해 청년실업률은 9.9%로 2000년 이래
최고치를 기록했다. 구직 단념자도 48만 3,000명으로 청년 체감
실업률은 22.7%에 달했다. 역대 정부는 지난 20년 동안 청년일자
리 문제 해결을 위해 40번의 청년 고용 대책 발표와 100조 원이
넘는 예산을 투입했지만 청년일자리 문제는 계속해서 심화되는
양상을 보이고 있다.

문 대통령은 지난 25일 청년일자리점검회의에서 "청년 실업 문
제가 국가 재난 수준이라고 할 만큼 매우 시급한 상황이다. 청년
일자리 문제를 국가적 과제로 삼아 추진하겠다."라고 했다. 핵심
은 청년일자리 창출이다. 국가는 청년들에게 양질의 일자리를 제
공해 다포 세대 청년들에게 꿈과 희망을 되돌려 줘야 한다. 청년
실업은 더 이상 청년들만의 문제가 아니다.

취업을 준비하는 대다수 청년들은 중소기업에 바로 취직하기
보다는 시간이 걸리더라도 대기업과 공기업 또는 공무원 취업을
희망하고 있다. 청년들은 여유가 있는 안정된 삶과 자기 계발이
가능하고 일을 통해 보람과 성취감을 얻는 신기술로 무장한 양질
의 일자리를 갖고 싶어 한다. 2021년까지 39만 명 증가하는 청년

들에게 양질의 일자리를 제공해야 한다.

블록체인 기술은 인증·보안 영역을 넘어 금융, 의료, 제조, 물류, 무역, 공공 등 다양한 산업에 적용된다. 블록체인 기술 관련 새로운 일자리가 생긴다. 블록체인 소프트웨어 엔지니어, 기업의 솔루션을 구현하는 블록체인 개발자, 클라우드 엔지니어, 컨설턴트 등이다. 미국 구인 구직 검색사이트 인디드는 블록체인 기술자 관련 일자리가 취업 시장에서 2016년에 비해 6배 늘었다고 했다. 국내 일자리는 블록체인 기술을 바탕으로 12만 8,000개 창출될 수 있다.

보스턴컨설팅, 가트너그룹은 소프트웨어 기술을 기반으로 성장할 4차 산업혁명 시대의 미래 5대 유망 분야를 선정했다. 스마트카와 관련해서는 자율주행에 필요한 인공지능 알고리즘과 센서 개발자 및 수집된 도로 정보를 분석하는 빅데이터 분석가 직업이 생겨난다. 부품과 센서를 제조하는 하드웨어 부문에서 일자리 1만 4,000개, 소프트웨어 부문에서 일자리 1만 6,000개가 만들어진다.

가상현실 분야는 가상공간 제작을 위한 그래픽 디자인, 렌더링, 스캐닝, 콘텐츠 플랫폼 등 관련 8만 3,000개 일자리가 창출된다. 3D프린팅 산업은 사물을 디지털 파일로 전환하는 스캐닝 소프트웨어와 디자인 도면을 쉽게 제작할 수 있는 3D디자인 소프트웨어 개발자 등 일자리 8,000개 창출된다.

사물인터넷은 사물 생성 데이터를 수집, 분석하고 이를 활용해 서비스를 발굴하기 위한 소프트웨어 전문가와 사물인터넷 운영체제, 플랫폼 개발자 등 일자리 12만 8,000개 창출된다.

클라우드 컴퓨팅 분야는 데이터 센터를 구축하고 효율적인 데이터 처리와 수집한 대량의 데이터를 분석하는 데이터 분석가, 분산처리 전문가, 서버 개발자, 클라우드 플랫폼 개발자, 애플리케이션 개발자 등 일자리 1만 3,000개가 창출된다.

역대 정부의 청년일자리 정책이 실패한 가장 큰 이유는 첫째, 청년들이 원하는 양질의 일자리와 동떨어진 일자리들을 만드는 데 정부의 지원이 집중되었다. 둘째, 비경제활동인구에 속한 청년들이 스스로 노동시장에 진입하도록 유도하는 정책이 부족했다. 셋째, 청년일자리 정책이 독립적으로 시행돼 산업 정책과 연계를 통해 시너지 효과를 내지 못했다.

청년들이 공감하는 양질의 일자리를 만들기 위해서는 정부는 과거 정부의 일자리 정책을 반면교사로 삼아 새로운 방향으로 추진해야 한다. 신기술 관련 교육은 국가과학기술인력개발원(KIRD)이 담당하고, 전역 예정인 청년 장병은 국방기술아카데미 신설을 통해 취업을 지원해야 한다. 신기술 관련 각종 규제를 혁명적으로 풀어 기업들이 투자하기 좋은 환경을 조성해 청년들이 원하는 양질의 일자리를 많이 만들자.

(매일경제. 2018.2.5.)

5) 신산업에 의한 일자리 창출 정책으로 전환하라

특집! 일자리 창출
특명! 일자리를 지켜라

최근 우리 경제는 주력 수출산업의 경쟁력 저하와 저성장의 늪에서 벗어나지 못하고 있는 실정이다. 여기에 코로나19까지 덮쳐 그야말로 전시 상황이다. 정부는 포스트 코로나 시대를 대비하고 일자리를 창출해 경제를 살리기 위해 '코로나 뉴딜'을 선언했다.

역대 정부도 경제 위기 때마다 '한국판 뉴딜정책'을 제시했다. 김대중 정부는 '정보통신 육성 뉴딜을', 노무현 정부는 '한국형 뉴딜'을 시행했다. 이명박 정부는 '녹색 뉴딜'과 '휴먼 뉴딜'을, 박근혜 정부는 '창조경제 스마트 뉴딜'을 추진했다.

일자리 예산 늘린다고 양질의 일자리 만들어지지 않아

뉴딜정책의 목표는 정부가 주도해 일자리를 창출하고 소비 시장을 활성화해 경제를 살리는 것이다. 이번 코로나 뉴딜의 목표는 코로나 경제 위기를 넘어 '포스트 코로나' 시대를 대비하는 것이다. 하지만 좋은 일자리는 발표만 한다고 해서 만들어지지 않는다. 역대 정부도 막대한 예산을 투입하고 수많은 정책을 발표했지만 일자리 문제를 해결하지 못했다.

이제는 과거 정부의 실패 원인을 반면교사 삼아 성과를 내야 한다. 일자리 예산을 늘린다고 양질의 일자리가 만들어지지 않는다. 경제가 올바른 방향으로 가고 있어도 양질의 일자리가 늘지 않는다면 신산업에 의한 일자리 창출 정책으로 과감하게 전환해야 한다.

5년마다 바뀌는 정권, 경제 환경 변화에 따라 달라지는 고용 정책, 임기 내 가시적 성과를 내기 위한 조급성과 일관성 부족 등으로 일자리 정책의 실효성이 떨어지고 있는 게 현실이다. 좋은 일자리 창출 정책이 효과를 내기 위해서는 장기적이고 지속적인 투자와 직업훈련, 노동 정책이 맞물려 추진돼야 한다.

과감히 규제 걷어내 기업이 새로운 사업 시작할 수 있게 해야 코로나19에 따른 일자리 위기를 극복하고 중장기적으로 양질의 일자리를 창출하려면 어떤 정책을 추진해야 할까.

첫째, 일자리 창출의 주체는 기업이다. 정부는 기업 하기 좋은 환경을 구축하는 데 주력해야 한다. 기업이 일자리 창출 능력(Job Creation Capacity)을 높이도록 제도적으로 뒷받침해줘야 한다.

둘째, 정부와 대기업이 협업해야 양질의 일자리가 창출된다. 양질의 일자리는 어디에 있나. 경쟁력 있는 곳에 있다. 경쟁력을 갖고 있는 산업에 선택과 집중을 해서 몰아줘야 한다. 글로벌 경쟁력이 있는 곳만 살아남는 시대다. 글로벌 기업과 경쟁할 수 있는 기업은 대기업이다. 투자와 생산, 고용의 시스템이 선순환돼야 양질의 일자리가 창출된다.

셋째, 글로벌 거대 기업과 경쟁할 수 있는 대기업이 일자리를 만들어야 한다. 새로운 사업을 시작할 수 있도록 과감히 규제를 걷어내고 M&A 시장도 열어줘야 선순환 프로세스가 작동한다. 대기업의 기를 살려줘야 양질의 일자리가 창출된다. 대기업은 한국 경제를 먹여 살리는 숙명과 양질의 일자리를 창출할 소명이 있다.

넷째, 벤처와 대기업이 유기적 관계를 구축해 글로벌 시장으로 진출해야 한다. 대기업은 국내외 투자자와의 연계와 마케팅 네트워킹을 지원하고 벤처는 창의적인 아이디어로 사업화 모델을 제공하면 된다. 대기업의 플랫폼에 벤처의 아이템을 올리면 글로벌 경쟁력을 갖게 된다.

다섯째, 일자리 정책의 5년 로드맵, AI 국가 전략, 제조업 르네상스 전략 등 그동안 정부가 발표한 정책들의 추진 상황을 세밀하게 점검해야 한다. 일자리 중장기 정책을 다시 만들 필요는 없다. 기존의 정책을 선별해 집중 추진하면 성과를 낼 수 있다.

마지막으로, 중장기 일자리 창출 전략은 'AI 강국' 도약을 기반으로 추진돼야 한다. AI 산업에 양질의 일자리가 있기 때문이다. D(데이터), N(네트워크), AI(인공지능), U(언택트), SOC(사회간접자본) 분야에서 정부가 대형 프로젝트를 발주하면 AI 벤처 붐을 조성해 좋은 일자리가 창출될 수 있다.

양질의 일자리를 창출하기 위해서는 한국 경제가 갖고 있는 역량을 총동원해야 한다. 자칫 과거 방식대로 한다면 재정만 쏟아붓고 성과는 내지 못하게 된다. 혁신적 사고로 추진해야 하는 이유다. 좋은 일자리 창출만이 한국 경제가 살길이다.

(KDI 나라경제, 06월호.)

4. 혁신성장과 일자리 창출

----

1) 혁신성장과 일자리 창출

한국 경제 핵심은 혁신성장

1960년대 세계 최빈국이었던 한국은 '한강의 기적'을 이루고 '정보기술(IT) 강국'으로 성장했다. 한국 경제 성장의 원동력은 끊임없는 도전과 혁신이었다. 자본, 자원, 기술도 없었지만 온종일 노동과 잔업·야근으로 지문이 닳도록 일했다. 독일에 파견된 광부와 간호사, 목숨을 담보로 베트남 전쟁에 파병된 군인, 중동 사막에서 피땀 흘린 건설 노동자가 송금한 달러가 있었기에 오늘날 세계 경제 규모 12위 대한민국이 있다.

혁신성장은 근면·검약·성실·교육으로 가난을 극복하겠다는 의지와 하면 된다는 자신감이 충만했기에 가능했다. 지난 60년의 한국 경제는 시련과 위기를 극복하고 혁신에 혁신을 거듭해서 성장해 왔다.

한국 경제는 그동안 대기업의 제조업 위주 성장 전략(Fast Follow)이었다. 하지만 4차 산업혁명 시대는 산업 환경이 급속히 변하고 있다. 규모 위주의 기존 대기업들은 기민한 시장 대응과 기술 역량을 갖추고 혁신성장을 하는 기술 창업 중소·벤처에 의해 대체되고 있다.

1987년 세계 기업의 시가 총액은 NTT, 도요타, IBM, GE, 신일본제철, 마쓰시타 등 대기업 위주였다. 30년이 지난 2017년은 혁신성장 아이콘 기업인 애플, 구글, 마이크로소프트, 아마존, 알리바바, 페이스북 등 글로벌 벤처 IT 기업이 차지했다.

글로벌 경제에서도 기존 산업 질서가 와해되고 기술 창업 중심으로 경제 패러다임도 새롭게 변했다. 더 이상 대기업 중심만으로는 혁신성장과 일자리 창출을 기대하기 어려운 상황이다. 이제는 산업 구조를 대기업의 제조업 중심에서 혁신성장의 주역인 중소·벤처로 전환하여 혁신성장국가를 실현해야 한다.

선진국의 혁신성장

이스라엘은 혁신성장 기업 산실로 세계적 주목을 받고 있다. 산업 생산과 수출의 주요 부분을 혁신성장 벤처기업이 차지하고 있다. 혁신성장의 성공 요인으로는 민간 부문과 정부의 역할을 나누어 효율적으로 추진했기 때문이다. 민간 부문의 역할은 첫째, 벤처펀드는 경영과 기술개발의 전략적 분리를 했다. 둘째. 틈새시장 공략이라는 전략을 구사했다.

정부의 역할은 첫째, 과학기술 체제를 조기에 구축했다. 둘째, 우수 인력 양성에 집중했다. 셋째, 대학 연구 결과 상업화와 정부의 벤처펀드 설립, 혁신성장 전담부서 주도의 기술개발 지원 정책을 충실히 수행했다. 넷째, 주요 국가와 무역협정 및 공동 연구개발 재단 설립을 통하여 기업들이 해외 유대인 네트워크를 활용할 수 있는 기반을 구축했다.

　유럽의 빈국에서 현재 세계에서 가장 부유하고 삶의 질이 높은 국가로 탈바꿈한 스웨덴은 혁신성장의 성공모델이다. 스웨덴 혁신 전략의 궁극적인 목적은 지속 가능한 경제 성장이다. 스웨덴 정부는 지식 및 기술개발 부문 투자, 기술이전 및 확산, 기술 혁신 체제 강화를 혁신성장의 정책 방향으로 결정하여 추진하고 있다.

　독일의 혁신성장 지원 정책은 제조업의 기술 개발로 기업 경쟁력 향상에 중점을 두고 있다. 엔지니어링 기술, 바이오, 화학, 나노기술, 생명공학, 공정기술, 컴퓨터공학, 소재 등 8개 분야를 융합하는 기술 개발과 제품 혁신을 위한 신소재 분야를 혁신성장 분야로 선정, 집중 육성하고 있다.

　연구개발 강국인 일본은 100대 혁신 기업 수에서 미국에 이어 2위를 차지했다. 일본 정부는 혁신성장 전담 부서에서 '종합 이노베이션 전략'을 수립하고 세계 최고의 경쟁력을 갖춘 제조업을 혁신성장의 주역으로 제2의 경제 성장을 추진 중이다. 아울러 과학 분야 기초 연구를 산업에 활용할 수 있도록 대학 교육과 연구 분야를 개선하여 인재 육성, 대학 간 협력, 연구 지원을 강화하고 있다.

　혁신의 메카 실리콘밸리의 미국은 혁신성장과 창업 전략을 백악관 산하의 미국혁신국(Office of American Innovation)이 수립 추진하여 각 부처들 간의 원활한 역할 조정, 필요한 입법, 효과적인 예산 집행, 민간 부문과 협력을 끌어내고 있다.

　중국의 혁신성장 전략은 첫째, 중국은 거대 내수시장과 대규모 공공 투자, 임금 경쟁력 등 혁신 자산을 바탕으로 혁신 역량의 도입(Import), 흡수(Assimilation), 재혁신(Re-innovation)을 순환

시키는 정책을 추진 중이다. 둘째, 기술의 해외 의존도가 높고 정책의 투명성이 낮다는 것을 혁신성장의 걸림돌로 인식하고 개선 중이다. 셋째, 연구개발(R&D)에 대폭적인 투자를 하고 있다.

혁신성장으로 일자리 창출해야

과거 경제 성장을 견인하던 주력 산업이 활력을 잃어가고 있어 한국 경제를 견인해 왔던 많은 제조업이 위기에 직면하고 있다. 4차 산업의 신기술 분야에서는 선진국과의 격차가 벌어지고 있으며 중국의 추격으로 인해 어려워지고 있다.

최근 우리 경제는 성장이 크게 둔화되고 청년 실업이 확대되고 있다. 원인 중 하나는 유니콘으로 불릴 만큼 혁신성장하는 벤처기업이 드물기 때문이다. 일자리 창출의 주역은 4차 산업혁명에 맞는 신기술로 무장한 혁신성장하는 중소·벤처기업에 있다.

4차 산업혁명 시대를 이끄는 기업은 기술 창업으로 성공한 글로벌 정보기술(IT) 기업이다. 애플의 스티브 잡스, 소프트뱅크의 손정의, 알리바바의 마윈 같은 혁신기업가가 왜 우리나라에는 없는가? 실리콘밸리 스타트업이 성공하는 구조는 왜 불가능한가?

경직된 대기업에는 더 이상 혁신성장을 기대하기 어렵다. 이제 혁신 스타트업의 힘을 빌리지 않고서는 새로운 혁신성장이 어렵다. 혁신성장 국가의 실현을 위해서는 대기업과 중소·벤처기업의 조화로운 성장을 바탕으로 하는 한국 경제 혁신성장의 기본 프레임을 구축해야 일자리를 창출할 수 있다.

우리는 IT 강국이라는 좋은 인프라를 갖고 있다. 양질의 일자리를 창출하기 위해서 대기업은 막대한 사내 유보금을 신기술 확보를 위한 인수합병(M&A)과 신사업에 과감히 투자해야 한다. 청년은 신선한 아이디어로 창업하고, 스타트업을 만드는 실리콘밸리의 혁신성장 성공모델을 배워야 한다. 산·학·연·정은 스타트업에 필요한 맞춤형 제도를 지원하자.

혁신은 창의성에서 나온다. 규제가 많으면 창의성이 나올 수 없다. 규제를 과감히 철폐하자. 과거의 틀을 완전히 벗어나야 지금의 위기를 헤쳐나갈 수 있다. 경제학자 슘페터는 경제 발전은 대부분 혁신(Innovation)을 통해 이루어진다고 했다. 혁신성장으로 경제가 성장해야 일자리 창출을 할 수 있다. 혁신성장으로 한국 경제를 재도약해야 한다.

(국가미래연구원. 2018.6.10.)

2) 혁신성장, 민간에 맡겨라

혁신을 가로막는 각종 규제 철폐
구글, 애플 같은 글로벌 기업처럼 기업이 혁신성장 주도하게 해야

우리나라는 선진국보다 산업화가 100년 늦었지만 '한강의 기적'을 이루고 정보기술(IT) 강국으로 우뚝 선 경험이 있다. 한국 경제가 압축 성장했던 비결은 국민의 근면성과 교육열, 빨리빨리 문화, 대기업 위주의 수출 전략에 있다. 한국 경제 성장의 원동력은 끊임없는 변화와 혁신이었다.

하지만 한국 경제는 급속도로 진행되고 있는 고령화로 인한 노동인구 감소로 생산성이 저하되고 있다. 잠재성장률이 3%가 넘어야 양질의 일자리를 창출할 수 있다. 대내적으로 최저임금 산입범위 확대와 주 52시간 근무 시행을 앞두고 노동시장이 불안하다. 대외적으로는 선진국과의 기술 격차, 중국의 추격, 보호무역 강화로 수출이 어려운 상황이다.

미국 비영리 민간경제조사기관인 콘퍼런스보드는 미국의 경제 성장률이 올해 한국을 추월할 것으로 최근 발표했다. 한국이 미국보다 경제성장률이 떨어졌던 때는 1980년대 2차 오일쇼크와 1998년 외환위기 때다. 한국 경제가 저성장이라는 늪에 빠져들고 있는 것이다. 경제 성장과 일자리 창출이라는 두 마리 토끼를 잡고 경제가 지속적으로 성장하기 위해서는 민간이 주도하고 정부가 밀어주는 혁신성장이 필요하다.

문재인 정부의 경제 정책 중 소득주도성장은 국민의 소득을 올려 경제 성장을 주도하겠다는 수요에 초점을 맞춘 정책이다. 혁신성장은 민간 기업의 혁신을 유도해 경제 성장을 이끈다는 공급 중심의 정책이다. 혁신성장 정책은 혁신 거점 구축, 혁신 생태계 조성, 혁신 인프라 강화, 규제 완화를 중심으로 추진한다.

글로벌 혁신기업인 구글, 애플, 마이크로소프트, 페이스북, 알리바바, 소프트뱅크가 세계 기업의 혁신성장을 주도하고 있다. 4차 산업혁명 시대를 이끄는 기업은 기술 창업으로 성공한 글로벌 IT 기업들이 혁신성장과 일자리 창출의 엔진 역할을 한다. 아마존은 지난해 24만 명을 채용했다.

세계 각국은 혁신성장을 적극 추진 중이다. 이스라엘은 과학기술 체제를 구축하고 우수 인력 양성에 집중한 결과 산업 생산과 수출의 90%를 혁신성장 벤처기업이 차지하고 있다.

프랑스는 노동 개혁을 통해 실리콘밸리의 혁신기업을 유치했다. 혁신성장을 국가 주요 핵심 과제로 추진하고 스타트업(신생 벤처기업)을 육성해 경제를 재도약 시키고 있다. 미국은 혁신성장과 창업 전략을 백악관 산하의 미국혁신국이 수립 추진해 각 부처 간 원활한 역할 조정, 필요한 입법, 효과적인 예산 집행, 민간 부문과 협력을 끌어내고 있다.

과거 정부는 보여주기식 정책 입안과 발표에 중점을 뒀고, 단기 성과에만 치중했으며, 집행 결과를 챙기지 않았고, 정책 추진의 연속성이 없었으며, 규제개혁을 주도적으로 하지 못한 데다, 신성장의 컨트롤타워 없이 각 부처가 산발적으로 추진했기 때문에 혁신성장에 실패했다.

한국 경제의 혁신성장을 위해서는 중소·벤처기업과 대기업이 조화롭게 혁신성장을 해야 한다. 기술력을 보유한 대기업이 혁신성장을 하면 파급효과가 빠르다. 정부가 각종 규제철폐를 통해 우리 기업이 글로벌 기업들과 경쟁하며 혁신성장을 주도할 수 있도록 해야 한다.

기업과 정부, 노동계가 한국 경제의 혁신성장을 위해 협조와 조정, 양보를 해야 일자리를 창출할 수 있다. 한국 경제가 지속적으로 성장하기 위해서는 경제학자 슘페터가 강조했듯이 민간과 기업이 주도하는 혁신성장이 절실하다.

(한국경제. 2018.06.27.)

3) 공대 위기, 창업으로 뚫자

3차 산업혁명을 기반으로 융합된 4차 산업혁명은 경제·산업 분야의 모든 기존 원칙을 허물고 또 다른 패러다임을 창조한다. 구글·애플·IBM 등 인공지능(AI)을 선도하는 기업은 물론 다국적 제조업 국가들도 사물인터넷(IoT), 빅데이터 등을 엮어 새로운 차원의 산업혁명에 도전하고 있다.

이에 4차 산업혁명은 자율주행 기술에 이어 자동차가 인간과 교감하고 사물인터넷과 연결되는 커넥티드카(Connected Car) 시대를 만들어 냈다. 현대차의 '아이오닉'을 비롯해 BMW, 혼다, 도요타의 인공지능 콘셉트카 '아이'는 생체인식시스템으로 운전자 표정과 목소리, 혈압 등을 파악해 기술을 넘어 감성 분야로 경계를 확장하고 있다.

다보스포럼에서 발표한 '4차 산업혁명이 미치는 영향' 보고서에 따르면 노동시장 유연성, 기술 수준, 교육시스템, 사회간접자본, 법적 보호 등 5개 요소로 4차 산업혁명에 가장 잘 적응할 수 있는 국가를 평가한 결과, 한국은 25위를 기록했다. 이는 선진국 대비 취약한 수준이다.

세계 각국의 정부는 앞장서서 4차 산업혁명 전략을 짜고 관련 산업 투자에 힘쓰고 있다. 정보기술 기업가 출신의 핀란드 총리는 바이오산업과 스타트업을 통해 15억 유로 규모로 창업 펀드를 만들었으며 하루 1만 꼴로 창업이 일어나는 중국은 정부에서 2,000억 위안을 창업에 투자해 20대 젊은이들이 나서서 4차 산업혁명을 주도하고 있다.

이처럼 창업, 사업화 등을 통해 기술 활용도를 높이는 것도 중요하지만 대학의 재구조화, 공학교육에서도 새로운 체계 변화와 수요를 받아들여 신산업 창출의 기반을 마련해야 한다. 하지만 국내 대학이 보유한 기술의 사회경제적 활용도는 미국 등 선진국에 비해 매우 제한적이다.

미래창조과학부가 2015년 발표한 기술이전·사업화 조사 분석

자료집에 따르면, 전체 정부 연구개발(R&D) 사업화 실적에서 창업을 통한 사업화의 비중이 급속히 감소하여 1.5%를 차지하는 데 그쳤다. 논문이나 특허만 출원하면 그것으로 충분한 성과를 냈다는 생각과 평가시스템으로는 기술 혁신이나 기술 상용화를 기대하기 어려운 실정이다.

대학이 보유한 우수 기술을 기반으로 창업한 기업이 타 기업보다 월등히 높은 성공률을 가지고 있어 대학 보유 기술을 활용한다면 양질의 일자리 창출에 기여할 수 있다. 이에 정부는 기존의 다양한 대학 창업 지원 프로그램을 통해 학생들의 창업 문화를 확산시키고 있으나, 창업 기회 인식이 낮고 실패에 대한 두려움이 큰 편이다. 또한 창업 중에서 고부가가치 창출 영역에 꼽히는 IT 기술 창업은 도전하기 어려운 분야로 인식되어 활성화되지 못하고 있다.

최근 서울대학교 공대는 현실 인식과 자기반성을 담은 '참회록'을 통해 연구자들이 새로운 시장을 창출할 수 있는 기술 창업에 나서야 한다는 것을 강조했다. 이는 서울대 공대만의 문제가 아니라 우리나라 이공계 대학 전반의 문제로 지금부터 문제점을 해결해 미래 공대를 살릴 수 있는 청사진을 만들어야 한다.

따라서 대학 교육이 창업 현장이 되고, 시장 수요가 대학의 연구 현장으로 들어와 사업화 연구개발로 이어지도록 기술창업 선순환 구축이 시급하다. 그러나 현 공대 교육 과정으로는 학생들의 창업정신을 북돋우어 주기에 턱없이 부족한 것이 현실이다.

대안은 기업 출신, 해외 사업과 벤처 창업 경험을 가진 사람들을 겸무·겸임 교수로 초빙하는 것이다. 그간의 노하우를 바탕으로 학생들에게 실무 경험을 가르침으로써 시야를 넓힐 수 있는 기회를 제공할 수 있다.

더불어 기술 발달이 산업과 사회를 변화시키고 있다는 측면에서 대학에서는 다양한 통찰력을 기를 수 있게 지능정보사회 실현과 4차 산업혁명을 주도할 핵심 기술인 AI, IoT 등 국가전략 프로젝트를 추진함으로써 공과대학 교육 개혁을 추진해야 한다.

(매일경제. 2017.01.18.)

4) 혁신 창업 국가, 어떻게 만들 것인가

한국의 기적을 이루고 정보 기술(IT) 강국으로 성장한 한국 경제의 원동력은 끊임없는 도전과 혁신이었다. 자본, 자원, 기술도 없었지만 온종일 노동과 잔업·야근 등 지문이 닳도록 일했다. 독일에 파견된 광부와 간호사, 목숨을 담보로 베트남 전쟁에 파병된 군인, 중동의 사막에서 피땀 흘린 건설 노동자 등이 송금한 달러가 있었기에 오늘날 세계 경제 규모 10위권에 오른 대한민국이 있다.

눈부신 성장은 근면·검약·성실·교육으로 가난을 극복하겠다는 의지와 하면 된다는 자신감이 충만했기에 가능했다. 지난 60년의 한국 경제는 시련과 위기를 극복하고 혁신에 혁신을 거듭해서 성장해 왔다.

그러나 최근 경제성장률은 2~3%, 가계부채는 1,400조 원, 청년실업률은 9.8%를 각각 기록하고 있다. 저출산·고령화 사회에도 진입했다. 가장 큰 문제는 10년 전 주력 수출 품목을 지금도 여전히 주력 품목으로 수출한다는 것이다.

경제성장률 감소 추세를 반전시키고 양질의 일자리를 창출할 새로운 산업은 나타나지 않는 답답한 상황이다. 청년은 창업보다 대기업·공무원 취업에 몰리고, 정작 인력이 필요한 중소기업은 꺼린다. 청년에게 투자, 절박감, 도전, 혁신은 옛말이다.

4차 산업혁명 시대를 이끄는 기업은 기술 창업으로 성공한 글로벌 정보기술(IT) 기업이다. 애플의 스티브 잡스, 소프트뱅크의 손정의, 알리바바의 마윈 같은 혁신가가 왜 우리나라에는 없는가? 실리콘밸리 스타트업이 성공하는 구조는 왜 불가능한가? 제품 구상부터 생산, 판매까지 일관되게 지원하는 '플랫폼'이 없기 때문이다.

경직된 대기업에는 더 이상 혁신을 기대하기 어렵다. 이제 혁신 스타트업의 힘을 빌리지 않고서는 새로운 성장이 어렵다. 혁신성장 국가의 실현을 위해서는 대기업과 중소·벤처기업의 조화로운 성장을 바탕으로 하는 한국 경제 성장의 기본 프레임을 구축해야 한다.

성공한 글로벌 대기업들은 스타트업과의 연대를 추진한다. 인공지능(AI) 등 혁신 창의 기술에는 대기업 단독으로 대응하기 어렵기 때문이다. 대기업은 미래가 유망한 것으로 판단되는 신기술 분야, 요소 기술, 서비스 개발 스타트업을 찾고 있다.

일본 리크루트 홀딩스는 4만 5천 명이 넘는 전 사원이 스타트업과 협업 가능한 시스템을 갖췄다. 아이디어 응모 사원과 스타트업을 매칭, 혼성팀을 결성한다. 신규 사업을 추진해서 실증 시험을 거친 후 최종 심사에 합격하면 실제 사업화로 이어진다.

스타트업 연대로 성공하려면 협업 상대를 잘 이해해야 한다. 스타트업이 대기업에 바라는 것은 첫 번째, 대등한 입장에서 상호 이익을 공유하는 것이다. 두 번째, 스타트업의 부족한 부정 측면만 보지 말라는 것과 세 번째, 성공할 수 있다고 믿어 달라는 것이다. 마지막으로, 상호 역할을 분리 수행하고 눈앞 이익만 추구하지 말자는 것이다

지금까지 대기업과 스타트업 간 협업은 상호 기술이 필요했다. 최근에는 신시장 생태계를 함께 구축하는 것이 자연스러운 흐름이다. 산업 구조 변화로 중소·벤처에 기회가 있다. 우수한 젊은 인력이 창업하는 제2의 벤처 붐을 조성해야 한다. 대기업과 중소·벤처기업이 회사 규모나 업종을 초월해서 협력해야 한다. 질이 서로 다른 것들이 연결돼 화학 반응을 일으키는 콜라보레이션(협업)으로 글로벌 신시장을 뚫어야 한다.

제조업의 지속 성장을 위해서는 산업별로 리더 기업을 선정, 대기업과 협력업체 간 공존과 협업이 필요하다. 센서 개발 및 표준화 모듈 플랫폼을 통해 미래를 대비하고, 소프트웨어(SW)에 투자해야 한다.

우리는 IT 강국이라는 좋은 인프라를 갖췄다. 4차 산업혁명 시대에 맞는 혁신 창업 국가로 가려면 대기업은 신기술 확보를 위한 인수합병(M&A)과 신사업에 과감히 투자해야 한다. 청년은 신선한 아이디어를 비즈니스로 발전시켜서 스타트업을 만드는 실리콘밸리의 성공모델을 배우자. 산·학·연·정은 스타트업에 필요한 맞춤형 제도를 지원하자. 과거의 틀을 벗어나야 지금의 위기를 헤쳐나갈 수 있다.

(전자신문. 2017.12.13.)

5) 혁신성장 없인 일자리 창출도 없다

통계청의 지난달 발표에 의하면 전 계층에서 고용률이 모두 하락하고 제조업 취업자 수도 지난해에 이어 감소해 고용 상황이 좀처럼 나아지지 않고 있다. 과거 60년 한국 경제는 혁신에 혁신을 거듭해 한강의 기적을 만들고 정보기술(IT) 강국으로 우뚝 선 경험이 있다.

세계은행은 세계 경제 성장이 2020년까지 둔화할 전망이라고 지난 6일 발표했다. 한국 경제는 올해 성장률을 3%로 유지하고 있지만, 지표에 따라서는 목표를 하향 수정해야 한다고 전문가들은 지적하고 있다. 성장 잠재력 2%대 중반으로는 일자리를 창출하기가 어렵다. 혁신성장을 통한 일자리 창출만이 위기를 돌파할 수 있는 유일한 출구다.

문재인 대통령은 지난달 2018년 대한민국 혁신성장 보고대회를 통해 "일자리를 만들고 내 삶을 바꾸는 혁신성장이라는 슬로건 하에, 혁신성장 정책을 적극 반영하고, 예산 세제 집중 투입과 공공 수요 창출 지원도 확대해야 한다."라고 했다. 정부는 2022년까지 스마티시티, 가상현실(VR)·증강현실(AR), 신재생에너지, 자율주행차, 빅데이터, 맞춤형 헬스케어, 지능형 로봇, 드론, 차세대 통신, 첨단소재, 지능형 반도체, 혁신 신약, 인공지능(AI) 분야에 9조를 투자해 혁신성장을 선도할 예정이다.

제조업과 새로운 산업 분야의 융합을 통한 혁신성장이 새로운 일자리를 창출한다. 혁신성장을 지속적으로 추진하고 있는 선진국은 일자리가 넘쳐난다. 일본의 대졸자 취업률은 100%다. 혁신성장은 기존의 산업 구조조정과 미래의 새로운 먹거리를 창출한다. 선진국과 기술 격차를 좁히고 중국의 추격을 따돌리며 좁은 내수시장의 한계를 극복해 한국 경제를 혁신성장으로 이끌어 가야 한다. 기업이 생존하기 위해서는 새로운 기술로 무장해야 한다.

세계경제포럼의 발표에 의하면 한국의 신기술 흡수 적극성은 2010년 9위에서 작년에는 23위, 기업 혁신 역량 순위는 18위에서 35위로 큰 폭 하락했다. 연구개발(R&D) 투자 부진과 핵심 기술 미확보, 신산업 개발 부진 등 혁신성장 동력이 약화된 것이 원인이다. 전국경제인연합회에 따르면 국내 기업이 당면한 심각한 문제로 40.2%가 신산업 개발 부진, 38.5%가 핵심 기술 미비를 뽑았다.

한국 경제가 혁신성장을 통하여 일자리 창출을 하기 위해서는 첫째, 민간 부문과 정부의 역할을 나누어 혁신성장 전략을 효율적으로 추진해야 한다. 민간 부문의 벤처 펀드는 경영과 기술 개발을 분리해 틈새시장을 공략해야 한다. 정부의 역할은 첨단 과학기술 체제를 구축하고 우수 인력을 양성하는 것에 집중해야 한다.

혁신성장 컨트롤타워가 주도하는 기술 개발 지원 정책을 수립, 추진해 각 부처들 간의 원활한 역할 조정, 필요한 입법, 효과적인 예산 집행, 민간 부문과 협력을 끌어내야 한다. 또 주요 국가와 무역 협정을 맺고 공동 연구개발 재단을 설립해 기업들이 해외 인적 네트워크를 활용할 수 있는 기반을 구축해야 한다.

둘째, 대학과 연구소는 연구 결과의 상업화를 추진해야 한다. 지식·기술 개발 부문 투자, 기술 이전 확산, 기술 혁신 체제를 강화해야 한다.

셋째, 대기업 위주 제조업으로는 더 이상 혁신성장을 기대하기 어렵다. 이제 혁신 스타트업의 힘을 빌리지 않고서는 새로운 혁신 성장이 어렵다. 혁신성장 국가를 실현하기 위해서는 대기업과 중소·벤처기업의 조화로운 성장을 바탕으로 하는 한국 경제 혁신성장의 기본 프레임을 구축해야 한다.

넷째, 혁신은 창의성에서 나온다. 규제가 많으면 창의성이 나올 수 없다. 규제를 과감히 철폐해야 한다. 과거의 틀을 완전히 벗어나야 지금의 위기를 헤쳐나갈 수 있다.

경제학자 슘페터는 경제 발전은 대부분 혁신을 통해 이루어진다고 했다. 혁신성장으로 경제가 성장해야 일자리 창출을 할 수 있다. 혁신성장 붐을 일으켜 한국 경제를 재도약시키자.

(매일경제. 2018.6.12.)

6) 중소·벤처 혁신성장과 일자리 창출 어떻게 할 것인가

경제 성장 핵심은 일자리 창출
한국 경제 구조를 중소·벤처로 전환, 혁신 창업 국가 실현

1960년대 세계 최빈국이었던 한국은 '한강의 기적'을 기치로 오늘날 세계 10위 경제 대국으로 성장했다. 그 배경에는 대기업 위주 성장 전략(Fast Follow)이 있었다. 하지만 4차 산업혁명 시대에 누구나 갖고 있는 스마트폰과 AI(인공지능) 등장으로 시장 환경이 급속히 변하고 있다. 더 이상 대기업 중심만으로는 혁신성장과 일자리 창출을 기대하기 어려운 상황이다. 이제는 한국 경제 구조를 중소·벤처로 전환하여 혁신창업국가를 실현해야 한다.

1987년 세계 기업의 시가 총액은 NTT, 도요타, IBM, GE, 신일본제철, 마쓰시타 대기업 위주였다. 30년이 지난 2017년은 애플, 구글, 마이크로소프트, 아마존, 알리바바그룹, 페이스북 등 성공한 글로벌 벤처 IT 기업이 차지했다. 규모 위주의 기존 대기업들은 기민한 시장 대응과 혁신적 기술 역량을 갖춘 기술 창업 중소·벤처에 의해 대체되고 있다. 글로벌 경제에서 기존 산업 질서가 와해되고 기술 창업 중심으로 경제 패러다임도 새롭게 변했다.

최근 우리 경제는 성장이 크게 둔화되고 청년 실업이 확대되고 있다. 원인 중 하나는 유니콘으로 불릴 만큼 성공하는 벤처가 드물기 때문이다. 일자리 창출의 주역은 4차 산업혁명에 맞는 신기술로 무장한 중소·벤처에 있다. 역대 정부는 예외 없이 중소·벤처 지원 정책을 강조했다. 그러나 임기 중 경제적 성과에 목메여 예외 없이 대기업 의존 경제 정책을 구사했다.

중소·벤처 육성 정책은 대기업으로부터 보호, 경쟁력 강화, 혁신성장 정책을 융합하여 추진해야 한다. 재벌 의존 경제 구조는 미래가 없다. 재벌 개혁만으로는 성공할 수 없으며 중소·벤처 혁신으로 한국 경제 성장의 기본 프레임을 구축해야 한다.

중소·벤처는 대기업에 47% 정도가 하도급과 관련되어 있어 자체 기술 개발, 해외 경쟁력 약화 등 근본적 문제를 해결해야 한다. 재벌·대기업 의존의 경제 구조 타파를 위해서는 각종 개혁 입법도 병행 추진해야 한다.

역대 정부의 창업 정책은 기술력과 사업 역량이 취약한 청년층 생계형 창업 유도로 생존율이 저조했다. 대출 중심의 창업 자금 공급으로 사회적 비용도 발생했다. 대안으로 정부 주도의 벤처 확인 제도를 민간 주도로 개선하고, 연구개발과 서비스 융합 업종과 같은 새로운 중소·벤처를 발굴 육성해야 한다. 지분 투자 방식의 청년 창업 자금을 지원하고, 공공기관과 연구소가 보유한 기술을 기반으로 창업할 수 있도록 제도를 개선하여 혁신형 중소·벤처 창업 생태계를 구축해야 한다.

미국, 중국, 일본의 스타트업, 스케일업 동력은 끊임없는 신기술 혁신에 있다. 중소·벤처 정책은 일자리 창출과 한국 경제 성장 견인을 위한 전략이 돼야 한다. 한국 경제가 글로벌 경쟁력을 높이기 위해서는 대기업으로 성장할 수 있는 성공한 중소·벤처가 많이 나와야 한다.

4차 산업혁명 시대 일본은 로봇 대국을 국정 목표로 추진하여 생활 속 각 분야에 로봇이 보급되고 있다. 중국은 핀테크, 드론, 플랫폼비지니스 등 신산업 분야에서 우리보다 앞서가고 있는 것이 안타까운 현실이다.

경제학자 슘페터는 경제 발전은 대부분 혁신(Innovation)을 통해 이루어진다고 했다. 국민을 잘살게 하려면 경제가 성장해야 한다. 경제 성장의 핵심은 일자리 창출이다. 세계공장 지위를 10년 이상 누린 중국은 매일 1만 5천 개가 창업한다. 해외 우수 인재가 신기술을 바탕으로 앞장서고 돈도 넘쳐나고 있다. 기술, 시장, 자본, 자신감에 정부 지원까지 뒷받침해 2016년에만 553만 개가 창업했다. 중국 벤처 창업 신화에 해답이 있다.

4차 산업혁명 시대는 글로벌 신조류에 발 빠르게 대처하고 신기술, 신산업, 신시장을 선점하도록 관련 규제는 과감히 철폐해야 한다. 우리 경제를 이끌어 온 주력 산업의 패러다임 재편에 대비해야 한다. 다양한 사업 모델이 성공되도록 정책적 지원을 해야한다. 기존 산업과 융합, 협업해야 한다. 아울러 과거 정부에서 수립된 중소·벤처 활성화 정책을 지속적으로 추진하여 성과가 나오도록 관리해야 한다.

고도 성장기에 대기업은 중복, 과잉 투자라고 우려할 정도로 과감히 투자를 했다. 그러나 외환위기 이후 기업이 너무 안정적 경영으로 저성장 늪에 빠졌다. 10대 대기업이 보유한 투자도 고용 창출도 하지 않는 500조가 넘는 유보금을 4차 산업혁명 시대에 맞는 신기술 확보를 위한 인수·합병과 신사업에 투자한다면 제2의 한국 경제 성장과 일자리 창출의 2마리 토끼를 잡을 수 있다.

(한국경제. 2017.12.12.)

5. 민간일자리 창출

1) 일자리 창출 민간에 맡겨라

세계는 '일자리 전쟁' 중이다. 문재인 정부도 일자리 창출을 국정 최우선 과제로 삼고 있다. 일자리는 사회 안정의 근간이다. 일자리를 만들어 중산층을 늘리는 게 급선무다. 특히 민간 차원의 일자리 창출을 활성화해야 한다.

먼저 일자리가 어디에 있는지 파악하는 것이 중요하다. 최근엔 대기업과 소규모의 중소기업보다 중견기업이나 신생 기업이 새로운 고용을 만드는 추세다. 무엇보다 전체 일자리의 88%를 차지하는 중소·벤처기업의 일자리 창출 능력을 확충해야 한다. 혁신벤처단체협의회는 12개 분야, 160대 추진 과제와 5대 선결 인프라를 확정했다. 혁신·벤처 생태계의 고도화가 이뤄지면 좋은 일자리 200만 개를 창출할 수 있다고 한다.

또, 과학기술정보통신부는 정보통신기술(ICT) 기반 일자리 창출이란 비전 아래 일자리 창출의 인프라 조성, 과학기술 기반 및 ICT 기반의 일자리 창출, 일자리 기회 제공 등 4대 추진전략과 14

대 세부 과제를 제시하며 일자리 26만 개 창출 방안을 발표했다.

미국의 아마존은 지난해 24만 명을 채용했다. 구글, 페이스북, 애플 등 글로벌 정보기술(IT) 기업들이 혁신성장과 민간일자리 창출의 엔진 역할을 한다. 한국도 IT 대기업이 4차 산업혁명 신기술에 더 많이 투자한다면 일자리 23만 개를 창출할 수 있다고 한다.

자국 기업들의 해외 공장을 국내로 되돌리는 '리쇼오링'이 세계적 추세다. 미국은 7년간 1,200여 개, 일본은 작년 724개 공장이 유턴했으나 한국은 2개뿐이다. 우리 기업이 해외에서 고용한 근로자는 286만 명이다. '유턴기업지원법'을 현실에 맞게 수정하고 과감한 세제 혜택과 유연한 노동 환경을 조성하면 최소 일자리 30만 개는 늘릴 수 있다.

미래 신산업 분야 등을 중심으로 국가 연구개발(R&D) 투자를 집중해야 한다. 전자부품, 영상, 음향 및 통신, 운송장비 업종에서 2만 개 이상의 일자리 창출이 가능할 것으로 보인다.

또 규모도 작고 상대적으로 생산성도 낮은 서비스산업을 선진국 수준인 70%로 끌어올리면 19만 개의 새 일자리가 늘어난다. 좋은 일자리 창출을 위한 노동계 역할도 중요하다. 경직된 노동시장 관행을 걷어 내야 한다. 대학도 학생들의 취업과 창업에 도움을 줄 수 있도록 커리큘럼을 혁신해야 한다.

(한국경제. 2018.1.18.)

2) 민간 일자리 만들기 붐 일으켜야

2018년 국민소득 3만 달러 시대가 열린다. 세계에서 인구

5,000만 명 이상이면서 1인당 국민소득 3만 달러 이상인 국가는 미국, 독일, 프랑스, 영국, 일본, 이탈리아 6개국이다. 한국이 7위로 등극할 날이 머지않았다.

문재인 대통령은 신년사를 통해 "국민의 삶의 질 개선을 최우선 국정 목표로 삼겠다."라고 했다. 문제는 일자리 창출이다. 일자리는 생산의 핵심이며 소비의 원천이다. 일자리를 능가하는 복지정책은 없다. 일을 통해 안정감과 만족감을 느낄 때 국민은 행복하다. 국민소득이 아무리 올라간다 해도 실업률이 높으면 아무 의미가 없다. 일자리 창출을 통해서 삶에 희망을 주고 일하는 사람들에게 행복을 주는 '나라다운 나라'를 만들어야 한다.

일자리 창출은 국가의 당연한 책무이며 국민의 권리이다. 이제는 일자리 창출의 가시적 성과를 내야 한다. 올해는 공공일자리를 마중물로 삼아 민간일자리 만들기 붐을 일으켜야 한다. 실질적 일자리 창출은 민간 부문의 혁신성장을 통해 만들어야 한다. 민간 부문에서 좋은 일자리를 얼마나 많이 만들어 내느냐가 일자리 정책의 핵심이다.

양질의 민간일자리 창출을 위해서는 첫째, 일자리 만들기에 앞서 해외로 사라지는 일자리부터 지켜야 한다. 4차 산업혁명 시대의 제조업은 제품 설계와 제조 현장이 가까이 있을 경우 더 쉽고 빠르게 적용 가능한 제조 혁신성장 패러다임으로 변하고 있다. 미래의 제조업은 높은 수준의 교육과 혁신성장이 되는 양질의 일자리다.

국내 제조업의 해외 이전으로 최근 10년간 25만 개 일자리가 사라져 무산된 국내 투자는 39조 원대로 추산된다. 줄어든 협력업체 일자리까지 감안하면 100만 개 일자리가 사라졌다. 해외 투자로 유출되는 일자리 30%만 국내로 돌려도 30만 개 일자리를 만들 수 있다.

둘째, 국내 대기업은 매출 10억 원이 늘어도 일자리 1개를 만들지 않는다. 대기업은 매출이 오르고 이익이 나면 일자리를 늘려 사회에 기여해야 한다. 기업이 성장해도 고용을 늘리지 않으면 기업의 사회적 가치는 퇴색한다. 모 기업인은 "사회에서 제대로 인정받고 많은 사람들에게 존경받는 기업인이 되고자 다짐하곤 했다."라고 포부를 밝힌 바 있다. 세계적인 초일류 기업의 리더로 인정받고 싶으면 우선 일자리를 많이 만들어 국민에게 사랑받는 기업이 돼야 한다. 대기업이 보유한 막대한 유보금을 신기술 확보를 위한 인수·합병과 미래 산업에 투자하면 양질의 새로운 일자리 27만 개가 창출된다.

셋째, 지속 가능한 민간일자리 창출을 위해서는 먼저 규제 개혁을 통한 서비스 분야 일자리 확충이 절실하다. 서비스산업은 일자리 창출 효과가 제조업 대비 2배 가까이 높다. 서비스산업 관련 규제를 완화하고, 다양한 서비스산업 융합 비즈니스 모델과 기업을 육성할 필요가 있다. 한국개발연구원(KDI)에 따르면 우리나라 서비스산업이 선진국 수준에만 이르러도 2030년까지 최대 69만 개 일자리가 창출된다.

넷째, 기술 혁신으로 과학기술 관련 좋은 일자리를 창출해야 한다. 기술 혁신의 직접적인 일자리 창출 효과는 연구개발 인력이다. 국내 연구 산업계가 성장할 수 있도록 연구 유망 분야 집중 육성과 연구 장비 국산화 확대를 추진하면 2만 개 이상 일자리가 창출된다.

마지막으로, 과기정통부는 4차 산업혁명 시대 혁신성장을 선도하는 과학기술·정보통신기술(ICT) 분야 일자리 26만 개를 창출한다고 했다.

정부는 중소·벤처기업 중심의 민간일자리 정책과 기업의 투자 고용 역량을 활용한 맞춤형 일자리 창출 정책을 추진해야 한다. 또한 민간일자리 만들기 붐을 조성하고 일자리 창출 분위기를 확산해야 한다. 민간일자리를 창출하려면 규제를 타파해야 한다. 대기업은 사회적 책임을 더 해야 하며 중소기업과 상생 협력 체계를 구축해야 한다. 노동계는 유연한 노동시장 환경을 조성해야 한다. 무술년, 일자리 창출에 올인하자.

(매일경제. 2018.1.4.)

3) 삼성은 어떻게 일자리를 만들었을까

해외에서 대한민국 국민으로서 긍지와 자부심을 느끼는 순간은 우리 기업들을 접할 때다. 세계 어디를 가나 공항에서부터 길거리, 호텔까지 삼성을 만나지 않기가 힘들 정도다. 반도체, 스마트폰은 물론이고 TV 냉장고 같은 가전제품마저 글로벌 시장을 점령하고 있다. 이러니저러니 해도 국민을 먹여 살리는 일은 기업이 한다는 것은 엄연한 사실이다.

고(故) 이건희 삼성전자 회장이 이끈 삼성은 'IT 강국'을 주도했다고 해도 과언이 아니다. 한국 수출의 20% 이상을 차지하는 반도체와 스마트폰 위상은 이 회장의 결단이 있었기에 가능했다. '반도체 코리아'와 '애니콜 신화'로 IT 시대에 양질의 일자리 창출에 기여했으며 AI 시대 산업의 토대를 마련했다.

한국 경제는 저성장 기조에 코로나19 타격으로 일자리 대란이 벌어지고 있다. 일자리 정부의 대대적인 일자리 대책에도 고용 사정이 좀처럼 나아지지 않고 있다. 한국개발연구원(KDI)의 코로나19 고용 충격 양상과 정책 시사점 보고서에 따르면 코로나19로 없어진 일자리는 4월에 108만 개, 9월에 83만 개로 추정했다. 제조업을 중심으로 피해가 점차 늘어 지역서비스업 일자리 타격이 더 커질 것이라고 진단했다. 정부 재원으로 마련하는 60대 이상 공공일자리를 제외하면 전 연령층에서 취업자 수가 급감하고 있다. 정부가 4차 추경까지 동원해 일자리 대책에 나섰지만, 일자리 성적은 사상 최악으로 일자리 대란 쓰나미가 몰려오고 있다.

삼성은 어떻게 일자리를 만들었을까. 일자리 정부는 이 회장에게 무엇을 배울까. 첫째, 성과를 내는 리더십이 필요하다. 이 회장이 취임한 1987년 10조 원이었던 삼성그룹 매출이 2018년에는 398조 원을 넘었다. 시가총액은 1조 원에서 396조 원으로 400배 가까이 커졌다. 1969년 종업원 36명이던 삼성전자는 지난해 말 임직원 수가 10만 5,000명이다. 현재 삼성그룹 임직원 수는 42만 명으로 협력사까지 백만 명을 훨씬 상회할 것이다. 일자리 정부는 4년간 일자리 예산 126조 8,000억 원을 집행했는데 일자리 성과는 나왔을까?

둘째, 세금으로 만드는 일자리 정책 기조를 전면 전환해야 한다. "마누라와 자식 빼고 다 바꿔라." 이 회장이 1993년 프랑크푸르트 신경영 선언에서 한 말이다. 양에서 품질 위주로 변신해야 초일류 기업이 될 수 있다는 주문이다. 일자리는 양(量)이 아니라 질(質)이다. 재정 지원이 중지되면 바로 사라지는 '티슈형 공공일자리'는 일자리 수 통계만을 위한 가짜 일자리다. 청년들이 원하는 양질의 일자리 즉, 세금을 내는 일자리를 만들어야 한다. 신기술과 신산업에 의한 일자리를 만들어야 'AI 강국'으로 도약할 수 있다.

셋째, 한 방향으로 목표를 세워 국정을 운영해야 한다. 이 회장은 질 위주 경영인 국제화·복합화·정보화 추진에 총력을 기울였다. 26년 전 "우리의 목표는 초일류이며, 방향은 하나로 눈은 세계로 그리고 꿈은 미래에 두고 힘차게 나아가자."고 선언했고 행동으로 옮겨 그 약속을 지켰다. 일자리 정부는 범정부 AI 국가전략에서 IT 강국을 넘어 'AI 강국'으로, 제조업 르네상스 선포식에서는 제조업 부흥으로 '세계 4대 제조 강국'으로 도약한다는 목표를 제시했다. 아무리 훌륭한 전략을 세우더라도 이를 실행하지 않으면 성과를 내지 못한다. 지금이라도 추진 과정을 면밀히 살피고 점검해야 한다. AI 시대 방향은 AI 산업에 선택과 집중해야 한다. 2007년 "중국은 쫓아오고 일본은 앞서가고, 한국 경제는 샌드위치 신세다."라고 던진 메시지는 한국 사회에 큰 울림을 줬다. 우리의 시야는 글로벌 AI 시장 선점으로 향해야 하고 꿈은 2030년 'AI 강국'으로의 도약이어야 한다. 실행만이 목표를 달성할 수 있다.

넷째, 인재 육성과 시대를 앞선 인사제도를 배워야 한다. 삼성 인재경영의 핵심은 공정한 인사다. 연공 서열이나 차별조항 등을 철폐해 시대 변화에 맞는 인사 시스템을 운영했다. 능력만 있으면 누구나 삼성에서 꿈을 펼칠 수 있는 능력주의 인사를 단행했다. "삼고초려를 오고초려로 고쳐서라도 우수 인재를 구하라."고 강조했다. 고졸 및 현장사원, 여성인력 육성을 위해 사내대학을 설립했다. "200~300년 전에는 10~20만 명이 군주·왕족을 먹여 살렸지만, 21세기에는 타고난 한 명의 천재가 20만 명의 동료를 먹여 살린다."라고 말했다. 지금의 삼성은 인재에 집중 투자했기에 가능했다. 삼성 출신들이 한국 경제 여기저기로 퍼져나가면서 '인재사관학교' 역할을 했다. 기회는 균등하며 과정은 공정하고 결과는 정의로운 사회가 돼야 인재가 능력을 발휘할 수 있다.

다섯째, 한국 경제 미래 먹거리를 확보해야 한다. 이 회장은 "5년 후, 10년 후 무엇으로 먹고살 것인가를 생각하면 등에서 식은 땀이 난다. 앞으로 10년 내에 삼성을 대표하는 사업과 제품은 사라지고 없을 것이다. 머뭇거릴 시간이 없다. 앞만 보고 가자. 삼성의 미래는 신사업, 신제품, 신기술에 달려있다. 기업문화를 더 개방적이고 유연하며 혁신적으로 바꿔야 한다."라고 강조했다. 한국의 주력 수출 제조 산업의 경쟁력은 약화되고 있으며 AI 시대 중국은 저만치 앞서가고 있다. 한국 경제의 미래 먹거리를 확보하기 위해서는 제조업 위주에서 AI와 디지털 산업 구조로 전환해야 한다. 2030년을 목표로 AI 산업에의 집중 투자만이 한국 경제가 살길이다.

여섯째, 일자리를 많이 만드는 제2의 이 회장이 나와야 한다. 재벌 창업 1세대인 정주영, 이병철 회장은 산업화 토대를 다졌다. 이 회장은 선대 창업자들의 업적을 한 단계 업그레이드해 산업화 시대에서 IT 시대로 전환을 이끌었다. 이제는 AI 시대에 맞는 훌륭한 기업가들이 AI 시대의 일자리 창출 책무를 이어받아야 한다. 일자리를 많이 만드는 기업이 착한 기업이다. 삼성 같은 기업이 10개 정도 나와야 한국 경제가 일본을 넘어 세계 강국으로 우뚝 설 수 있다.

마지막으로, 도전을 멈춰서는 안 된다. 이 회장은 1988년 '제2 창업', 1993년 '신경영', 2003년 '천재경영론', 2010년 '위기론',

2012년 '창조경영'에 이르기까지 단 한 순간도 변화와 혁신을 멈추지 않았고 인간중심·기술중시·자율경영·사회공헌을 경영의 축으로 삼았다. 현장을 강조하며 현실을 직시하는 자세는 경영계의 귀감으로 평가받고 있다. 일부에선 이 회장이 드리운 재벌 중심 경영 구조와 무노조 경영을 탓하기도 한다. 하지만 한국이란 변방에서 세계 1등을 현실화해 보여준 것, 국민들에게 일자리를 제공한 것으로 흠결을 덮을 만하다. 이제는 코로나19 위기를 극복해나가는 우리 민족의 저력을 보여줘야 한다. "변해야 살아남을 수 있다. 생각 좀 하며 세상을 보자."라며 삼성을 초일류 글로벌 기업으로 일궈낸 이건희 회장의 영면(永眠)을 기원한다.

(내외통신. 2020.10.28.)

1. AI 강국 도약

1) AI 강국의 조건

　문재인 대통령은 제74주년 광복절 경축사에서 "아무도 흔들 수 없는 나라를 만들겠다."고 밝혔다. 아무도 흔들 수 없는 나라가 되는 유일한 길은 AI(인공지능) 강국이다. 미래는 AI가 세계를 지배한다. 4차 산업혁명의 핵심 기술인 AI는 다양한 산업 분야의 혁신을 불러와 국가 경쟁력을 좌우한다. 전 세계적으로 AI 혁명이 일어나고 있다. AI를 선점하는 국가는 선진국으로 도약하고 뒤처지면 후진국이 된다.

　AI 시대는 제조업, 농업, 서비스업 등 전 분야에서 AI 기술과 융합돼 산업 패러다임이 변한다. 한국의 수출 주력 IT산업이 일본의 소재·부품 산업에 의존했기에 경제 보복에 속수무책이다. 맥킨지 글로벌연구소의 'AI가 세계 경제에 미칠 영향' 보고서에 따르면 미국과 중국을 선진 AI 국가로 분류했고 한국은 세계 평균으로 평가했다. 이대로 간다면 어떻게 될까? 2030년에 한국은 미·중의 AI 핵심기술에 의존하게 된다. 궁극적으로 모든 산업 분야에서 국제경쟁력이 떨어지고 일자리 창출은 어려워져 한국 경제 미래는 없다.

미국과 중국은 AI 패권 다툼 중이다. 2016년 중국과 미국은 AI 연구개발에 국내총생산(GDP)의 약 2~3%를 투자했다. 경제협력개발기구(OECD)는 중국이 4,640억 달러(562조 원)를 미국이 4,120억 달러(499조 원)를 AI 연구개발에 투자했다고 밝혔다. 반면 한국은 2022년까지 세계 4대 AI 강국을 목표로 향후 5년간 2조 2천억 원을 투자키로 했다.

중국은 정부의 전폭적인 정책지원과 대규모 데이터 활용, 풍부한 자금을 바탕으로 '2030 AI굴기'가 목표다. 이러한 중국을 미국이 가만 놔둘 리가 없다. 미국은 AI 글로벌 기업인 GAFAM(구글, 애플, 페이스북, 아마존, 마이크로소프트)을 앞세워 세계 시장을 선점하고 있다. 이에 맞서 중국은 BATIS(바이두, 알리바바, 텐센트, iFlytek, 센스타임)가 미국 기업을 바싹 추격하고 있다. 미·중은 무역전쟁에 이어 관세, 환율, AI 전쟁 중이다.

현재 한국은 미·중 AI 패권 다툼과 일본의 경제 보복에 낀 형국이다. 문제는 시간이 흘러갈수록 AI 경쟁력에서 우리나라는 미·중에 이어 일본에도 뒤처지고 AI 기술 격차는 더 확대된다. 미국과 중국은 AI 분야에서 2~3년 앞서 나가고 있다. AI 시대에는 산업화 시대의 패스트 폴로어(Fast Follower) 전략이 더 이상 먹히지 않는다. 한번 뒤처지면 따라잡기가 거의 불가능하다.

AI 강국으로 도약하기 위한 조건은 첫째, AI 성공모델을 만들어야 한다. 광주광역시는 2024년까지 4,061억 원을 투입해 'AI기반과학기술창업단지'를 조성한다. 이달 중 민간 중심의 'AI클러스터추진단'을 출범해 세부체계 구축과 사업계획을 수립한다. 이용섭 시장은 "노사 상생 첫 모델인 광주형 일자리처럼 광주를 AI 선도 도시로 만들겠다."고 말했다. 광주광역시가 AI 집적화 단지 조성의 성공적 모델을 만들어 세계 시장에 수출하기를 기대한다.

둘째, AI 교육과 전문인력을 양성해야 한다. AI 시대 표준 언어인 파이선(Python)을 교육해야 한다. 파이선은 AI 시스템을 개발하는 프로그래밍 언어로써 가장 사용하기 쉽다. AI 딥러닝(심층학습)을 위해 파이선 학습은 필수다. 데이터 분석 및 인프라 관리 등 파이선의 용도는 확대되고 있다. 1970년부터 사용됐던 프로그램 언어인 코볼(COBOL)과 자바(Java) 시대는 막을 내리고 있다. 초등학교부터 파이선을 교육하고 대학생은 필수 이수 과목으로 지정해야 한다. 정부가 시행 중인 정보처리기사 시험 과목에도 넣어야 한다.

AI 전문인력을 양성해야 한다. 현재 한국은 AI 특허·전문 기업 등 분야별 평가에서 세계에서 중위권이다. 중국 칭화대(淸華大)의 2018 인공지능 보고서에 따르면 세계 최고 수준급 인재는 2만 2,400명이다. 미국이 절반을, 중국이 10%를 차지한다. 뒤를 이어 영국·독일·캐나다·일본이, 한국은 이란·터키보다도 뒤처진 15위다. AI 전문인력 육성 없이는 2022년 'AI 4대 강국' 정책 목표는 실현 불가능하다.

셋째, '데이터 3법 개정안'을 서둘러 처리해야 한다. AI의 핵심은 데이터 활용에 있다. 현재 우리나라의 데이터 활용은 경제협력개발기구(OECD) 국가 중 최하위 수준이다. 국회는 빅데이터 경제 3법으로 불리는 신용정보법, 개인정보보호법, 정보통신망법 등 개정안을 서둘러 심사하고 처리해야 한다.

넷째, AI 벤처 붐을 조성해야 한다. 소프트뱅크의 손정의 회장은 "한국에 투자할 만한 AI 벤처가 있으면 투자하겠다."고 밝혔다. 손 회장의 '소프트뱅크 비전 2호 펀드' 운용 규모는 1,080억 달러(130조 원)로 전 세계 AI 관련 기업을 투자 대상으로 한다. 정부가 주도해 AI 일거리 프로젝트를 발주해 비전펀드의 투자를 유도한다면 제2의 벤처 붐이 온다.

마지막으로, AI 벤처 기업들은 틈새시장을 공략해야 한다. 특정 업종을 목표로 차별화를 모색해야 한다. 글로벌 기업은 범용으로 사용할 수 있는 제품 및 서비스 개발에 주력하고 있다.

AI 스타트업은 제조 및 물류와 같은 특정 업종을 위한 제품 및 서비스 개발에 중점을 둔다면 성공 확률이 높다. 글로벌 AI 기업이 커버할 수 없는 틈새 영역이기 때문에 강력한 제품 전략을 구사하면 세계 1위 자리도 차지할 수 있다.

손정의 회장은 "제일 중요한 기술 혁신의 시기에 일본이 AI를 어중간하게 다루고 있어 언젠가부터 AI 후진국이 됐다."고 말했다. 일본 경제 보복에 맞서 부품·소재 산업 국산화에 몰입하고 있는 현재 우리나라 모습이 어떤지 곰곰이 생각해 봐야 한다. 일본이 가리키는 손가락 끝을 보지 말고 손가락 끝이 가리키는 달을 보라는 견월망지(見月忘指)가 떠오른다. AI는 대한민국의 미래 먹거리이며 성장 동력이다.

(중앙일보. 2019.08.20.)

2) AI 강국만이 살길이다

AI 강국만이 살길이다
Only AI powers are our survival

미래는 AI(인공지능)가 세계를 지배한다. 전 세계적으로 AI 혁명이 일어나고 있다. 4차 산업혁명의 핵심 기술인 AI는 다양한 산업 분야의 혁신을 불러와 국가 경쟁력을 좌우한다. AI를 선점하는 국가는 패권국이 된다. 미국과 중국은 AI 패권 다툼 중이다.

미국은 글로벌 AI 플랫폼 기업인 애플, 구글, 페이스북, 아마존, IBM, 인텔, 마이크로소프트를 앞세워 세계 AI 시장을 선점하고 있다. 이에 맞서 중국은 바이두, 알리바바, 텐센트, iFLYTEK, 센스타임이 미국 기업을 바싹 추격하고 있다.

AI의 3대 요소는 알고리즘과 컴퓨팅 파워 그리고 데이터다. 이 중 미국은 알고리즘과 컴퓨팅 파워에서, 중국은 13억 명이 생산하는 방대한 데이터에서 우위를 차지한다. 미·중은 지금까지 AI 특허나 논문 발표 건수, 슈퍼컴퓨터 성능을 놓고 경쟁을 벌였다. 지금은 AI 인재 유치와 AI 글로벌 표준 장악에 열성적으로 힘을 쏟고 있다.

현재 한국은 미·중의 AI 패권 다툼에 낀 형국이다. AI 국가 경쟁력에서 우리나라는 미·중에 2~3년 뒤처지고 있다. AI 시대는 산업화 시대의 패스트 폴로어(Fast Follower) 전략이 통하지 않는다. 한번 뒤떨어지면 따라잡을 수가 없다. AI 후진국으로 전락하면 경제 발전과 새로운 일자리 창출의 사다리에 오르지 못해 영원한 가마우치 경제가 된다.

AI 관련 시장은 하드웨어와 소프트웨어로 구분한다. AI 강국이

156

되기 위해서는 첫째, 미래 블루오션인 AI 시스템 반도체와 인간의 뇌를 모사한 AI 컴퓨팅 칩인 뉴모로픽칩 개발에 투자해야 한다. 한국은 D램, 낸드플래시 중심의 메모리 반도체 강국이다. 향후에는 PC, 모바일 분야의 반도체 수요는 감소하지만 AI 반도체는 폭발적으로 증가한다. 미국 반도체 시장도 인텔의 CPU(중앙처리장치)에서 AI 구동에 더 적합한 엔비디아의 GPU(그래픽처리장치)로 옮겨가고 있다. 자동차 한 대에 반도체가 300개 정도 쓰이는데, 자율주행차는 2,000개 이상의 AI 반도체가 들어간다. AI 반도체에서 경쟁력을 확보해야 시스템 반도체 분야에서도 새로운 시장을 차지할 수 있다.

둘째, 기업의 필요에 따라 다양한 AI 소프트웨어를 제공하는 B2B AI 소프트웨어 시장을 공략해야 한다. AI 소프트웨어 형태는 기능이나 서비스 중심으로 제공하면 된다. AI 작업 수행을 지원하는 플랫폼이나 소비자에게 제공하는 B2B2C 시장은 글로벌 AI 기업들이 시장을 선점하고 있다.

셋째, AI 기술을 활용해 자료를 수집하고 고객 맞춤형 서비스를 제공하는 핀테크, 의료 등 서비스테크 산업을 육성해야 한다. 이들 산업은 기존 산업 데이터를 분석해 새로운 부가가치를 만들어 낸다. AI의 핵심은 데이터 활용에 있다. 우리나라의 데이터 활용은 경제협력개발기구(OECD) 국가 중 최하위 수준이다. 국회는 빅데이터 경제 3법으로 불리는 신용정보법, 개인정보보호법, 정보통신망법 등 개정안을 서둘러 처리해야 한다.

넷째, 교육제도 혁신을 통해 AI 인재 30만 명을 양성해야 한다. 과학, 기술, 공학, 수학(STEM) 교육을 강화하고 AI 맞춤형 교육 환경을 만들어야 한다. 산업계는 AI 핵심 인력 양성에 주력해야 한다. 민관 협력으로 AI 인재 육성에 집중 투자해야 한다.

다섯째, 정부 주도로 대규모 AI 사업을 발주해 일거리 창출과 벤처 붐을 조성해야 한다. AI정부, AI국회, AI사법부, 행정·금융·국방·의료·안전 등 공공분야의 대형 AI 프로젝트를 추진해야 한다.

마지막으로, 대통령 직속으로 'AI컨트롤타워'가 시급하다. 중국은 국가발전개혁위원회, 일본은 AI기술전략회의가 AI 정책을 총괄해 담당한다. 'AI컨트롤타워'는 각 부처별로 추진 중인 AI 전략을 통합하고 예산을 효율적으로 집행해야 한다. AI 원천기술 확보를 위한 연구개발과 인프라, AI 생태계를 조성해야 한다. 지자체와 협력해 AI 성공모델을 만들어야 한다. 양질의 일자리 창출과 한국 경제 재도약을 위해서는 AI 강국만이 살길이다.

(SPRI. 10월호.)

3) AI 중심도시 광주가 한국 경제 미래다

미래는 AI(인공지능)가 세계를 지배한다. 전 세계적으로 AI 혁명이 일어나고 있다. 4차 산업혁명의 핵심 기술인 AI는 다양한 산업 분야의 혁신을 불러와 양질의 일자리를 창출한다. AI 산업 생태계를 조성하는 도시는 AI 중심도시로서 경제 발전의 주역이 된다.

세계는 AI 패권 다툼 중이다. 미국은 실리콘밸리 중심으로 글로벌 AI 플랫폼 기업을 앞세워 AI 시장을 선점하고 있다. 중국은 중관춘에 5년간 2조 3,000억 원을 투입해 400여 개 AI 기업이 입주할 단지를 조성한다. 광저우, 상하이, 항저우, 베이징, 허페이 등도 경쟁적으로 AI 단지를 구축하고 있다. 프랑스도 AI 허브를 위해 2022년까지 2조 원을 투입한다. 일본은 통합전략추진회의에서 AI 전략 2019를 발표하고 2020년 도쿄올림픽에 AI를 활용한다는 계획이다.

지난 1월 광주광역시가 추진하는 AI산업융합집적단지가 정부 예비타당성조사 면제 대상 사업으로 선정됐다. AI산업융합집적단지 조성사업(2020~2024)은 총사업비 4,061억 원으로 광주광역시 첨단 3지구 내에 AI 중심 산업 생태계 조성을 위한 인프라를 조성한다.

광주광역시는 AI 중심도시로서 AI 산업 생태계를 조성하고 일자리를 창출해 'AI 4대 강국'을 뒷받침한다는 방침이다. 이용섭 시장은 "세계 유례가 없는 광주형 일자리 사업을 성공시킨 것처럼 광주형 AI 비즈니스 모델을 성공시키는 새로운 도전"이라며 "AI 관련 기업들과 전문가들이 광주로 발길을 돌릴 수 있도록 길을 만들어 세계적인 AI 중심도시로 만들겠다."고 선언했다.

AI의 3대 요소는 컴퓨터(AI칩), 인재(소프트웨어), 빅데이터다. 광주광역시는 AI 중심도시로서 경쟁력을 갖추고 있다.

첫째, AI 작업을 수행하는 AI칩 기술 특허를 활용할 수 있다. 실리콘밸리의 세계적 슈퍼컴퓨터 권위자이며 발명왕인 김문주 박사가 AI칩 관련 특허기술을 제공한다. 특허를 활용한 인공지능 반도체 SoC(System On Chip) 개발과 기업 지원도 추진한다.

둘째, AI 인재 양성 인프라를 갖췄다. 광주과학기술원(GIST)이 AI대학원을 설립해 관·산·학 협력을 바탕으로 AI 핵심기술 글로벌 경쟁력을 갖춘 AI 석·박사급 인재를 육성한다.

셋째, 다년간 축적해온 헬스 관련 데이터를 보유하고 있다. 또한 데이터센터를 설립할 예정이다.

넷째, 고비용 저효율의 한국 경제 체질을 바꾸고, 제조업의 경쟁력을 높이는 새로운 전기를 마련한 광주형 일자리 성공모델을 만든 경험이 있다.

마지막으로, 광주광역시민들의 위대한 유전자다. 임진왜란 시 이순신 장군께서는 "호남이 없으면 국가가 없다(약무호남 시무국가. 若無湖南 是無國家)."고 했다. 항일 투쟁인 광주학생의거, 민주화운동 등 나라가 어려울 때 집단지성의 힘이 발휘됐다. 시민들이 자발적으로 개인정보 데이터 활용에 동의한다면 개인정보보호법에 얽매이지 않고 데이터를 활용할 수 있어 벤처들이 몰려와 AI 벤처 붐이 일어난다.

광주광역시가 추진하는 'AI 중심도시'가 성공하기 위해서는 첫째, 대통령 직속으로 'AI 컨트롤타워'를 만들어야 한다. 부처별로 추진 중인 AI 전략을 통합하고 예산을 효율적으로 집행할 수 있다.

둘째, 사업 부지인 첨단 3지구 그린벨트 해제를 위한 도시 관리계획 변경이 국토부에서 조속히 처리돼야 한다.

셋째, 헬스케어 분야와 AI 기반 과학기술 창업 단지의 규제자유특구 지정이 시급하다. 헬스케어 분야 규제가 너무 많다. 규제 샌드박스를 적용해야 한다.

넷째, 데이터 수집·처리를 위한 규제 특례 등 관련 법규의 제정이 필요하다.

다섯째, AI와 관련한 표준 데이터를 만들어야 한다. AI가 확산되려면 표준 데이터가 필요하다. 현장에서는 AI와 관련한 표준 데이터가 없다.

여섯째, 데이터를 보유한 기업과 필요한 기업이 윈윈할 수 있도록 정책을 입안해야 한다. AI 개발자금지원은 연구개발에 끝내지 말고 해외로 수출하도록 지속적으로 지원해야 한다.

　마지막으로, 미국의 세계적 반도체 장비업체 램리서치와 어플라이드머티어리얼즈 연구개발센터를 광주 AI 단지에 유치할 수 있도록 지원해야 한다.

　산을 만나면 길을 내고 물을 만나면 다리를 놓는다는 '봉산개도 우수가교(逢山開道 遇水架橋)'의 각오로 AI 중심도시 광주가 성공하기를 기대한다. AI 강국만이 살길이다.

(한국경제. 201.09.24.)

4) 'AI 강국'을 뒷받침하는 'AI 중심도시 광주'

　세계적으로 인공지능(AI) 혁명이 일어나고 있다. PC에서 모바일을 거쳐 본격적인 AI 시대가 도래했다. 작년 12월 17일 정부는 'AI 국가전략'을 발표했다. 비전은 'IT 강국'을 넘어 'AI 강국'으로다. 목표는 2030년까지 디지털 경쟁력 세계 3위, 삶의 질 세계 10위다. 이를 위해 '세계를 선도하는 AI 생태계 구축', 'AI 가장 잘 활용하는 나라', '사람 중심의 AI 구현' 등 3대 분야 아래 9개 전략과 함께 100개 실행 과제를 추진한다.

　광주광역시는 4차 산업혁명의 미래 먹거리로 AI를 선정하고 'AI 중심도시 광주'가 되기 위해 오래전부터 준비했다. 지난해 1월 정부의 예비타당성 면제 사업 선정 시 'AI 중심 산업융합집적단지 사업'을 제시해 타 지자체와 차별화를 꾀했다. 이용섭 시장의 전략적 판단에 따라 4차 산업 불모지인 광주가 AI 예타 면제 사업에 선정됐다.

'AI 광주 집적단지'에 총사업비 3,933억 원 규모로 2024년까지 AI 생태계가 조성된다. 첨단 3지구(46,200㎡ 규모)에 AI 데이터 센터가 완성되면 산업융합 연구개발을 통해 중소기업과 스타트 업을 지원한다.

지난해 이 시장은 'AI 집적도시 광주' 추진을 위해 쉬지 않고 달려왔다. AI 산업융합 생태계 조성을 위한 협력 네트워크 구축 과 정책 수립 및 자문을 위해 'AI 중심도시 광주 만들기 추진위원 회'를 출범시켰다. AI 기술협력 네트워크 구축을 위해 미국 실리 콘밸리를 방문해 기술개발 및 3건의 투자 양해각서를 체결했다. 지역기업을 대상으로 실리콘밸리 방문 성과를 공유하고 투자 유 치를 위한 기업 설명회를 가졌다.

대한민국 AI 산업 육성과 국내 최고의 첨단 융합기술 단지인 판 교 테크노밸리와의 협력 체계를 위해 경기도와 업무협약을 맺었 다. 대한민국 최초로 산·학·연·관 AI 전문가와 협력 네트워크 구 축을 위해 '대한민국 AI 클러스터 포럼'을 창립하고 '인간, AI, 산 업이 함께하는 혁신사회'를 주제로 포럼을 성공적으로 개최했다.

AI 공동기술개발 및 연구 인프라 구축에 협력하기 위해 정보통 신기획평가원, 전자부품연구원, 광주테크노파크와 업무협약을 체 결했다. 시민 참여 확산과 공감대 조성을 위해 'AI 아이디어 경진 대회'를 열었다.

AI와 4차 산업혁명 관련 기술에 대한 공직자의 관심도를 높이 기 위해 AI 사내대학을 운영하고 있다. AI 산업 현장에서 사업화 모델을 창출할 역량을 갖춘 실무 인재를 배출하는 혁신적인 교육 이 필요함에 따라 AI 사관학교 설립 업무 협약을 체결했다. AI에 대한 혁신적 정책 추진으로 '2019 대한민국 지방자치 정책 대상'

을 수상했다.

대한민국의 AI 클러스터로서 광주는 성공 조건을 갖췄다. 첫째, 전통 기존 산업의 반발이 없어 AI 산업으로 전환이 쉽다. 둘째, 에너지, 자동차 산업이 특화돼 있고 조선대 치매연구단에서 보유한 빅데이터 활용이 가능하다. 셋째, AI 인재 양성 인프라를 갖췄다. 광주과학기술원이 AI대학원에서 AI 인재를 육성한다. 넷째, AI 산업 테스트베드(Test Bed)로서 적합한 지역 규모와 주변 환경을 갖추고 있다. 다섯째, 광주형 일자리를 만든 경험이 있다. 마지막으로, 시민들의 혁신에 대한 갈망과 참여 의식이 높다. 데이터 활용에 있어 개인정보 보호에 대한 사회적 합의가 용이하다.

'AI 광주 집적도시' 성공모델을 지역별 거점으로 확산하고 지자체의 특화산업과 연계해야 한다. 한국 경제의 미래 먹거리는 AI 산업이다. 대한민국이 'IT 강국'에서 'AI 강국'으로 도약하기 위해서는 'AI 중심도시 광주'가 뒷받침이 돼야 한다. 'AI 중심도시 광주' 성공이 절실한 이유다.

(경기매일. 2020.01.08.)

5) AI 시대 '플랫폼 정부'로 패러다임 바꿔야

전망 2020, 인공지능은 이제 선택 아닌 필수
청년·중년 모두 AI 배워 활용해야

생활 속으로 들어온 4차 산업혁명의 핵심 기술은 인공지능(AI)이다. AI가 사물인터넷(IoT), 빅데이터와 융합돼 우리가 인식하지 못한 사이 조용히 스며들어와 있는 'AI 캄테크(Calm-Tech)

시대'가 도래했다. 7일(현지 시각) 개막하는 세계 최대 정보기술 (IT)·가전 박람회인 'CES 2020'의 화두는 'AI 기술이 생활에 주는 변화'다. 5G와 연결된 AI 기술이 생활에 어떤 변화를 일으키고, 어떻게 발전하는지가 주제다.

AI 음성 인식과 얼굴 인식 기술은 세상을 변화시키고 있다. 구글의 어시스턴트(음성비서)는 AI 신경망을 도입해 메일 읽기, 문자 보내기 등 사용자 요구를 실시간으로 처리한다. AI가 식당 예약을 하고 인기 메뉴도 추천한다. 챗봇(Chatbot)은 24시간 예약 및 상담 업무를 맡고 있다. AI 동시통역 앱은 언어 장벽도 없앴다.

AI 안면인식으로 일하는 사람을 감성적 측면에서 지원하는 AI 트랜스 테크(Trans-Tech)가 주목받고 있다. 스마트폰으로 신생아의 눈을 촬영하면 안구 질환과 유전병 진단이 가능하다. 구글은 AI 독감 예측, AI 치매 예방, AI 심장 질환 치료는 물론 재난 예방 시스템을 개발한다. AI 면접은 이미 보편화했다.

AI 휴머노이드 로봇(Humanoid Robot)은 행사에 참석한 수백 명을 인지해 체크인하고 음료 주문도 한다. AI 간호 로봇과 레크리에이션 로봇은 환자의 재활에 도움을 준다. AI 바리스타와 셰프 로봇도 등장했다.

AI 기술의 총화인 자율주행차는 현재 운전자의 개입 없이 일정한 거리를 주행할 수 있다. 2025년에는 어떤 환경에서도 완전 자율주행이 가능할 전망이다.

AI 의사, AI 판사, AI 작곡가, AI 아나운서가 등장했고 앞으로 모든 분야에 AI가 도입된다. 미래 직업 중 60%는 지금은 존재하지 않는 새로운 직종이 될 전망이다. 단순 반복적 업무는 AI 로봇으로 대체되고 인간은 창의적·감성적인 일자리를 차지할 것이다.

그렇다면 2020년 우리는 어떻게 대응하고 돌파해야 할까. 정부의 역할이 달라져야 한다. 첫째, AI 플랫폼 정부로 패러다임을 바꾸는 게 시급하다. 그리고 청년이 원하는 양질의 일자리를 창출해야 한다. 둘째, AI 국가 전략이 일회성 발표가 되지 않도록 추진 사항을 점검해야 한다. 셋째, AI 인재 양성을 위한 교육 커리큘럼과 연구·개발 체계 및 규제 철폐, 국제 표준을 선점해야 한다. 넷째, AI 시대를 어떻게 살아가야 하는지 국민에게 비전과 방향을 제시해야 한다.

국회는 AI 시대에 맞는 AI 국회로 변신해야 한다. AI 산업정책이 원활히 추진될 수 있도록 법 개정과 제도적 측면 및 윤리적 문제까지 고려해 효율적인 입법으로 뒷받침해야 한다.

기업 입장에서 AI는 경영 환경의 큰 변화다. 첫째, 기민한 'AI 애자일(Agile) 경영'을 해야 한다. AI 시대는 정해진 경영 패턴이 없고 비즈니스 모델은 빠르게 변화하고 진화한다. 과거의 틀을 고집하는 기업에 미래는 없다. 둘째, AI를 활용해 생산성을 높이고 비용을 줄여야 한다. 셋째, AI 관련 비즈니스 모델을 발굴해 글로벌 시장을 공략해야 한다. 넷째, 데이터 분석을 기반으로 경영해야 한다.

개개인의 생존법은 무엇일까. 세대를 불문하고 AI 활용법을 배우고 활용해야 한다.

학생은 AI 언어인 파이선(Python)을 반드시 배워야 한다. 청년은 10년 후 직업 변화에 맞는 소양을 갖춰야 한다. 중년층은 AI를 활용해 삶의 질을 높이고, 노년층은 AI 헬스케어 앱을 이용해 건강하게 살도록 해야 한다.

PC에서 모바일을 거쳐 이제는 본격적인 AI 시대다. AI가 만드는 세상은 이제 선택이 아닌 필수다.

(중앙일보. 2020.01.07.)

2. AI 일자리 빅뱅

1) AI로 '일자리 빅뱅' 일으키려면

빌 클린턴 미국 대통령은 "바보야, 문제는 경제야" 슬로건으로 1992년 대선에서 승리하고 재선까지 했다. 재임 기간에 경제는 연평균 3.8%씩 성장했고 일자리 2,200만 개를 창출했다. 일자리 대통령으로 꼽히는 이유다. 문재인 대통령은 일자리 정부를 표방했다.

정부는 지난해까지 일자리 예산으로 77조 원(고용보험 포함)을 쏟아부었다. 올해는 25조 8천억 원을 편성했다. 막대한 예산을 투입했지만, 눈에 띄는 성과는 내지 못하고 있다. 양질의 일자리는 재정 확대로 나오지 않는다.

그렇다면 양질의 일자리를 어떻게 창출할 수 있을까. 정부의 역할이 중요하다. 첫째, 일자리 정책의 대전환이 시급하다. 인공 지능(AI) 시대에 맞게 혁신해야 한다. 'AI 주도 성장'을 목표로 'AI 뉴딜' 정책을 추진해야 한다.

둘째, 양질의 일자리 창출에 일자리 예산을 집중 투입해야 한다. 작년까지는 사회적 약자를 위한 임시적, 일회성 일자리 만들기에 예산을 투입해 일정한 성과를 냈다. 하지만 이제는 양보다 질이다. 청년들이 원하는 양질의 일자리 창출에 투입해야 한다.

셋째, AI 벤처 붐을 조성해 산업 구조를 바꿔야 한다. 양질의 일자리 중 70%는 스타트업 기업들이 창업하고 성장할 때 창출된다. 1,000조 원의 부동자금을 AI 창업에 투자될 수 있도록 정부가 나서서 분위기를 조성해야 한다.

넷째, 40대 일자리 만들기에 총력을 기울여야 한다. 생계비 지원 기간 확대, 창업 지원, 기업의 40대 고용 인센티브 확대 등 종합 비타민 같은 정책을 나열해서는 곤란하다. AI 사회 변화에 따라 새로운 기술을 습득해 재취업을 할 수 있도록 직업훈련시스템에 집중하는 대책이 나와야 한다.

다섯째, 기업이 마음 놓고 경영할 수 있는 환경 조성이 필요하다. 기업은 국내 투자를 줄이고 해외 투자를 확대하고 있다. 반기업, 친노조 정책에 변화를 주고 규제 철폐를 해야 한다.

마지막으로, 일자리 관련 조직을 개편해야 한다. 부처 간 칸막이와 견제가 극심한 게 정부 조직이다. 부처 간 조율과 협업이 가능하게 권한을 확대할 수 있도록 일자리위원회와 범국가 AI위원회 조직을 혁신해 성과를 내도록 해야 한다.

국회는 AI 국회로 변혁해야 한다. 빅데이터 없는 AI는 무용지물이다. 산업계가 줄기차게 촉구한 '데이터 3법(개인정보보호법·신용정보법·정보통신망법)' 개정안이 우여곡절 끝에 국회 본회의 문턱을 넘었다. 늦은 감은 있지만 빅데이터를 활용한 신서비스 등장으로 AI 벤처 붐이 불기를 기대한다. AI 산업은 타이밍이 중요하다. AI 비례당의 출현으로 혁신산업이 원활히 추진될 수 있도록 입법을 뒷받침한다면 저만치 앞서가고 있는 AI 선진국을 따라 잡을 수 있다.

AI 시대에 맞게 노조도 변해야 한다. 국민의 공감을 얻지 못하는 파업 시대는 끝났다. 산업화 시대의 노조 투쟁을 걷어내고 AI 시대에 맞게 정책 노총으로 가는 새로운 길을 열길 바란다.

기업도 달라져야 한다. AI 시대는 비즈니스 패러다임이 바뀐다. 투명한 경영과 혁신으로 기업 스스로 앞장서 데이터를 기반으로 AI 경영을 해야 한다. 혁신이 기업의 투자를 이끌고 일자리를 만든다. 기업이 혁신 역량을 발휘해 일자리 창출에 앞장서야 한다.

세계 각국과 글로벌 기업은 AI 산업에 사활을 걸고 있다. 미래의 새로운 일자리 70%가 AI에 있기 때문이다. 또 다른 10년, AI 시대가 시작됐다. 2020년이 양질의 AI 일자리를 창출하는 원년이 되길 기대한다.

(매일경제 2020.01.14.)

2) AI 시대, 일자리 창출 서둘러야

'AI 정부' 성공, 일자리에 달려, 범국가 AI 총, 그에 맞게 꾸려야

인공지능(AI) 시대가 도래했다. 세계적으로 AI가 붐이다. AI는 산업과 사회의 혁신을 불러온다. AI는 경제 성장을 견인할 4차 산업혁명의 핵심 산업이다. 미래에는 AI가 국가경쟁력까지 좌우할 것이다. AI 시대는 한번 뒤처지면 따라잡기가 불가능하다. 주요국은 AI 산업을 선점하기 위한 정책을 경쟁적으로 발표하고 있다.

미국은 'AI 이니셔티브'를 발표하고 글로벌 AI 플랫폼 기업을 앞세워 AI 시장을 견인하고 있다. 중국은 '차세대 AI 발전규칙'에 따라 산업별 AI 특화 플랫폼 기업을 육성하고 있다. 일본은 'AI 전략 2019'에서 산업 활력 제고와 고령화 문제 해결 수단으로 AI 기술 혁신을 가속화하고 있다. 독일은 'AI 육성전략'을 통해 제조 분야 산업 경쟁력을 확보하는 'AI 인더스트리 4.0'을 추진하고 있다.

한국 정부는 지난 17일 'AI 국가전략'을 발표했다. 비전은 'IT 강국'을 넘어 'AI 강국'으로다. 2030년까지 최대 455조 원의 경제 효과를 창출하기로 했다. 하지만 AI 일자리 창출에 관한 구체적인 내용은 포함되지 않았다. 아쉬운 대목이다.

AI 시대에 우리는 어떻게 일자리를 창출해야 할까. 정부의 역할이 중요하다. 첫째, 성과를 내는 'AI 플랫폼 정부'로 패러다임을 바꿔야 한다. 정부는 내년에 디지털 전환 로드맵을 수립할 계획이다. AI 시대에는 모든 게 빠르게 변한다. 주저할 시간이 없다. 전략은 그만 발표하고 일자리 창출을 서둘러야 한다.

둘째, '공공 AI 프로젝트'를 발주해 AI 벤처 붐을 일으켜야 한다. 셋째, 'AI 성공모델'을 구축해 지방자치단체의 특화산업과 연계해야 한다. AI 집적도시 광주는 테스트베드와 하드웨어, 경기 성남 판교는 소프트웨어 기술 개발에 집중하는 등 역할 분담이 필요하다.

마지막으로, 일자리 창출 효과를 높이는 방향으로 일자리위원회를 개편하고 '범국가 AI 위원회'를 꾸려야 한다.

국회는 AI 국회로 혁신해야 한다. 빅데이터 없는 AI는 무용지물이다. '데이터 3법' 연내 처리는 불발됐다. AI 시대에 주변국은 저만치 앞서가는데 국회가 발목을 잡고 있다. 세계 최초로 AI 의원(로봇)을 도입해야 한다. 'AI 국회 만들기' 프로젝트는 일자리를 창출한다.

사법부 또한 AI 사법부로 변신해야 한다. AI 판사를 도입하면 판례 데이터 분석 업무 효율이 높아지고 재판의 투명성과 공정성도 확보되며 일자리까지 생긴다. 동유럽의 디지털 강소국인 에스토니아는 정형화된 유형의 재판에 AI 판사를 도입했다.

한국 경제의 미래 먹거리는 AI 산업이다. 'AI 강국' 도약에 '올인'해야 하는 이유다. AI 정부 성공 여부는 양질의 일자리 창출에 달려 있다. AI 시대 일자리 창출은 이제 선택이 아니라 필수다.

(한국경제. 2019.12.23.)

3) AI 정부 일자리 창출 서둘러야

바야흐로 AI(인공지능) 시대가 도래했다. 세계는 AI 혁명 중이다. 세계 각국은 AI 산업을 선점하기 위한 정책 추진과 투자 경쟁을 벌이고 있다. 미국은 'AI 이니셔티브', 중국은 'AI+X' 복합전공과 '천인계획(千人計劃), 일본은 'AI 전략 2019'을 발표했다 문재인 대통령은 10월 28일 "올해 완전히 새로운 AI 국가전략을 제시하고 AI 정부가 되겠다."고 선언했다.

AI 국가전략의 핵심은 'AI 강국'이 되기 위한 로드맵이다. 경쟁력 있는 분야를 선정하고 육성할 방안을 담아야 한다. 막연한 숫자와 목표 제시는 무의미하다. AI 프로젝트를 포함한 구체적이고 성과를 내는 대책이 나와야 한다.

AI 정부의 목표는 AI 플랫폼을 활용해 원팀으로 일하는 환경 조성이다. 이제는 전자 정부를 뛰어넘어 AI 플랫폼 정부로 패러다임을 바꿔야 한다. AI는 일자리 창출과 경제 성장을 견인할 4차 산업 혁명 시대의 블루오션 산업이다. AI의 3대 요소는 하드웨어(컴퓨팅 파워)와 소프트웨어(빅데이터) 그리고 인재(AI 전문가)다.

AI 정부가 성공하기 위해서는 첫째, 중국의 AI 굴기를 배워야 한다. 중국은 정부와 기업이 협력해 AI 산업을 육성하고 있다. 정부는 2017년부터 3년간 1,000억 위안(약 16조 원)을 투입해 빅데이터 구축과 AI 인재 유치에 전념하고 있다. 기업들은 시장을 나누어 공략하고 있다. AI 칩은 화웨이, 자율주행차는 바이두, AI 시티는 알리바바, AI 헬스케어는 텐센트가 맡는다.

둘째, AI 전용 슈퍼컴퓨터 보유가 시급하다. 강력한 병렬 및 분산 처리 능력을 갖춘 세계 500대 슈퍼컴퓨터는 중국 219대(44%), 미국 116대(23%), 일본 31대(6%)에 비해 한국은 고작 3대(0.6%, 2대. 기상청)를 보유하고 있다. 광주광역시가 추진 중인 AI 연구소에 AI에 특화된 GPU(그래픽처리장치) 중심의 슈퍼컴퓨터를 도입해 AI 기업들이 규제 없이 활용하게 해야 한다.

셋째, AI의 핵심은 빅데이터 활용에 있다. 최소한의 개인정보를 보호하고 데이터 활용의 투명성을 확보해야 한다. 정부와 지자체에 축적된 데이터를 현장에 맞는 AI를 위한 표준화 데이터로 제공하면 AI 창업 붐이 일어난다. 조선대학교 치매국책연구단에서 보유한 4만여 명의 치매 데이터를 활용해 치매유전체게놈 사업이 성공적으로 이루어지도록 치매 빅데이터 센터를 설립해야 한다. AI 산업에 대한 규제 철폐와 데이터 활용에 관한 특별법을 제정해야 한다.

넷째, AI 전문인력을 양성해야 한다. AI 인프라 연구 환경과 연봉에서 매력이 떨어지는 한국은 우수 AI 인재 유치에 어려움을 겪고 있다. AI 대학원에서도 학생을 가르칠 교수가 없는 실정이다. 외국의 AI 교수가 인터넷으로 강의하고 1~3달만 국내에서 협업하는 방식을 도입해야 한다.

다섯째, AI 정부 성공의 조건은 인재와 조직이다. AI 정부 추진은 대통령 직속 컨트롤타워가 있어야 제대로 추진된다. 과학기술정보통신부의 AI 기반정책관이 주도하기에는 한계가 있다. 산업통상자원부, 중소벤처기업부, 행정안전부 등 관련 부처 간 긴밀한 협조가 필요하다.

마지막으로, AI 성공모델을 만들어야 한다. 'AI 클러스터 광주광역시'에서 일거리(생태계)를 조성하여 일자리(직업)를 만들고 일꾼(인재)을 육성할 수 있다. 한국 경제의 미래 먹거리는 AI 산업이다. AI 시대 사명은 일자리 창출이다. 일자리 창출은 AI 정부 성공 여부에 달려 있다.

(내외통신. 2019.12.09.)

4) 한국 경제 돌파구는 AI 산업, 양질의 일자리도 창출한다

대내외 경제 전망이 밝지 않다. 미·중 무역전쟁과 일본의 경제 보복 상황은 지속되고 있다. 문재인 대통령도 "세계 무역 갈등 심화와 세계 경기 하강이 우리 경제에 어려움을 주는 상황이 지속되고 있다."고 지난 8일 국무회의에서 밝혔다.

한국 경제 성장을 이끌어 온 글로벌 분업 체계는 빠르게 무너지고 있다. 글로벌 경기 침체가 우려되는 상황에서 한국 경제에 빨간불이 켜졌다. 한국 경제의 잠재 성장률은 계속 떨어지는 추세다. 기업은 국내보다 해외에 더 투자한다. 성장 엔진은 식었다. 대기업 위주의 경제 성장은 한계점에 도달했다. 반도체 등 주력 품목 수출이 감소하고 있다. 기존의 수출 품목을 대체할 미래 먹거리를 아직 확보하지 못했다. 한국은 수출로 먹고사는 나라다. 수출이 감소하면 경상수지가 악화돼 국가 신용등급이 떨어진다.

대기업은 고용 없는 성장으로 일자리 창출에 더 이상 기여하지 않는다. 경제 성장 없는 일자리 창출은 없다. 제조업 위주의 일자리 창출은 한계점에 달했다. 한국은 산업화 시대에 한강의 기적으로 제조업 강국이 됐다. 인터넷 시대는 IT(정보기술) 강국이 됐다. 문제는 4차 산업혁명 시대 미래 먹거리다.

중국은 한국 주력 수출 품목인 반도체를 제외하고는 전 산업 분야에서 턱밑까지 따라왔다. 2030년 AI(인공지능)굴기 목표로 이미 한국을 앞질러 미국과 AI 패권 다툼 중이다. 일본은 소재·부품·장비의 수출 규제로 한국 경제에 타격을 주고 있다. 중국의 추격에 대응하고 일본의 경제 보복을 극복하기 위해서는 AI 강국만이 살길이다.

AI가 세상을 변화시키고 있다. 전 세계적으로 AI 혁명이 일어나고 있다. 매켄지 보고서에 따르면 AI가 2030년 글로벌 연평균 경제 성장에서 1.2%를 기여한다고 예상했다. 이는 산업혁명이 경제 성장에 기여한 영향과 비교하면 4배, 90년대 공장 자동화의 3배, IT 혁명의 2배에 달한다. AI 혁명은 인류 역사상 어떤 기술 혁명보다 최소 2배 이상 영향을 끼친다. 한국 경제가 1% 성장하면 7~8만 명의 일자리가 창출된다.

한국 경제의 돌파구는 AI 산업이다. AI는 양질의 일자리를 창출한다. 일자리를 창출하기 위해서는 첫째, AI 프로젝트 성공모델을 만들어야 한다. 이용섭 광주광역시 시장은 'AI 중심도시 광주' 만들기를 추진한다. 지난주 실리콘밸리를 방문해 팔로알토연구소(PARC)와 AI 기술 협력, 빌더스 벤처캐피탈(Builders VC)과 기업 투자 협약(MOU)을 체결했다. '대한민국 AI 클러스터 포럼'을 23일 김대중컨벤션센터에서 개최하며 'AI 클러스터 광주 만들기'를 위한 광폭 행보를 이어가고 있다.

둘째, 대학에서도 AI 성공사례를 만들어야 한다. 대학이 AI 기술을 제공하고 AI 전문인력 양성에 나서야 한다. 대학이 나서면 자연스럽게 AI 창업 분위기가 확산된다. 지난 10일 한양대학교는 'AI 솔루션센터'를 국내 처음으로 개소했다. 제조공정 분야 위주로 실용적 AI 솔루션을 중소, 중견기업 등 산업체에 제공하는 것이 목표다. 제조공정, 스마트 IT, 머신러닝, AI 플랫폼 등 산업 현장에 도움이 되는 AI 전문인력 양성도 한다.

셋째, 표준 데이터 연결로 산업별 성공모델을 만들어야 한다. 정부의 역할은 표준 데이터 구축과 규제혁신이다. AI 스타트 기업이 국내 규제 때문에 사업을 할 수 없어 해외로 진출하고 있다. 데이터도 표준화가 되어 있지 않다. 외국의 데이터를 이용하지만, 국내에 적용하기 어려워 애를 먹고 있다. 정부가 보유하고 있는 데이터를 표준화해 AI 기업에 제공하면 글로벌 경쟁력이 있다. 조선대 치매국책연구단은 7년 동안 4만 명 이상의 유전체 분석과 MRI 뇌 영상 분석 데이터를 축적했다. 의료 데이터를 분석 활용하면 글로벌 헬스케어 시장을 선점할 수 있다.

넷째, 글로벌 AI 연구소를 유치해야 한다. 미·중 AI 패권 다툼에 낀 형국이 위기이자 기회다. 미국 기업은 중국에 진출하고 싶어도 할 수 없다. 아시아에 연구소를 설립해야 하는 상황에서 우리가 유치하면 된다. 중국도 상황은 같다. 세계 최초 5G 상용화에 성공한 한국 시장에 진출하려 한다. 중국 인접 국가인 한국이 미·중 무역전쟁 틈새를 이용하면 된다.

마지막으로, 지속적인 정책 지원이 필요하다. 단기간 자금 지원보다는 글로벌 시장에서 경쟁할 모델을 만들 때까지 지원해야 한다. AI 시대는 산업 구조가 변화한다. 대기업과 중소·벤처 간 경계가 허물어진다. 산업 간 융합으로 새로운 비즈니스 형태가 일자리를 창출한다. 일자리는 AI에 있다. 양질의 일자리 창출과 한국 경제 재도약을 위해서 AI에 올인해야 한다.

(중앙일보. 2019.10.14.)

4장 //
한국 경제 미래 먹거리

1. 디지털 트랜스포메이션

1) 5G 강국의 조건

5세대(5G) 이동통신 개막으로 차세대 먹거리 패권을 차지하기 위한 글로벌 경쟁이 본격화됐다. 2025년 2,100조 원 규모로 추정되는 글로벌 5G 시장은 2,000만 개의 일자리를 창출할 것으로 전망된다. 5G는 초고속·초연결·초저지연 특성을 기반으로 한 4차 산업혁명의 핵심 인프라이며 혁신성장을 이끄는 플랫폼이다.

미·중 무역전쟁의 본질은 5G 시대 일자리 선점에 있다. 미국 정부의 '5G 가속화 계획'에 따르면 앞으로 10년간 외곽지역 5G망 구축에 20조 원을 투자한다. 비즈니스 데이터 서비스 도입 등 다섯 가지 규제 선진화와 최대 규모의 주파수 경매를 준비 중이다. 미국은 5G 산업에서 일자리 300만 개, 경제 효과 568조 원을 창출할 것으로 기대하고 있다.

중국 공업정보화부는 '차세대 정보기술 산업계획'을 통해 5G를 전략 산업으로 지정했다. 2020년 5G 상용화 서비스 개시와 자체 기술 표준을 완성한다. 중국의 강점은 정책적 지원과 거대한 내수 시장이다.

현재 한국은 미·중 5G 패권 다툼에 낀 형국이다. 유영민 과학기술정보통신부 장관은 "세계 최초 5G 상용화에 이어 세계 최고의 5G 강국으로 거듭날 수 있도록 국가 역량을 총결집해 나갈 것"이라고 밝혔다. 정부와 민간이 2022년까지 5G 전국망 구축에 30조 원 이상을 투자해 2026년 생산액 180조 원, 수출 83조 원, 일자리 60만 개를 창출한다는 목표다.

한국이 5G 강국이 되기 위해서는 첫째, 5G 일거리 생태계 구축에 국가 역량을 결집해야 한다. '5G플러스(+)' 전략을 구체적이고 세부적으로 현장에 맞게 보완해 성과를 내야 한다. 5G 경쟁은 규제개혁 경쟁이라는 것도 알아야 한다.

둘째, 국회는 데이터 3법과 서비스산업발전법, 탄력근로제확대 보완법안, 최저임금법 개정안 등 민생경제 입법을 시급히 처리하자. 내년 총선에서 각 당과 후보는 5G 강국을 위한 구체적인 로드맵을 공표해 국민에게 평가를 받자.

셋째, 노동계 역할도 중요하다. 경직된 노동시장 관행을 걷어내는 데 노동계도 힘을 보태야 한다.

마지막으로, 기업은 국내 5G 기술이 국제 표준이 될 수 있도록 특허 및 기술 개발에 진력해야 한다. 소비자 간 거래(B2C)와 기업 간 거래(B2B)에 맞는 킬러콘텐츠를 개발해 글로벌 경쟁력을 높일 필요가 있다.

(한국경제. 2019.04.26.)

2) 5G 패권 다툼과 일자리 전쟁

미·중 5G 패권 다툼이 치열한 이유

5세대(5G) 이동통신 시장 주도권을 잡기 위한 G2의 일자리 전쟁은 이미 시작됐다. 미국과 중국의 무역전쟁 본질은 2030년 5G 시장 규모 12조 달러(1경 4,000조 원), 2,200만 명의 일자리 창출을 선점하기 위해서다.

미·중 양국이 5G 패권 다툼을 불사하는 이유는 다음과 같다. 5G는 미국이 4차 산업혁명 시대에도 기술 패권을 유지하기 위한 필수 기술이다. 5G는 트럼프 대통령이 주장하는 '미국을 다시 위대하게(Make America Great Again)'의 핵심 추진 과제다. 5G는 중국의 목표인 '2049 과학굴기'와 '중국제조 2025'의 성공을 위해 양보할 수 없는 기술이다.

5G 산업은 기간산업으로 서비스 인허가 등 정부의 강력한 지원이 필요하다. 중국은 정부 주도형 추진 방식, 과감한 정책 지원, 막대한 투자 금액, 거대한 내수 시장을 갖고 있어 5G 산업에 맞는 환경을 갖고 있다.

중국은 통신장비 시장에서 세계 선두를 달리고 있는 화웨이·ZTE(세계 시장 점유 60%)를 앞세워 5G 패권 경쟁에서 미국보다 앞선 상황이다. 5G 기지국 구축에서도 중국은 35만 개 미국은 3만 개, 투자금액은 중국 254조 원으로 미국 20조 원을 압도하고 있다.

미국이 4차 산업혁명의 핵심 인프라이며 미래 먹거리인 5G 경쟁에서 치고 나간 중국을 가만 놔둘 리가 없다. 트럼프 대통령은 화웨이·ZTE 중국업체에 미국 시장 진입을 막는 규제를 발표했다. 미국은 통신 안보를 내세워 일본, 유럽, 호주 등 동맹국들과 연합 전선을 구축했다. 미국은 중국과의 무역전쟁에서도 5G 분야에서 집중적인 제재를 가한다는 방침을 세웠다.

미국에 맞서 중국은 2회 일대일로(一帶一路) 정상 포럼을 25일 개최한다. 이 자리에는 푸틴 러시아 대통령을 비롯해 37개국 정상과 90여 개의 국제기구 수장, 150개국 대표단 5,000여 명이 참석한다. 중국은 5G만은 미국에 절대 뒤질 수 없다는 전략을 세웠다.

미국과 중국은 현재 '무역전쟁'과 '5G 패권 다툼'을 동시에 벌이고 있다. G2의 패권 다툼은 기본적으로 미래 일자리 선점을 위한 전쟁이다. 세계 최강국 미국을 따라잡겠다는 중국은 5G를 앞세워 인공지능(AI) 분야에서도 2030년까지 미국을 추월하겠다고 도전장을 내밀었다. 미국과 중국의 '5G 패권 다툼'에서 최종 승자는 누가 될 것인가? 미·중의 5G 패권 다툼이 우리에게 어떤 영향을 미칠 것인지 면밀히 주목해야 한다.

5G 강국 도약을 위한 제언

현재 한국은 미·중 5G 패권 다툼에 낀 형국이다. 미·중 양국이 5G 산업 일자리 차지하기 위해 패권 다툼을 벌이는 지금, 한국은 거대 양국의 틈새를 파고들어 세계 시장을 선점해야 한다.

우리나라는 3세대 이동통신 CDMA(코드분할다중접속)과 4세대 이동통신(LTE-A)를 세계 최초로 상용화했지만 세계 시장은 글로벌 IT 회사가 독점했다. 재주는 우리가 부리고 돈은 퀄컴이 벌었다.

지난 8일 문재인 대통령은 세계 최초 5G 통신 상용화 기념행사에서 2026년 생산액 180조 원, 수출액 730억 달러(약 83조 원)를 달성하고 일자리 60만 개를 창출하겠다는 목표를 제시했다. 과학기술정보통신부 유영민 장관은 "세계 최초 5G 상용화에 이어 세계 최고의 5G 강국으로 거듭날 수 있도록 국가의 역량을 총 결집해 나갈 것"이라며 5G+(플러스) 전략을 발표했다.

우리는 작년 평창 올림픽을 통하여 세계 최초 5G 시범 서비스를 시행했고 지난 3일 세계 최초 상용 서비스에 성공한 IT 강국이다. IT 강국을 뛰어넘어 5G 강국으로 도약하기 위해서는 첫째, '5G+ 전략'을 제대로 추진해 반드시 성과를 내야 한다. 단순 수치 제시가 아니라 분기, 연도별로 구체적이고 실현 가능한 목표를 제시하고 맞춤형 정책 지원으로 결과를 내야 한다.

둘째, 5G 강국으로의 도약은 규제 혁파에 달려 있다. 5G 시대에 맞는 발상의 전환으로 과감히 규제를 철폐해야 한다.

셋째, 5G 강국은 혁신적인 서비스와 융합산업 창출에 성공이 달려 있다. 5G 산업 생태계를 구축하고 산·학·연·정은 협력하여 기술력과 창의성을 가진 5G 전문인력을 양성해야 한다.

넷째, 5G 관련 인수합병(M&A)에 세제 혜택을 주어 다양한 5G 서비스와 고부가가치를 창출하는 중소·벤처가 나올 수 있도록 유도해야 한다.

다섯째, 세계 최초 5G 현장을 둘러보기 위해 글로벌 IT 리더들이 방한하고 있다. 기회를 살려 대규모 글로벌 투자를 유치해야 한다.

마지막으로, 정부는 5G 관련 기업에 집중 지원해야 한다. 5G 기술과 아이디어만 가지고도 정부 예산을 지원받아 창업할 수 있도록 해야 한다.

세계 최초는 세계 최고를 보장하지는 않는다. 우리나라가 5G 융합 생태계의 활성화를 통하여 IT 강국에서 5G 강국으로 도약하기를 기대한다.

5G란 무엇인가?

이동통신 산업은 전파를 통해 음성이나 영상, 데이터 등을 제공한다. 이동통신 서비스는 10년 주기로 기술이 획기적으로 발전했다. 1세대(1984~1993) 음성(아날로그) 통신이 등장해 이동 중에도 통화가 가능하게 됐다. 2세대(1993~2000)는 음성 + 문자(디지털) 통신으로 1세대에 비해 통화량이 10배 이상 증가했다. 우리나라는 퀄컴과 함께 CDMA 상용화에 성공했다.

3세대(2000년대)는 영상통화와 멀티미디어 통신으로 3G 서비스인 WCDMA가 표준이 됐다. 4세대(2010년대)는 동영상 스트리밍 서비스가 제공됐다. 한국은 와이브로(WiBro)를 상용화했으나 LTE가 대세로 자리 잡았다.

5세대(2019~) 5G는 가상·증강현실(VR·AR), 홀로그램, 자율주행 서비스가 가능하다. 4세대 이동통신까지는 사람들 간의 통신 위주 서비스였다. 하지만 5G는 인간과 인간은 물론 인간과 자동차, 드론, IoT 등 사물 간, 사물과 사물 간의 네트워크를 제공한다. 5G는 사람 간의 소통 방식을 변화시키고 산업 간 융합을 통해 새로운 산업과 부가가치를 창출시킨다.

5G의 특징은 대용량 데이터 무선전송(eMBB: enhanced Mobile Broadband), 안정적 데이터 전송 초저지연(URLLC: Ultra Reliable & Low Latency Communications), 대규모 사물인터넷(IoT) 연결(mMTC: Machine-Type Communications)

로 정식명칭은 'IMT-2020'이다.

5G는 4G보다 20배 빠른 전송 속도(20Gbps), 10배 빠른 반응 속도(1ms, 0.001초), 10배 많은 기기(10만 개/㎢)를 연결할 수 있는 차세대 이동통신 인프라다. 5G는 4차 산업혁명의 핵심 기술을 구현하는 인프라이며 혁신성장을 이끄는 핵심 플랫폼이다. 5G는 ICT 산업 자체의 발전은 물론 자율자동차, 제조, 헬스케어, 금융, 재난·안전, 미디어, 엔터테이먼트 등 산업 간 융합을 촉진하는 혁신성장의 핵심 촉매제로서 생산성을 향상한다.

5G는 사람들 생활에도 많은 변화를 가져온다. 자율주행차가 100km로 주행 중 갑자기 급정지한다면 4G 시대는 (LTE, 지연속도 0.05초) 차량이 1.4m 진행 후 멈춘다. 반면 5G는 (초지연속도 0.01초) 2.8cm 진행 후 정지한다. 제조업 분야에서는 고객 주문부터 재고관리까지 5G로 실시간 관리가 가능해 생산성이 향상된다. 공공 분야에서는 5G와 CCTV 간의 실시간 모니터링으로 안전시스템을 강화하고 산불 및 화재 등 재난 복구도 효율적 관리가 가능하다. 엔터테이먼트 분야에서는 실시간 360도 뷰 개인 방송과 가상·증강 현실 게임시장이 확대된다.

5G 시대는 모든 산업이 네트워크로 연결되어 산업 간 경계가 사라지고 산업 질서도 개편된다. 5G와 각 산업들과의 융합으로 새로운 일자리와 부가가치가 창출된다. 5G는 산업 전 분야의 융합을 통해 신산업을 창출하는 5G 융합 생태계가 탄생해 사람들의 라이프 스타일에 변화가 시작된다.

(국가미래연구원. 2019.04.30.)

3) 소프트웨어 산업, 전환 서둘러야

역사적 산업 패러다임의 전환을 살펴보면 1차 산업혁명 농경사회는 토지와 노동, 2차 산업혁명 산업사회는 자본·자원·기술, 3차 산업혁명 정보화 사회는 정보·지식이 가장 중요한 요소였으나 4차 산업혁명에는 소프트산업이 경쟁력의 최우선을 차지할 것이다. 제조업의 강점과 소프트산업의 융합을 통해 4차 산업혁명에 앞장선다면 위기의 한국 경제를 타개하는 전환점이 될 것이다.

일자리 창출과 밀접한 한국 경제 특수 및 성장 모멘트는 1960년대 월남 파병, 1970년대 중동 건설 붐, 1980년대 3저 호황, 1990년대 중국 개방으로, 이 시기에 경제 호황, 경제성장, 일자리 창출이라는 3마리 토끼를 잡을 수 있었다. 그러나 2000년 이후 현재까지 일부 대기업 위주로 성장이 이뤄지며 고용 없는 성장이 지속되고 있는 현실이다.

산업혁명이 시작된 후 약 270년이 지난 2016년 정보통신기술과 사물인터넷의 융합으로 창조적 기술 혁신이 일어나고 있다. 인간의 삶을 본질적으로 변화시키는 지금까지 인류 산업 역사상 경험하지 못했던 혁명적 일들이 제4차 산업혁명이라고 명명되어 전 세계적으로 활발히 진행 중이다.

4차 산업혁명의 핵심은 소프트웨어를 통한 공장 설비의 지능화라고 할 수 있다. 3차 산업혁명인 자동화를 넘어서 공장 설비 센서에 지능을 더하는 사물인터넷과의 융합을 통해 기계와 설비가 서로 소통, 협력, 진화하여 생산력이 대폭 향상될 것이다. 따라서 모든 산업 분야에 소프트웨어 기술이 필요하고, 소프트웨어 일자리는 계속 늘어날 것으로 전망된다.

하드웨어 조립과 생산 분야에서 우리나라 대기업 기술은 세계 최고 수준이지만 그 하드웨어를 기반으로 다양한 기술을 구현할 소프트웨어 기술은 선진국에 비해 떨어진다. 한국의 소프트웨어산업 환경은 선진국에 비해서 열악하다. 경제협력개발기구(OECD) 중위권 수준에 불과하며 시장 규모는 전 산업에서 차지하는 비중이 약 2%에 불과하다. 성장률 역시 2% 미만이다.

우리나라가 세계의 흐름에 뒤처지지 않고, 4차 산업혁명 중심인 소프트웨어산업을 육성하여 일자리 창출을 하기 위해서는 첫째, 한국 산업계가 제조업에 집중된 만큼 정부는 정책 지원, 산업계는 연구개발에 적극적 투자를 통해 4차 산업혁명을 주도적으로 추진해야 한다.

둘째, 창의적 소프트웨어 인력이 성공할 수 있도록 어릴 적부터 소프트웨어 교육을 체계적으로 받을 수 있는 교육 정책을 수립해야 한다. 미래 소프트웨어 인재 양성을 위해 소프트웨어 인력에 대한 후진적 인식을 개선해 우수한 인재들을 소프트산업으로 끌어들여야 한다.

셋째, 청년들이 창의적인 소프트웨어를 개발할 수 있도록 창조경제센터 조직도 체계적으로 일원화해 정책 지원을 효율적으로 해야 한다. 또한 발주처의 횡포, 소프트웨어산업 경시 분위기 등도 개선돼야 한다.

넷째, 현재 기업에서 원하는 소프트웨어를 개발할 수 있도록 적극적으로 산학 협력을 해야 한다. 앞으로 일자리 대부분이 소프트웨어 관련 신산업 분야에서 창출될 것이다.

다섯째, 마이크로소프트, 애플, 구글, 페이스북, 아마존 등 세계를 이끌고 있는 소프트웨어 기업을 통해 양질의 청년일자리를 창출해낸 미국 소프트웨어산업을 면밀히 연구 분석해 적용한다면 우리도 머지않아 세계적인 소프트웨어 회사의 출현을 기대해 볼 만하다.

우리나라 산업계는 반도체, 스마트폰, 자동차 등 제조업에 집중된 만큼 제조업과 소프트웨어산업을 융합해 경쟁력을 끌어올려야 한다. IT 강국의 강점을 살려 4차 산업혁명에 적극적으로 대응하는 것이 잃어버린 한국의 산업 경쟁력을 회복하는 길이다.

(매일경제. 2016.11.01.)

4) 일자리 창출 효과 큰 소프트웨어산업

올해 실업률은 4.0%대에 육박하고 청년실업률은 연간 기준 최초로 두 자릿수가 예상된다. 일자리를 찾지 못한 청년층이 늘면서 청년실업률은 11.2%, 청년 실업자는 50만 5,000명으로 역대 최고치이며 전체 실업률도 2000년 이후 가장 높다.

실업 문제는 소득 불균형과 사회 불안을 가져올 정도로 심각하다. 역대 정부는 고용 문제 해소를 위한 각종 정책을 추진했다. 김대중 정부는 외환위기 극복과 실업 문제 종합대책으로 국무총리실 산하 실업대책위원회를, 노무현 정부는 양극화 해소와 고용 친화 정책으로 청년실업대책특별위원회·고용지원센터를, 이명박 정부는 세계 금융위기 극복을 위한 국가고용전략회의와 고용노동부를, 박근혜 정부는 창조경제 추진을 위한 창조경제혁신센터를 운영했고, 문재인 정부는 청년 실업 대책으로 일자리위원회, 일자리수석을 신설해 대통령이 직접 일자리를 챙긴다고 한다.

실업 대책과 고용 정책이 효과를 내기 위해서는 장기적이고 지속적인 투자가 필요하다. 그러나 5년마다 정부가 바뀌고, 경제 환경 변화에 따라 일자리 정책이 변동되고, 임기 내 가시적 성과를 내기 위한 정책 추진의 일관성 부족으로 고용 정책의 실효성이 떨어지고 있는 것이 현실이다.

국가고용전략2020은 고용 문제 해결을 위한 세부적 실행 계획 없이 중앙정부 중심으로 추진됐다. 어떤 선진국도 단기간 내에 실업 문제를 해결한 사례는 없다. 독일과 영국이 5년에 고용률을 5% 이상 높이는 데 성공했는데, 이는 장기간에 걸쳐 직업훈련과 노동 정책이 지속적으로 추진됐기 때문이다.

연평균 일자리 예산은 국민의 정부 5조 3,262억 원, 참여정부 1조 6,191억 원, 이명박 정부 9조 2,230억 원, 박근혜 정부 약 14조 원이었다. 예산 1억 원당 일자리 창출 효과는 김대중 정부 7.4명, 노무현 정부 17.1명, 이명박 정부 2.1명, 박근혜 정부는 미미했다.

한국 경제의 고용 약화 원인은 노동을 경시하는 사회 인식, 대기업 중심의 산업 구조, 중소기업의 저임금 체계, 서비스산업의 부족, 고용 인력 구조의 불균형, 노조의 임금 상승 압력 등이다.

세계는 4차 산업혁명을 대비해 빠르게 변하고 있다. 우리도 제조업 분야의 기업을 바탕으로 양질의 청년일자리 창출을 위해 소프트웨어산업을 육성해야 한다. 미국은 규제 완화, 인력 양성, 정책적 지원, 소프트웨어산업 육성으로 구글, 애플, 페이스북과 같은 글로벌 정보기술(IT) 기업 탄생의 토대를 마련하고 건설, 제조 등의 분야에서도 일자리를 창출했다. 도널드 트럼프 미국 대통령은 일자리 창출을 최우선 국정과제로 추진하여 기업들은 현재 앞다퉈 일자리 창출 계획을 발표하고 있다. 이처럼 미국은 경제성장률을 높이고 일자리를 창출하기 위해 나름의 노력을 하고 있지만, 우리나라의 대응책은 선진국에 비해 크게 미흡한 실정이다.

소프트웨어 분야 창업은 일자리 창출 효과가 크기 때문에 IT업계 뿐만 아니라 모든 산업의 경쟁력 제고 및 신산업 창출에도 영향을 준다. 한국도 소프트웨어 분야에 과감한 연구개발비를 투자해 기술적 우위를 확보해야 한다. 그리고 소프트웨어산업 육성을 통해 일자리 창출, 나아가 국가 경쟁력을 확보할 수 있도록 산·학·연에 대한 적극적인 지원이 필요하다.

4차 산업혁명 시대에 양질의 일자리를 창출하기 위해서는 첫째, 장기적인 정부 차원의 정책 수립과 지속적인 투자를 해야 한다. 둘째, 스타트업과 인수·합병(M&A)이 활성화하도록 벤처 단지 내 기업 간 시너지 효과를 유도해야 한다.

셋째, 정부 주도의 대규모 인프라 구축 사업을 추진해 새로운 성장 기회를 창출해야 한다.

넷째, 산·학·연 공동으로 창의적 소프트웨어 인력을 지속적으로 양성해야 한다.

다섯째, 지식재산권과 무형자산에 대한 보호를 위해 관련법을 재정비해야 한다. 우리나라 산업계는 제조업에 집중된 만큼 IT와 소프트웨어를 융합해 산업 생산성을 향상해야 한다. IT 강국의 강점을 살려 4차 산업혁명 물결에 올라타 한국 산업 경쟁력을 강화해 선진국으로 진입하자.

(매일경제. 2017.05.25.)

2. 미래 주력 산업

1) AI 반도체 산업의 오늘과 내일

AI 시대 핵심기술은 AI 반도체다. 한국이 선도하는 메모리 D램 반도체가 'IT 시대의 쌀'이라면, AI 반도체는 '4차 산업혁명 시대의 유기농으로 만든 빵'이다.

AI 반도체 개발 경쟁은 이미 시작됐다. 글로벌 IT 기업들은 AI 반도체 개발 경쟁에 뛰어들었다. 반도체 회사가 아닌 테슬라와 구글, 아마존, 페이스북 등은 자율주행과 데이터 센터에 활용할 AI 반도체 자체 개발에 나섰다. 앞으로 모든 IT 서비스와 스마트 기기에 AI 반도체가 탑재되기 때문이다. 외부 기업의 반도체와 솔루션에 의존할 경우 자사 서비스 경쟁력을 빼앗길 수 있다는 우려가 작용했다.

AI 반도체의 네트워크 처리장치 NPU(Network Processing Unit)는 반도체 기업이 아닌 기업들도 자체적 투자와 전문회사 인수·합병으로 개발할 수 있다. 반도체 회사에서 만든 칩에 의존하지 않고 자사 AI 기술을 이용해 서비스 특성에 맞춰 설계하고 생산은 파운드리(제조회사)에게 의뢰한다. 반도체 산업의 서플라이 체인이 변화하고 있다.

AI 반도체는 AI 연산 성능 고속화와 소비 전력효율(Power Efficiency)을 위해 최적화시킨 반도체다. 아키텍처 구조 및 활용 범위에 따라 GPU(Graphic Processing Unit), FPGA(Field Programmable Gate Array), 주문형 반도체 ASIC(Application Specific IC)부터 뉴모로픽 반도체(Neuromorphic Chip)까지 포괄한다. AI 반도체는 저장, 연산 처리, 통신 기능을 융합한 가장 진화된 반도체 기술이다.

AI 반도체는 병렬연산처리에 최적화된 GPU 중심에서 초고성능·초저전력 뉴로모픽 반도체로 진화하고 있다. 뉴로모픽 칩은 저장과 연산 기능은 물론 인식, 패턴 분석까지 한다. 사람이 기억하는 원리처럼 신호를 주고받는 데 따른 잔상으로 데이터를 저장한다. 인간의 뇌 신경 구조를 모방해 하드웨어 크기와 전력 소모를 기존 반도체보다 1억분의 1수준까지 줄일 수 있다. 향후 AI 반도체는 주문형 반도체 ASIC 방식, 데이터 센서와 디바이스 등 다양한 AI 시스템을 지원하는 방향으로 발전한다.

AI 반도체 시장 성장 속도가 빠르다. 시장조사 IHS 마킷에 따르면 2025년 685억 달러(82조 원)로 확대될 것으로 예측했다. AI 반도체 중 메모리 소자 매출이 604억 달러(73조 원), 프로세서 매출은 222억 달러(27조 원), 컴퓨터 분야는 659억 달러(79조 원)로 성장할 것으로 전망했다.

중국 정부는 AI 반도체를 '반도체 굴기' 핵심 정책으로 집중 투자해 육성하겠다고 밝혔다. 기업들은 AI 반도체 개발에 역량을 집중하고 있다. 화웨이와 알리바바는 천문학적 자금으로 반도체 설계 기술 역량을 가진 업체들을 인수·합병(M&A)하며 미국 선도 기업을 추격하고 있다.

삼성전자도 2015년부터 AI 반도체 기술 개발에 참여했다. 그 결과 자체 NPU 기술을 개발했다. 갤럭시노트20 등 스마트폰에서 음성과 영상을 AI 처리해 활용하고 있다. 반도체는 데이터를 저장하는 메모리와 연산 처리를 전송하는 비메모리 반도체로 분류하는데, 삼성전자는 메모리 분야에서 세계 1위다. AI 반도체 기술이 진화하면 메모리와 프로세서가 하나로 통합되는 시대가 온다. 삼성전자가 AI 반도체 기술 개발에 한 발 앞서갈 수 있다. 하지만 메모리 반도체와 AI 반도체 기술 격차를 삼성전자와 SK하이닉스가 극복하려면 팹리스 업체와 협업해야 한다. 한국의 팹리스 업체들이 등장해 AI 반도체 생태계를 구축하는 것이 중요하다.

그렇다면 한국 경제 미래 먹거리 AI 반도체를 선점하기 위해서는 어떻게 하면 될까?

첫째, 반도체 산업 게임의 룰 변화에 대비해야 한다. 기술 발전 축소화의 한계로 앞서 나갈 공간이 없다. 새로운 사업 모델을 개발해야 한다. 언제까지 삼성전자 혼자서 각 분야 글로벌 기업들과 경쟁에서 이길 수 있을까. 세계 반도체 시장은 빠르게 변화하고 있다. 새로운 비즈니스 모델로 전환해야 할 시점이다.

둘째, 한국 반도체 산업이 계속 성장하기 위해서는 비메모리 분야 특히 시스템 반도체에서 경쟁력을 갖춰야 한다. 4차 산업혁명 기술발전으로 인해 5G, IoT 등 인프라를 기반으로 스마트팩토리, AI 로봇, 스마트홈 시장 규모가 급성장하고 있다. 비메모리 반도체 중에 향후 가장 중요한 반도체는 3가지로 분류된다. AI, 이미지, 파워 반도체(전력 반도체)다. 현재 한국은 이미지 반도체만 어느 정도 성과를 보이고 있고 AI 반도체나 파워 반도체에서는 중국보다 뒤떨어진다. 비메모리 반도체 기술 혁신을 하지 못하면 반도체 산업의 미래는 없다.

셋째, AI 반도체 성장을 위해서는 AI 전문인력을 양성해야 한다. 외국의 대학과 비교하면 자율주행, 로보틱스, 보안, AI 반도체 학과 정원은 늘지 않고 있다. 전문인력 양성 교육체계 개선이 시급하다. 이공계 우수인력의 해외 취업이 늘고 있다. 이공계 인력은 기업 경쟁력은 물론 국가 과학기술 역량을 떠받치는 기반이다. 산업 현장에서는 소프트웨어 인력이 부족해 아우성이다. 우수 이공계 인력이 해외로 나가는 근본 이유는 무엇일까. 노사 관계부터 고용 구조와 처우 문제까지 전반적으로 살펴보고 대책을 내놔야 한다. 해외에서도 고급인력을 유치해야 한다.

넷째, 중국으로의 기술 유출을 막아야 한다. 중국 기업에 한국 기술 인력이 많이 근무하고 있다. 기술 유출은 전현직 임직원에 의해 발생한다. 산업기술 보호 교육 확대와 기술 유출에 대한 처벌 강화 및 퇴직자들이 경력자들로 재취업할 수 있는 생태계를 구축해야 한다.

다섯 번째, 중국의 추격을 따돌려야 한다. 우리의 강점인 메모리 분야에서 제품 기술 및 공정 기술에 대한 표준화를 선도해 중국과의 초격차를 더욱 확대해 나가야 한다.

여섯 번째, 소재, 장비의 경쟁력 강화가 필요하다. 반도체는 전후 공정에 다양한 장비와 화학물질, 원재료 등이 투입된다. 일본, 유럽 등 해외 의존도가 매우 높은 실정이다. 일본의 수출제한 조치는 국제 관계 갈등이 외교, 안보에서 기술 패권으로 바뀌었다는 의미다. 일본의 2차 보복 조치에 대비해야 한다.

일곱 번째, AI 반도체 특허 출현을 늘려야 한다. AI 반도체 분야 전 세계 출원 중 한국은 9.4%로 양적으로는 중국, 미국에 이어 3위다. 뉴모로픽 10.0%, 해외출원 66.1%로 상대적으로 높은 편이지만 질적으로 보면 중국과 미국에 비하면 한참 뒤떨어진다. AI 반도체 산업을 선점하기 위해서는 특허 출현은 필수 조건이다.

마지막으로, 'AI 강국'으로 도약하기 위해서는 정부의 적극적인 지원 정책이 필요하다. 반도체 산업과 관련된 규제를 찾아 철폐해야 한다. 기업은 후발주자들과 기술 격차를 벌려가면서 AI 반도체 기술 개발에 집중해 AI 반도체 산업을 선점해야 한다. 한국 경제 미래 먹거리는 AI 반도체 산업이다. AI 반도체 산업 육성만이 살길이다.

(국가미래연구원. 2020.08.30.)

2) 한국 산업 미래는 소·부·장 산업에 달려 있다

신종 코로나바이러스 감염증(코로나19)과 보호무역주의가 확산, 아세안 등 신흥시장이 성장하면서 글로벌 분업체제가 빠르게 재편되고 있다. 글로벌 공급망 재편 양상이 신흥시장별 공급망 강화, 중국을 둘러싼 가치사슬 형성, 기업 간 투자 제휴 활성화 등으로 나타나고 있다. 동남아 중남미 등 신흥시장에서 부품 조달과 제품 생산, 판매 유통을 현지에서 모두 소화할 수 있는 자체 완결형 공급망이 조성되고 있다는 분석이다.

우리나라의 글로벌 공급망 의존도는 지난해 기준 55%로 미국 44%, 일본 45%, 독일 51% 등 주요국과 비교해 높은 수준이다. 이는 글로벌 공급망 활용을 통해 교역 규모를 늘려온 탓이다. 2019년 교역 규모는 1조 456억 달러로 10년 전보다 3배 이상 성장했다.

일본 정부가 한국에 수출하는 반도체 디스플레이 제조용 몇 가지 수출 규제를 전격 단행한 지 1년여가 지났다. 수출 규제 발표 이후 생산 시스템에 균열이 생겼다. 외적 요인에 의해 국내 생산에 차질이 발생한 것이다.

올해 들어 코로나 여파는 불안감을 더 키웠다. 소재·부품·장비의 글로벌 공급망이 제대로 작동되지 않아 공장이 멈추고 생산량이 급격히 감소했다. 여기에 미·중 무역전쟁과 보호무역주의 확산은 한국 경제의 불확실성을 높이는 요인으로 작용했다.

지난해 일본의 수출 제한 조치는 사실상 반도체 대기업을 겨냥한 규제였다. 자국 업체들 피해는 최소화하고 한국의 반도체 산업에 타격을 주기 위한 핵심 품목에 한정된 핀셋 규제였다. 하지만 2차 수출 규제에서 제재 품목을 확대한다면 산업 전체 분야에 피해가 불가피하다. 대기업에서도 30%는 대체하기가 어렵다고 한다. 특히 장비 안에 들어가는 특수 밸브나 배관 등은 100% 일본에서 수입한다. 우리가 가장 취약한 소·부·장 품목을 겨냥했을 때를 대비해야 한다.

정부가 내놓은 '소·부·장 2.0전략'의 핵심은 일본 수출 규제에 대한 대응 차원을 넘어 소·부·장 산업의 근본적인 경쟁력을 키운다는 것이다. 2022년까지 차세대 전략기술을 확보하는 데 5조 원 이상을 집중적으로 투자하기로 했다.

공급 안정성 등 산업 안보 측면과 주력산업 및 차세대산업 공급망에 미치는 영향을 고려해 반도체·디스플레이, 자동차, 전기·전자, 기계·금속, 기초화학, 섬유 등 일본 관련 100개 품목에서

338개로 확대 선정하고 바이오, 환경·에너지, 소프트웨어 등 신산업 분야에서 품목을 추가할 예정이다.

소·부·장 산업은 최종 제품 생산을 위한 중간 제품이다. 현재 우리 소·부·장 산업이 처한 환경과 경쟁력은 천양지차다. 소재 부품의 경우 다양한 수요 산업의 존재와 분업 구조에 입각한 글로벌 공급기지의 역할을 수행하고 있다는 점은 강점이다. 반면 중국의 자급률 강화, 보호무역주의 강화에 따른 글로벌 공급체인 개편으로 수요 축소 위험은 약점 요인이다.

4차 산업혁명 신산업 분야의 고부가가치 첨단소재에 대해서는 취약한 국내 산업 기반과 낮은 기술력으로 전방산업과의 연계성이 낮다. 또한 원재료에 대한 해외 의존도가 높고, 소재를 가공하고 제조하는 장비에 대한 자급도도 낮다고 평가된다.

그렇다면 소·부·장 산업을 어떻게 육성할 수 있을까.

첫째, 소·부·장 산업은 글로벌 시장을 기반으로 해야 성공한다. 국내 내수로만 경제성을 확보할 수 없기 때문에 글로벌 시장으로 확장 진출하지 못하면 그냥 육성 정책 발표만으로 끝난다.

둘째, 글로벌 경쟁력을 갖춘 중소·중견 소·부·장 기업들이 탄생해야 한다. 일본은 글로벌 경쟁력을 확보한 소·부·장을 한국에 수출해 이득을 얻는다. 한국은 그것을 가지고 중간재를 만들어 중국에 수출한다. 즉, 국제 분업을 통해 협력했다. 하지만 작년부터 글로벌 공급망 체제가 무너지면서 소·부·장 산업 전체로 피해가 확산됐다. 산업 전반에 치명적인 문제가 발생했다.

셋째, 중소·중견 소·부·장 기업들이 경쟁력을 갖추기 위해서 기초연구가 필요하다. 기초연구 없이는 소·부·장 산업 육성은 불가능하기 때문이다. 연구개발에 집중 투자를 해야 그 결과가 몇

년 지나서 나온다. 눈앞 이익과 효율성만 중시한다면 소·부·장 산업에서 일본의 가마우치 체제에서 벗어나기 힘들다.

넷째, 소·부·장 산업 육성을 위해서는 정책 전환이 필요하다. 지금까지 국산화, 대일역조 해소, 수출산업으로서의 육성이 목표였다. 이제는 제조업 부가가치 창출 역량 제고 관점에서 글로벌 전문기업이 나올 수 있는 산업 생태계를 조성하기 위한 전략으로 전환해야 한다.

다섯 번째, 한국 제조업의 가치사슬 완성도 및 안정성을 제고하고 부가가치를 창출시켜야 한다. 가치사슬에 대한 면밀한 분석을 토대로 한국의 소·부·장 산업이 새로운 가치를 창출할 수 있는 분야를 전략적으로 선별해 자원 배분의 실효성을 확보해 나가야 한다.

여섯 번째, 일본 수출 규제로 공급 안정성에 위험성이 높은 분야에 대해서는 조기에 연구개발 투자를 집행해야 한다. R&D 이외에도 기술을 획득할 수 있는 특허 구매와 전략적 제휴 등 다양한 방식을 구현해야 한다.

일곱 번째, 중점 분야를 선정해 투자를 대폭 확대해야 한다. 글로벌 시장에서의 경쟁성, 기술 획득 가능성 등을 분석해 투자 포트폴리오를 구성해야 한다. 기술 개발의 위험이 크고 산업화가 어려운 분야의 특성을 고려해 장기간 대규모 투자가 가능하도록 투자 방식을 바꿔야 한다.

여덟 번째, 중소·중견 소·부·장 기업이 글로벌 수준의 전문기업이 될 수 있도록 산업 생태계를 조성해야 한다. 이를 위해서는 기업의 혁신 역량을 제고해야 한다. 정책과 세제 지원 및 규제 완화를 통해 투자 의욕을 고취하고 성과를 창출할 수 있는 환경을 조성해야 한다.

아홉 번째, AI와 빅데이터를 활용해 제품 개발, 실증, 신뢰성 확보를 위한 투자 비용과 위험을 낮춰야 한다. 연구기관의 개발 성과가 기업에 전달될 수 있는 시스템을 구축해야 한다. 대학이 보유하고 있는 기술이 이전될 수 있도록 관련 연계 지원 프로그램을 활성화해야 한다.

열 번째, 역량을 갖춘 중소·중견 소·부·장 기업이 글로벌 가치 사슬에 참여하고 새로운 글로벌 시장에 진출할 수 있는 시장 창출 전략이 필요하다. 글로벌 공급망과 연계하거나 현지 시장 개척을 위한 R&D 사업도 확대해 나가야 한다. 국내 소·부·장 산업 육성을 위해 산업, 기술 정책과 통상 전략과의 연계가 중요하다. 최근 포스트 중국으로 부상하고 있는 신남방·신북방 지역에 대한 세밀한 진출 전략을 마련해야 한다.

열한 번째, 장기적인 지원 체계를 구축하기 위해 법적 기반을 공고히 해야 한다. 최근 소·부·장 산업 분야의 기술 흐름을 반영해 법적 지원을 제도화해야 한다. 산업 환경이 융복합화, 복잡화되면서 산업 육성에 다양한 정책 조합이 필요하다. 범부처 간 협력을 촉진하고 강화할 수 있는 지원 체계를 만들어야 한다.

마지막으로, 전략적 제휴에 나서야 한다. 4차 산업혁명 시대를 맞아 고부가가치 신기술을 선점하기 위한 글로벌 기업 간 합종연횡이 활발하다. 소·부·장 산업의 첨단 기술을 희망하는 기업 60%가 적극적 제휴를 추진 중이다. 소·부·장 산업 육성에 한국 수출 주력 제조업의 운명이 걸려 있다. 선택과 집중을 통해 장기적 관점에서 소·부·장 산업에 투자해야 한다.

(국가미래연구원. 2020.09.07.)

3) 위기의 한국 게임 산업, 미래 먹거리로 거듭나려면

　신종 코로나바이러스(코로나19) 여파로 여가 형태가 온라인 중심으로 변화하고 있다. 비대면 디지털 경제 사회를 중심으로 가족과 함께 즐기는 게임시장이 확대되는 추세다. 세계적으로 유행하는 코로나 팬데믹 쇼크에서도 모바일 게임 다운로드 횟수는 지난해보다 2배 증가한 33억 건에 육박했다. 모바일 게임을 통해 사회적 소통을 인터넷 공간에서 경험할 수 있기 때문이다.

게임 산업은 미래 먹거리 핵심 산업 중 하나

　포스트 코로나 시대 게임 산업은 인공지능(AI)과 융합하고 가상(VR)·증강(AR)현실 기술 발전을 선도하는 미래 먹거리 핵심 산업 중 하나로 분류된다. 코로나 경제 불황에서도 성장하는 대표적 고성장·일자리 중심의 수출 산업이다. 높은 고부가가치를 창출하며 고수익 수출 주도형 산업으로 유니콘 기업 4개를 배출했다. 한류 소프트 파워 중심에 게임 산업이 자리 잡고 있다. 우리나라가 최고의 경쟁력을 갖춘 산업이기도 하다.

　세계 주요국은 신기술을 기반으로 게임시장을 선점하기 위한 글로벌 경쟁은 격화되고 있다. 주요국 게임 정책 동향을 살펴보면 미국은 자율 규제를 도입하고 민간이 자율 심의를 하고 있다. 중국은 게임 산업 육성 정책에서 2025년 북경을 세계 온라인 게임 수도가 되겠다고 선언했다. 중국 게임회사들은 미국, 핀란드 등 글로벌 게임회사들을 인수해 글로벌 게임시장을 선도하고 있다. 일본은 규제를 폐지하고 인프라를 구축하며 전문 교육기관을 통한 게임 전문 인재 양성에 집중하고 있다. 영국과 프랑스는 감세 정책으로 게임 기업을 지원 한다는 계획이다.

한국은 세계 4위 수준으로 세계 e스포츠를 선도하고 있다. 국내 게임 산업은 최근 10년간 9.8% 성장을 기록했다. 2018년 64억 달러, 약 7조 6,000억 원 수출로 전체 무역수지 흑자의 8.8%를 차지했다. 고성장 산업으로 고용유발계수가 제조업 5.2명보다 3.8배 많은 13.5명으로 고용 창출 산업이다. 2018년 기준 세계 시장 규모는 약 153조 원이다. 우리나라는 세계 시장의 6.2%를 점유하고 있다. 국내 시장 규모는 15조 원이며 종업원은 8만 5,000명이다.

한국 게임 산업은 위기에 직면… 정부의 게임 산업 육성 선언

하지만 현재 한국의 게임 산업은 위기에 직면해 있다. 그 이유는 여러 가지다.

첫째, 우리나라 게임은 최근 3년 이상 중국 시장에 진출하지 못하고 있다. 중국이 2017년 사드 보복 이후 한국산 신규 게임은 중국에서 판매 허가가 나오지 않고 있다. 최고 인기 게임이던 '배틀그라운드'도 중국에서 무료 시험 서비스만 제공하다가 서비스를 중단했다. 한국에서 게임을 제공 받아 중국 시장에 유통하던 '텐센트'가 배틀그라운드와 유사한 '허펑징잉(和平精英, Game for peace)'을 출시하면서 중국 시장을 독점하고 있다.

둘째, 온라인 시장 점유율이 하락하고 있다. 온라인 게임은 PC가 인터넷 브라우저에 연결이 돼 있고 구독 요금 기반 게임이다. 비중이 45%를 차지했으나 최근 모바일 게임의 성장세에 밀려 37% 대로 감소하며 하락세를 이어갈 전망이다.

셋째, 글로벌 경쟁 심화로 넛크래커(Nutcracker) 신세다. 거대한 중국 자본이 한국 시장을 잠식하고 있는 상황이다. 중국출판업무위원회(GPC)에 따르면 중국 게임회사들이 한국에서 연간 2조 원 매출을 올리고 있다고 전했다.

넷째, 규제 심화와 게임에 대한 부정적 인식이다. 게임을 사회악으로 규정하는 사회의 부정적 인식이 여전하다. 정치권에서도 셧다운법, 중독법 등 게임을 부정적으로 인식하고 있다.

다섯째, 전문인력의 중국 유출로 국내 게임 산업 종사자 수가 감소하고 있다. 중국 업체들은 한국의 게임 개발 전문인력에게 연봉의 2~3배를 부르며 유혹하고 있다. 이미 많은 전문인력들이 중국으로 넘어간 상태다.

여섯째, 플랫폼 사업자 영향력이 증가하는 추세다.

마지막으로, 중국 업체와의 경쟁력 격차가 벌어지고 있다. 막강한 자본으로 중국은 세계 유수 게임업체를 인수·합병하면서 세를 넓혀 가고 있다. 세계 최대 게임시장인 자국 시장을 석권하며 우리와의 격차를 벌리고 있다

이에 정부는 코로나 경제 위기를 극복하고 비대면 사회와 디지털 전환 경제를 이끄는 핵심 산업으로 성장할 수 있도록 지원하겠다고 밝혔다. 게임 산업을 미래 먹거리 산업으로 육성하겠다는 취지의 '게임 산업 진흥 종합계획'에는 게임 산업의 성장을 가로막았던 규제를 완화하고 중소 게임 개발 업체에 대한 단계적 지원 계획도 포함됐다. 4대 핵심 전략과 16개 역점 추진 과제를 통해 2024년까지 국내 매출 19조 9천억 원, 수출 11조 5천억 원, 일자리 10만 2천 개를 창출한다는 목표를 제시했다.

게임 산업이 미래 먹거리 핵심 산업이 되려면

그렇다면 게임 산업이 한국 경제 미래 먹거리 핵심 산업으로 우뚝 서려면 어떻게 해야 할까?

첫째, 게임 산업이 한류 열풍을 계속 이어나가고 선도해 나가야 한다. 게임 산업 영향력은 문화 산업에 비해 크다. 세계 1위 게임시장인 중국 시장에 재진입해야 한다. 시진핑 주석의 방한이 실현된다면 게임 산업이 중국에 진출할 수 있도록 협조를 요청해야 한다.

둘째, 게임 산업의 혁신성장 지원을 위해 사행성 우려와 안전관리를 제외한 규제와 제도 등 게임 관련 법령을 조속히 개정해야 한다. 정부는 게임 관련 법령을 원점에서 재정비해 게임 산업의 혁신성장을 지원해야 한다. 확률형 아이템 정보 공개 의무화와 부적절한 게임 광고 제한은 현실과 맞지 않는 조치다. 해외 사업자들에게는 국내 대리인 지정제도를 도입해야 한다. 국내 이용자 보호와 국내 게임회사들만 옥죄는 역차별을 막아야 하기 때문이다.

셋째, 여전히 부정적인 인식이 많은 게임에 대한 올바른 이용문화를 확산하고 가족이 다 함께 즐기는 게임문화를 조성해야 한다. e스포츠와 이벤트를 통해 가족 중심의 게임 축제 문화 붐을 조성해야 한다.

넷째, 게임 업체의 지속적 규제 개선 요구인 '게임물내용수정신고제도'는 경미한 내용에 대한 신고 의무는 면제하고 선택적 사전 신고 제도를 도입해야 한다. 등급 분류 제도는 현재 플랫폼 등급 분류 방식에서 콘텐츠별로 개선해 등급 분류를 방지하고 민간 자율등급 분류를 확대해야 한다. 아케이드 산업은 가상현실

(VR) 기술 발전에 따라 가족 친화형 게임으로 향후 성장할 가능성이 크지만, 현행 법규와 강력한 규제 때문에 내수시장이 침체해 있다. 사행성 방지와 5천 원 상한 경품 가격 인상, 경품 종류 확대, 경품 교환 게임 단계적 허용 등 규제 완화를 통해 아케이드 산업 활성화를 도모해야 한다.

다섯째, 게임 산업의 허리 역할을 담당하는 중소 게임 기업에 대한 단계별 지원도 강화하고 확대해야 한다. 중소 게임 개발 업체들의 인력과 제작, 마케팅 역량 강화를 위해 투자 및 융자 지원해야 한다. 해외시장 정보 제공 및 수출 다변화, 신시장 창출을 위한 지원을 강화해야 한다. 현장의 목소리를 반영한 규제 혁신 및 게임 이용자 보호를 해야 한다. 창업 기반 시설인 글로벌 게임허브센터를 확충해 강소기업 전진기지로 활용해야 한다. 다양한 플랫폼 장르 게임과 가상현실(VR) 등 신기술 기반의 게임 제작 지원을 확대해야 한다.

여섯째, 오일 머니의 부자국가 중동과 북아프리카 지역에 진출해야 한다. 인구 절반이 30세 이하로 잠재력이 높은 시장이다. 해외 시장 'AI통합정보시스템'을 구축해 해외 진출 기업에 종합 컨설팅으로 지원해야 한다. 협력 체계가 무엇인지, 정책 추진 단위는 어떻게 구성되는지, 정책 추진을 위한 재원은 어떻게 마련되는가를 구체적으로 제시해야 한다.

일곱째, 게임시장의 성장 한계 돌파를 위해 미래 게임 플랫폼에 대한 연구개발에 집중, 신규 플랫폼을 개발해야 한다. 막강한 중국 자본이 게임 산업에 유입돼 글로벌 시장에서 경쟁이 심화하고 있기 때문이다.

여덟째, 글로벌 트렌드에 맞게 Z세대를 겨냥한 모바일 게임으로 시장을 선점해야 한다. 글로벌 게임시장 국가들과 비교해 보면 한국은 '갈라파고스'가 될 우려가 농후하다.

아홉째, 게임 산업의 지속적 발전을 위해서 확률형 아이템을 대체할 새로운 수익 모델을 개발해야 한다. RPG 게임이 절대 비중을 차지하는 한국 모바일 게임은 여전히 확률형 아이템 수익모델에 기반하고 있다. 사행성을 조장하지 않는 배틀패스 수익모델로 전환해야 한다. 환불 정책에 대한 대책 마련이 필수조건이다.

열째, 게임 산업의 사회적 책임을 다하기 위해 배리어 프리(Barrier Free) 운동에 동참해야 한다. 게임 개발자들이 게임을 제작할 때 장애인 접근성을 고려해 개발해야 한다. 게임은 장애인들에게 긍정적 감정을 느끼게 만든다. 세계보건기구 WHO도 게임을 이용한 장애 치료를 인정했다.

열한째, 게임 내 채팅을 악용하는 차일드 그루밍(Child Grooming)을 막아야 한다. 게임 사업자들은 자체적인 모니터링 시스템을 활용해 규제 당국과 협력해야 한다.

열두째, 과거 유행했던 게임에 최신 기술을 적용, 재해석하는 레트로 게임 트렌드가 유행이다. '리메이크' 게임 트렌드 부상에 맞게 사업화로 연결해야 한다. 파이널 판타지Ⅶ(20년 3월), 디스트로이 올 휴먼즈(20년) 리메이크 게임이 밀레니엄 세대에게 영향을 주고 있다.

열셋째, e스포츠 종주국으로서 한국의 위상을 확고히 하기 위해 e스포츠 산업 생태계를 조성해야 한다. 지역 상설경기장과 PC방을 e스포츠 시설로 지정해 생태계 기반을 마련, 대회를 개최하고 아마추어팀 육성을 통해 저변을 확대해야 한다. e스포츠 선수를 보호하고 공정한 환경을 조성하기 위해 표준계약서와 선수등

록제를 확대 시행해야 한다. 한·중·일 e스포츠 대회의 성공적 개최로 국제 게임 표준을 주도해 나가야 한다.

열넷째, 게임 플랫폼을 활용하여 영화, 드라마, 웹툰 등과 같은 다른 콘텐츠와 융합해야 한류 대세를 이어갈 수 있다. 또한 게임을 방위 산업에 적용하고 디지털 트윈을 이용해 가상 전투가 가능하도록 방위 시스템을 구축해 활용하고 수출도 해야 한다. 이것이 미래 국방이 될 가능성이 크기 때문이다.

마지막으로, 포스트 코로나19 시대에 글로벌 게임시장의 룰을 바꾸는 '게임 체인저'가 돼야 한다. 게임 산업 발전을 통한 양질의 청년일자리 창출에 기여해야 한다. 대한민국이 세계를 호령하는 게임 선도 국가로 우뚝 서기를 기대한다.

(국가미래연구원. 2020.08.25.)

4) 핵분열 원전 반대, 핵융합 원전 찬성

자원이 부족한 우리나라 입장에서 원전은 에너지 안보의 핵심이다. 하지만 탈(脫)원전 정책 3년여 만에 원전 생태계가 뿌리째 흔들려 붕괴하고 있다. 원전 기술자들도 해외로 유출되고 있는 실정이다. 경남, 경북과 전남에 위치한 하청업체들은 일감이 줄어 도산 위기에 내몰렸다. 더구나 원자력학과로 진학하려는 대학 신입생들을 찾아보기 힘들다. 미래의 핵융합 원자력 인력 양성에도 우려가 되지 않을 수 없다. 그런데도 정부는 원전 수출을 하겠다고 한다. 본국에서조차 포기한 원전을 어느 나라가 건설하겠다고 응할까. 어불성설이다.

원자력 발전의 연혁을 보면…

1948년 북한이 일방적으로 송전을 끊자 남한은 암흑천지 세상이 됐다. 1956년 미국의 전력전문가를 초빙해 우라늄을 소개받고, 문화교육부 기술교육국에 원자력과를 신설했다. 1958년 원자력 법률 제483호를 제정했다. 1959년 한국원자력연구원를 설립하고, 한·미 원자로 시설 구매 계약을 맺었다. 1962년 원자로를 준공하고 기념 우표도 발행했다. 1968년 원자력발전소 타당성 보고서를 통해 1976년 원자력발전소 건설 목표를 제시했다. 1971년 미국 가압식 경수로를 도입해 고리 1호기 기공식을 거행했다.

현재 원전은 총 26기이며 2023년까지 28기가 목표다. 원전은 국내 전기 생산의 31.5%를 차지하며 총 설비용량은 23,116MKW다. 원전 생산 단가가 한국전력의 판매 단가보다 KWh당 60원이 저렴해 200조 원의 이익을 낸다. 일자리 창출과 지역 경제 활성화에도 기여하고 있다. 표준화로 인한 공기 단축과 우수한 운영 실적으로 원전 발전 단가를 낮춰서 수출 경쟁력을 갖췄다.

탈원전 정책

문재인 대통령의 에너지 대선공약은 탈원전 정책이다. 탈원전이란 원전을 더 이상 사용하지 않는 것이다. 2011년 일본의 후쿠시마 원전 사고가 결정적 계기가 됐다. 탈원전 찬성의 근거는 첫째, 국민의 건강권과 생존권에 대한 안전 문제다. 원전 30㎞ 내 후쿠시마는 17만 명이 거주하지만 고리 원전은 380만 명이 생활한다. 중대 사고가 발생하면 치명적 피해를 당한다. 둘째, 발전 원가와 사고 비용을 전부 포함하면 발전 비용이 결코 저렴하지 않다. 셋째, 전기요금 인상이 미비하다. 마지막으로, 신재생에너지로 대체가 가능하다.

탈원전을 반대하는 근거는 첫째, 에너지 자급률 하락으로 1인당 전기요금이 급등한다. 둘째, 지역 경제에 악영향을 미친다. 지방세 비율이 울진은 57.2%, 영광은 58.1%를 차지한다. 셋째, 원전 산업 붕괴로 전문인력 유출과 산업 경쟁력이 쇠퇴한다. 넷째, 원전 수출에 악영향을 미친다. 마지막으로, 원자력 이익을 메워 줄 수 있는 에너지를 찾기 어렵다.

친환경 및 대용량 발전 가능한 핵융합 원전

미래 에너지의 조건은 무한한 연료와 친환경 및 대용량 발전이다. 핵융합 발전은 중수소와 삼중수소가 융합하는 과정에서 발생하는 에너지로 전기를 생산한다. 화석연료의 고갈과 지구 온난화 문제를 해결할 수 있는 유일한 대체 에너지가 핵융합 발전이다. 욕조 반 분량의 바닷물에서 추출되는 중수소와 리튬의 융합으로 발생하는 전기량은 1인이 30년간 사용 가능하다. 대용량 발전이 가능하며 친환경 안전 발전으로 미래 에너지로 꼽힌다. 한국은 2026년까지 데모 플랜트를 개발하고 한국형 차세대 초전도 핵융합 연구 장치 운전 기술을 확보할 예정이다. 2041년까지 핵융합 발전소를 건설하고 운영 기술을 확보한다는 목표를 세웠다.

핵융합 원전은 찬성

탈원전 정책은 핵분열 원전을 반대하는 의미여야 한다. 모든 원전을 반대하는 것이 탈원전이 아니다. 인식의 전환이 필요하다. 탈원전 정책 방향에서 차세대 핵융합 원전 산업 발전으로 정책을 전환해야 한다. 에너지 안보 확보와 한국 경제 미래 먹거리는 핵융합 원전 산업이다. 그렇다면 어떻게 해야 할까.

첫째, 2012년 세계 최초로 개발한 시스템 일체형 원자로 개발 사업을 지속 발전시켜 나가야 한다. 한국 원자로 개발은 원전 1세대 선배들의 피땀으로 혹독한 시련을 극복해 일군 원전 기술이다. 60년을 쌓아온 원전 기술로 산업 생태계를 더욱 발전시켜야 한다.

둘째, 한국형 차세대 원전 APR1400이 미국 원자력 규제 당국의 안정성을 입증받고 설계인증서를 취득했다. 15년간 유효하고 최대 15년간 연장할 수 있다. 미국 시장에 진출하는 토대를 마련했으니 정부가 적극 지원해야 한다.

셋째, 세계 소형 원전 시장을 주도해온 상황에서 재원을 집중 투입해 경쟁력을 높여야 한다. 세계 1만 8,400여 개 노후 화력발전소의 대체 시장 기회를 선점해야 한다. 미국, 중국과 러시아는 소형 원전 개발에 집중하고 있다.

넷째, 원자력 산업 분야의 전문인력들이 핵분열 기술에서 핵융합 기술로 전환될 수 있는 기반을 만들어줘야 한다. 지금은 핵분열 기술과 핵융합 기술의 과도기이며, 전환기로서 핵분열 기술자가 핵융합으로 넘어가게 교육 및 정책 지원을 해야 한다. 그렇지 않으면 중국의 추격을 허용해 시장을 뺏기게 된다.

다섯째, 스마트 원자로와 핵융합 원자로의 동시 개발이 필요하다. 전문 원자력 인력을 쓰임새 있게 활용해야 한다.

여섯째, 핵융합 발전 산업은 한국의 미래가 걸린 핵심 산업이다. 핵융합 원전 산업을 발전시킬 수 있는 지역 거점을 선정해야 한다. 미래 핵융합 에너지 클러스터 생태계가 조성되면 양질의 청년일자리도 창출된다.

일곱 번째, 원자로 산업 분야 발전은 정권 차원에서 지원하고 안 하는 문제가 아니다. 우리의 미래가 걸린 문제다. 이미 경쟁력을 갖춘 원자력 산업을 글로벌 시장을 선점하도록 더욱 지원하고 육성해야 한다.

마지막으로, 탈원전 정책에 대한 소견은 핵분열 원전 정책은 반대하고 핵융합 원전 정책은 찬성한다.

(국가미래연구원. 2020.07.26.)

5) 바이오헬스 산업 육성과 일자리 창출

통계청이 15일 발표한 '4월 고용동향'에 따르면 실업자가 124만 5,000명으로 1999년 이후 사상 최대치를 기록했다. 실업률은 4.4%로 2000년 4월 4.5% 이후 가장 높았다. 청년 실업률도 전년 대비 0.8% 상승한 11.5%로 4월 기준 19년 만에 최고치를 나타냈다. 대학 졸업을 연기하고 취직 시험을 준비하는 잠재적 실업 청년층 체감 실업률은 전년 대비 1.8% 상승한 25.2%로 해당 통계 작성 이래 최고치다. 신규 취업자도 17만 1,000명에 그쳐 두 달 만에 다시 10만 명대로 떨어져 고용난이 심화되고 있다.

미·중 무역전쟁과 과학기술 패권 다툼으로 중국은 경제성장률이 하락하고 미국은 전년 대비 10.4% 증가한 8,913억 달러로 최대 적자를 냈다. 유럽과 일본 경제도 하락세가 지속되고 있다. 세계 경제 성장 우려가 지속되면서 한국 경제도 생산과 투자, 소비가 연속 동반 하락하고 있다. 수출 부진이 작년 12월부터 이어져 4월 수출액은 488억 6,000만 달러로 전년 동월 대비 2.0% 감소했다. 지난해 12월부터 연속 5개월째 수출 감소가 이어졌다. 이는 2000년대 이후 4번째의 장기 수출 감소 기록이 된다.

원인은 기업의 설비투자 부진, 기술개발 미흡과 전문인력 양성을 하지 못한 결과다. 한국 경제가 재도약하기 위해서는 특단의 조치가 필요하다. 주력 산업의 경쟁력 강화와 바이오헬스 산업을 육성해 신규 일자리 창출하는 것이 한국 경제가 살길이다.

홍남기 부총리는 경제활력대책회의에서 "바이오헬스 산업은 우리가 보유한 정보통신기술(ICT)과 우수한 의료 인력, 병원 등 강점을 살린다면 제2의 반도체와 같은 기간산업으로 육성이 가능한 분야"라고 밝혔다. 바이오헬스 산업의 취업유발계수는 14.7명으로 자동차 8.8명, 반도체 3.3명보다 많은 일자리를 창출한다. 시장 규모는 2016년 8조 5,490억 달러(1경 173조 원)로 전 세계 GDP 비중의 10%, 우리나라는 7.1%를 차지한다. 미국, 독일, 일본 등 글로벌 10대 기업들이 세계 시장 40%를 차지하고 한국은 1.7%만 점유하고 있다.

바이오헬스 산업에 4차 산업혁명의 핵심 기술을 융합해 한국 경제의 차세대 먹거리 산업으로 육성하기 위해서는 첫째, IT 강국의 강점을 적극 활용해야 한다. 병원의 전자의무기록(EMR) 사용은 95%로 세계 1위이며 다양한 디지털 의료 데이터를 보유하고 있다. 국민의 막대한 의료 데이터를 기반으로 신규 의료 비즈니스 서비스 모델을 구축해 글로벌 시장을 공략해야 한다.

둘째, 대학, 지역, 산업이 협력해 연구개발 플랫폼을 만들어야 한다. 대학은 인재 공급, 정부는 재정 지원, 산업계는 연구개발, 지역은 단지 제공 등 선순환 협력 메커니즘을 구축해야 한다.

셋째, 정부는 바이오헬스 산업 관련 규제를 과감히 철폐하고 시행 중인 규제 샌드박스를 더욱 확대해야 한다. 또한 바이오헬스 신산업 관련 규제 도입을 일정 기간 유예하는 제도 도입도 필요하다. 규제특례심의위원회가 정한 한정된 지역과 규모를 확대할 필요가 있다.

넷째, 전국 병원의 의료 데이터 표준화와 데이터를 공유할 수 있는 플랫폼을 구축해야 한다. 병원, 보험사, 산업계가 의료 빅데이터 시스템 구축에 상호 협력해야 한다. 빅데이터 분석 활용을 위해 의료 관련 소프트웨어 업그레이드도 필요하다.

마지막으로, 우수한 인력과 ICT 기술을 융합하고 활용해 신규 비즈니스를 창출해야 한다. 바이오헬스 산업을 한국 경제 재도약의 주역 산업으로 육성해야 한다.

(내외통신. 2019.05.16.)

5장 //
선도적 실리외교

1. 일본의 외교 전략

1) 외교의 핵심

일본 외교의 핵심은 추종외교와 실리외교다. 일본과 외교할 때는 사전 교섭에 따라 승패가 갈린다. 일본과는 가깝고 먼 나라로 일본의 외교 역사를 이해한 후 대일 외교 전략을 펼쳐야 한다. 스가베 정권(스가+아베)은 아베의 외교 정책을 계승한다. 한·일 관계 개선이 녹록지 않은 상황이다.

일본 외교의 특징은 승자편승 외교와 추종외교, 실리외교, 현실외교, 밴드웨곤(Bandwagon) 외교다. 승자편승 외교와 1인자 추종외교는 전통이다. 역사적으로 거슬러 올라가면 10세기에서 19세기까지 각 지방 영토를 다스리는 다이묘(大名) 제도가 시발점이다.

각 지방에서 절대 권한을 행사하는 쇼군(將軍) 바로 아래 1인지하만인지상(一人之下萬人之上)의 권력 행사를 하는 다이묘가 있었다. 다이묘(大名)는 차기 쇼군(將軍)에 아부하는 처세의 달인이다. 2인자 자리를 지키고 있다가 어느 특정 세력이 차기 쇼군(將

軍)이 되겠다고 예상되면 승자편승의 원칙에 따라 바로 아부하고 엎드린다.

승자편승의 전통이 이어 내려와 일본 외교에 그대로 적용됐다. 세계로부터 일본은 미국의 2중대, 푸들이라는 평가를 받고 있다. 승전국인 미국에는 굴욕을 아랑곳하지 않고 오로지 승자추종 외교 전통을 따르고 있을 뿐이다.

실리외교는 현실 외교로, 쉽게 표현하면 고무신을 거꾸로 바꿔 신는 외교다. 1인자의 권력이 강할 때는 어떠한 수모도 견디고 참는다. 1인자 앞에서는 미소를 잃지 않는다. 1인자가 왼뺨을 때리면 오른뺨도 내줘 비위를 맞추며 실리를 챙긴다. 하지만 1인자가 쇠퇴할 조짐이 보이면 바로 배신을 한다. 새로운 세력이 패권을 잡으면 약삭빠르게 그 곁으로 가 엎드린다.

일본은 역사적으로 외교 전통을 계승하고 있다. 일본은 지리적으로 고립무원의 섬나라다. 일본은 섬나라로서 강한 국가와 동맹을 맺지 않으면 불안해한다. 자국민에게는 안보 위기를 과장해 홍보한다. 힘이 있을 때는 언제나 주변 약소국가를 기습 공격해 약탈했다. 기습 공격의 사례는 역사적으로 많다.

1609년 류쿠제도, 1894년 인천에서 청나라, 1904년 뤼순에서 러시아, 1905년 쓰시마 주변에서 러시아, 1941년 미국의 진주만을 기습 공격했다. 2019년 7월 한국에 대한 반도체 수출 제한 조치도 기습 공격의 일환이다. 아베 정부가 기습적으로 한국의 반도체 산업을 공격한 것이다. 아베 총리가 경제 보복이 아니라 안보 위기에 대한 대응이라고 밝힌 것도 같은 맥락이다.

제2차 세계대전 후 냉전체제로 인해 미국은 소련을 견제하기 위해 일본을 동맹국으로 격상시켰다. 일본 내의 좌익세력과 노동조합을 척결하고 기업 우대 정책을 실시했다. 전쟁 배상에 대한 책임이 일본 경제 발전에 압박으로 작용하지 않도록 배려도 했다. 동남아 국가들에 대해 전쟁 배상금을 현금 대신 물자와 서비스를 제공하는 것으로 대신했다. 그리고 한국전쟁 후 일본에 자위대를 창설토록 했다. 이러한 미국의 배려에 힘입어 일본은 오로지 경제 발전에만 전념하게 됐다. 미·일 안보 동맹체제는 일본의 안보와 국제 자유무역의 질서를 보장한다. 하지만 미·일 안보 동맹체제에도 불구하고 일본은 중국과 무역, 소련과 수교, 동남아 각국과의 경제 관계 복원으로 국익에만 집중하고 있다.

시대별 외교의 특징은 1950~1960년 미국의 충실한 추종자로서 한국전쟁과 베트남전쟁으로 인해 엄청난 경제 이익을 거뒀다. 1970~1980년 닉슨쇼크, 플라자합의, 중국 개방 등으로 자주외교를 지향했다. 1990~2000년 미·일 신안보지침을 마련했으며 자위대 해외 파병을 가능토록 했다.

역사적으로 주요 외교 사건은 다음과 같다. 1858년 미일수호통상조약, 1859년 미·영·러·불·네 통상조약, 1868년 메이지유신, 1876년 강화도조약, 1880년 팽창, 연대, 침략 주장 대두, 1894년 청일전쟁, 대만 식민지화, 1902년 영일동맹(영국은 중국, 일본은 조선을 지배), 1904년 러일전쟁과 한일의정서, 한일협정서, 1905년 카쓰라태프트 밀약(일본은 조선을, 미국은 필리핀을 지배), 1905년 을사조약으로 통감정치, 1905년 러·일 포츠머스강화조약으로 조선에서의 정치·군사·경제 특권을 러시아로부터 인정받음, 1910년 한일합방, 1943년 카이로선언으로 대만과 만주를 중국에 이전, 1945년 포츠담선언 무조건항복, 1951년 대일강화조약, 샌프란시스코 미·일 안전보장조약, 1952년 일·대만 평화조약,

1956년 일·소 국교정상화, 1956년 일본 UN 가입, 1965년 한일기본조약 체결, 1971년 미국과 오키나와 반환협정, 1972년 일·중 수교, 1978년 일·중 평화협정을 체결했다.

일본 외교 정책의 결정 요인은 4가지다. 지정학적으로 섬나라의 독자성을 유지하고 있다. 이중적인 성격을 갖고 있으며 해양세력과 연대할 수 있는 장점이 있다. 역사적으로 근대화와 식민침략 및 패전 경험을 갖고 있다. 침략 피해에 대한 후유증과 보상의무가 있는 반면 역사 교과서 문제와 야스쿠니 참배로 주변국과마찰을 빚고 있다. 신중상주의로 경제 정책을 중시하며 자민당과재계, 관료 조직에 의해 정책이 결정된다. 이념적으로는 민족주의를 앞세운 우익의 영향력이 크다. 국제 환경적으로는 수출과 수입에 의존하는 경제 체제로서 해상 교통로 확보에 사활을 걸고 있다. 외교적으로는 러시아와 중국의 위협에 대처하고 있다.

외교 정책을 결정할 때 내각에서는 기획, 입안, 추진하는 권한을 갖는다. 수상은 독단적인 외교 스타일을 행사하는 경우가 많다. 외무성은 행정 업무를 수행하고 자민당은 대외정책 형성에 관여한다. 국회는 잠재적 외교 정책 수립에 중요한 역할을 하고 있다. 특성은 자민당과 외무성, 재계로 구성된 복잡 다원화된 체계다. 비전 제시보다는 상황대응형이다. 패권 국가에 추종하고 협조하는 밴드웨곤(Bandwagon) 외교를 지향하고 있다. 이념보다는실리외교를 추구하며 경제중심주의 외교 정책을 추구하고 있다. 다자주의 접근에는 약하며 양자주의 협상에는 강하다.

일본의 대미외교는 굴욕외교다. 중국이 G2로 부상하자 패권국미국의 눈치를 살피며 중국을 의식해 일정한 거리를 두고 있다. 중·일 평화조약 40주년을 맞아 양자 회담을 베이징에서 공식 개최했다. 중국 카드를 이용하면서 미국 떠보기를 한 것이다. 일본은 언제든 중국이 패권국이 된다면 미국을 버릴 수 있다. 하지만 현재는 미국이 강하기 때문에 미국의 요구는 무엇이든지 들어주고 있다.

일본 외교 정책의 방향은 미·일 동맹 강화가 최우선이다. 미국과 동맹을 강화해 중국의 영향력을 억제하고 대처하기 위해서다. 미·일 동맹은 중국을 견제하는 노선을 견지하고 있다. 핵심은 인도·태평양 전략이다. 일본은 중국의 경제적, 군사적 부상에 맞춰 균형 전략의 일환으로 미·일 동맹을 강화하고 있다. 인도·태평양 전력을 강화하기 위해 미국·일본·호주·인도의 4개국 '쿼드'를 정례화하는 것도 중국을 견제하기 위해서다.

반중 연대 쿼드는 자유롭고 개방된 인도·태평양에서 평화·안보·번영에 대한 비전을 공유한다. 중국에 대응한 균형 전략으로 군사 억지력 확충과 우호국의 네트워크 구축을 통한 무역, 해양 안보 확보와 연대 강화를 목표로 하고 있다. '쿼드'는 2007년 4국이 처음 열었던 '4차 안보대화(Quadrilateral Security Dialogue)'의 맨 앞부분만 따서 4각 협력체를 지칭하는 말이다. 현재까지는 한국은 쿼드에 불참하고 있다. 우리가 미·중 사이에서 줄타기 외교로 일관하다가 양국으로부터 멀어질 수 있음을 유의해 외교력을 발휘해야 한다.

2) 한국에 대한 외교 전략

한·일 양국은 역사 문제로 갈등의 악순환을 겪고 있다. 한·일

간의 역사 문제에 대한 갈등은 불안전한 전후 처리 문제에 원인이 있다. 샌프란시스코 강화조약, 한·일 국교 정상화의 한일기본조약에서 해결하지 못한 문제에 기인한다. 한·일 갈등은 국가 이념 간 충돌, 국내 정치와 연계된 국가 이데올로기의 대결 양상을 담고 있다. 이데올로기는 일정한 사회 집단이 과거의 역사에 대한 해석을 통해 현재를 진단하고 이를 바탕으로 목표를 달성하는 방법에 대한 공유된 믿음이란 점에서 한·일 갈등은 국가 이념의 충돌이다. 양국 대립의 핵심은 한국은 피해자 중심주의로서 인권 침해에 대한 보편적 가치를 주장하는 반면 일본은 강대국의 역사 인식, 국제법과 현실적 국제 질서에 맞춰져 있다. 양국이 대립하면 할수록 손해다.

한국에 대한 외교의 기본 방침은 기본적 가치와 전략적 이익을 공유하는 가장 중요한 이웃 나라다. 한국이 먼저 국가와 국가 간 약속을 지키고 그 다음 미래지향적인 양국 관계를 구축하자는 것이다. 일본의 한일청구권 입장은 명확하다. 1951년 샌프란시스코 체제와 1965년 한일협정을 부정하는 한국 정부의 입장을 수용할 수 없다는 것이다. 국제법 준수에 입각해 양국의 협정 체결 부정 또는 변경 요구에 절대 양보할 수 없다는 입장이다. 왜냐하면 전후 일본의 국제 관계 근간을 부정하는 것은 일본의 정체성과 존립 근거를 상실한다고 판단하고 있기 때문이다. 보통국가 일본은 한국과 미래지향적인 관계 구축을 원한다. 한국에 역사적 부채 의식 말고 양국 관계를 손익 계산에 근거 미래지향적인 관계 설정을 요구하고 있다. 전략적 차원에서 북한 핵과 중국 문제 등에서 양국이 협조하자는 것이다.

현재 한·일 관계 현안은 강제 징용에 대한 대법원판결이다. 일본은 국제법에 근거 한일협정권 체결 시 해결됐다고 주장한다. 한국은 사법부의 판단을 존중한다는 게 정부의 공식 입장이다. 일본은 한국에 대해 무역 보복과 수출 백색국가에서 제외했으며, 한국도 일본에 대해 수출 백색국가 제외와 일본 상품 불매 운동으로 대응하고 있다.

일본은 한국이 국제법과 국제협약, 국제합의를 경시하고 있다고 주장한다. 일본은 한국이 피해자 중심주의와 반일 감정 등 국내 정치 상황에 이용하는 것을 비난하고 있다. 정부는 한·일 관계에 대해 새로운 정치, 경제적 목표 설정과 함께 국가의 미래 비전을 제시해야 한다. 일본 정부도 한국에 대한 무역 보복을 철회하고 반한 감정을 선거에 활용하지 말아야 한다.

3) 풀지 못한 역사적 숙제

식민지 피해자 한국을 제외한 일본의 집요한 노력과 조선의 무능, 무책임이 만들어낸 불완전한 전후 처리 '샌프란시스코강화조약'과 '한일기본조약'의 구조적 한계에 있다. 일본은 실리도 챙기고 역사와 영토에서 정당성을 확보하는 성과를 거뒀다. 일본은 전쟁에서 졌지만, 외교에서 승리했다고 자평했다. 국내적으로 친일 행위자가 '한일기본조약' 협상을 주도한 것이 패착이었다. 5.16 군사 쿠데타로 집권한 군부 세력이 일본에 면죄부를 줬다. 스스로 풀지 못한 역사적 숙제는 누구도 대신해서 풀어주지 않는다. 굴욕외교는 윤병세와 기시다의 이면 합의와 김종필과 오히라이 메모에서 기인했다.

불완전한 전후 처리 '샌프란시스코강화조약'에 한국이 서명으로 참가하는 계획은 실패했다. 한국이 연합국의 일원이 아니라는 영국의 반대 논리가 받아들여졌기 때문이다. 일본은 조선을 참여 못 하게 치밀한 사전 준비와 집요한 대미 외교로 성과를 거뒀다. 조선은 준비 부족과 국제 상황에 관한 현실 인식이 없어서 자기 중심적으로 해석했다. 한국은 서명에 참여할 수 없어 배상 처리에서 주도권을 상실했다. 전후 일본이 한국에 대한 배상 책임 내용이 '샌프란시스코강화조약' 14조에 있다. 연합국에 적용되는 배상 문제가 아니라 청구권의 피해 보상으로 처리한다는 것이다. 일본의 막후 외교력 발휘로 전후 국제 질서가 일본 전범 세력에 관대한 조건으로 협상 타결로 이어졌다.

일본은 '샌프란시스코강화조약' 때 전후 국가 재건을 위해 배상 문제에 대해서 국가의 책임을 완화하는 데 총력을 기울였다. 영토 문제를 후순위로 미루고 국제법을 검토해 치밀하게 장기 전략을 수립해 추진했다. 일본이 포기할 범위로 제주도와 거문도, 울릉도는 명기하고 독도는 포함하지 않도록 했다. 일본은 미국과 영국을 설득해 유리하게 조약문을 체결했다.

일본은 국가적 생존을 위해서 미국 설득 전략에 올인했다. 패전 후 외무성에 '평화조약문제연구간사회' 조직을 구성하고 일본에 유리한 초안을 제공했다. 일본에 유리한 내용이 미군정으로부터 수용될 가능성이 작다고 판단해, 관철하기 위해 치밀한 방안을 마련해 추진했다.

일본 요시다 시게루 총리는 한국을 조약국에서 배제키 위해 델레스 미 국무장관 상대로 '관대한 강화' 목표를 세우고 달성했다. 한국은 일본과 전쟁 상태에 있지 않았기 때문에 연합국으로 인정할 수 없다는 논리를 개발해 연합국을 설득한 것이 주효했다. 일본은 연합국을 상대로 배상 책임을 최소화하기 위해 식민지 지배는 착취가 아니라 근대화를 도운 것으로 미화하는 역사 왜곡을 시도했다. 일본 통치 행위는 정당한 국가 보조금 지출이라는 주장을 근거로 식민지 지배 착취가 아닌 근대화 공헌으로 미화했다.

한국은 정부가 출범하기 전 '샌프란시스코강화협정'이 진행되어 절대적 불이익을 받았다. 1946년 조선상공회의소, 1947년 남조선과도정부회의가 대일 배상 문제 다루었으나 연합국의 태도 변화를 감지 못했다. 일본이 우리를 배제하려는 수정된 전략을 한국은 1951년 3월 23일 미국의 델레스 초안을 통해 뒤늦게 알게 됐다.

한·일 국교 정상화와 한일기본조약의 한계는 '샌프란시스코강화조약' 졸속 타결이 원인이다. 배상과 보상 문제와 관련해 외교적 편의에 따라 다른 해석이 가능한 조약 체결로 일본에 불가역적으로 해결되었다는 해석을 가능하게 하여 분쟁의 여지를 남겼다. 한국과 일본의 기본조약 협상의 출발점은 '샌프란시스코강화조약'으로 정해져 우리에게 불리한 입장에서 협상이 개시됐다.

한·일 회담에서 재산청구권은 불법 행위에 따른 배상 아닌 것으로 규정했다. 해방 전 일본과 일본인의 재산을 한국 국민에게 배상이 아닌 보상에 활용하도록 승인하는 미국 군정청 규정이 문제였다. 일본은 한일협정서 시작 단계부터 '샌프란시스코강화조약' 논리를 근거로 우리 국내 '적산'에 대한 기득권을 이용해 배상 책임을 회피하는 전략을 폈다. 한국이 이미 일본인의 재산을 이양받아 처분 또는 소유하고 있는 만큼 일본은 당연히 한국에 대해 청구권을 갖고 있음을 주장한 것이다. 명분도 실리도 놓친 한국의 수동적 협상 태도도 문제였다.

　1951년부터 1965년까지 15년에 걸친 지루한 협상 과정과 6.15
와 5.16 내우외환 속 협상이 지연되며 지리멸렬됐다. 결국 청구권
규모 무상 3억 달러, 정부 차관 1억 달러, 민간 차관 1억 달러로 협
상이 졸속으로 타결됐다. 즉, 일본의 불가역적 해결이라는 근거를
제공했다. 일본 자금 제공이 청구권 해결을 위한 것인지 아닌지
확실하게 정리하지 않고 애매하게 처리해 해석의 여지를 준 것이
문제였다.

4) 바람직한 한·일 관계 제언

　첫째, 국력을 키우는 데 집중해야 한다. 한국이 원하는 것은 무
엇이며 그것을 성취하기 위해 한국의 역량과 자원은 얼마만큼 인
지 면밀히 따져봐야 한다. 손자병법에 의하면 승률이 7할이 돼야
싸움에서 이긴다. 승산이 많으면 이기고 승산이 적으면 진다. 일
본은 한국이 결단 없이 시간만 끌고 있는 무능한 정부라고 비난
하고 있다. 일본의 노림수는 양국 관계 악화 책임이 한국 정부에
있으며 국제법 위반자로 낙인찍어 국제사회에 알리는 것이다. 만
약 그렇게 된다면 한국의 국익에는 엄청난 손실이다. 일본에서는
한국 정부가 피해자 중심, 선악 이분법에 따라 피해자는 한국, 가
해는 일본이라는 프레임으로 몰아가고 있다고 생각한다.

　일본은 워싱턴의 로비스트를 통해 미국을 설득 중이다. '샌프란
시스코조약' 때와 같은 수법이다. 한국의 역량은 이제는 중견국가
수준이다. 일본 제국주의와 식민지 피해자 입장에서 벗어나야 한

다. 한국은 아직 한반도 주변 4대 강국에 대해 영향력을 행사하기에는 역부족인 게 현실이다. 일본은 전후 미국을 믿고 경제 발전에 집중했다. 국제 외교 무대에서는 역량과 능력을 초과하는 일을 하려고 하면 문제에 직면한다. 현재의 우리의 역량에 맞게 전략과 정책을 입안해 장기적으로 추진해야 한다. 국제 질서를 지키고 패권국 미국과 중국의 부상에 재빨리 대처하는 현실적 외교를 해야 한다. 일본과 갈등을 지속할 시간이 없다. 일본과 상호 협조하며 도움을 주고받아야 한다.

둘째, 미·중 무역전쟁 틈바구니에서 안정적 균형을 유지해야 한다. 우리가 필요한 것을 얻기 위해 주변 강대국을 리드해 나가는 것을 조심해야 한다. 강대국이 우리의 손을 놓지 않게 외교력을 펼쳐야 한다. 우리가 원하는 것을 얻기 위해서는 내치의 역량을 극대화하면서 국제 외교 환경을 우호적으로 만들어야 한다.

셋째, 대일 외교 정책에서 일관적이며 동일한 원칙을 적용해 미래지향적인 수평적 관계 형성을 해나가야 한다. 수평적 관계를 설정함에는 상대가 원하는 것을 주고 우리가 원하는 것을 받아야 수평적 관계가 형성된다. 수평적 관계를 맺는다고 과거 역사에 대한 도덕적 우월성을 포기하는 것은 아니다. 식민지 피해에 대한 피해자 입장에서 벗어나 미래지향적 체제 구축으로 외교력을 펼쳐 나가야 한다. 역사적 자원을 효율적으로 사용해 국력이 증대될 때까지 기다리고 인내하며 치밀하게 국제 사회에 홍보하며 명분을 축적해 나가야 한다.

넷째, 대일 외교는 철두철미하게 국익과 국가 자원의 유한성을 토대로 펼쳐 나가야 한다. 피해자 가해자 수직적 프레임 관계에서 수평적 프레임으로 전환되게 만들어야 한다. 역사 문제는 미래의 자원으로 남겨두고 내년 도쿄올림픽의 성공적 개최를 위해 협조하고 실리를 얻어 내야 한다. 식민지 지배에 따른 피해를 지금 거론하는 것은 아무 실익이 없다. 지금은 국익을 얻는 것이 실리다. 그렇다고 과거 역사를 덮자는 것은 아니다. 국력을 쌓을 때까지 기다려야 한다. AI 강국으로 우뚝 선 후 일본에 당당하게 요구하면 된다. 강제 동원 피해자에 대한 다양한 방안을 제시했는데 일본에서 거절해 해결이 어려운 상황이다. 미국도 아직은 일본 입장에 더 호의적이다.

100년 전에도 강대국들은 자기 이익을 위해 강대국 편을 들었다. 영국은 중국, 미국은 필리핀, 일본은 한국을 나눠 먹기로 협약했다. 현재도 선진국은 선진국 편이다. 현재 일본의 정치 사회 환경에서는 역사에 대한 진정한 사과를 받아내기가 어렵다. 일본의 사과는 역사에 남기고 실질적 사과에 상응하는 조치를 유도해 나가야 한다. 중국은 일본인을 선상 피란을 시켰다. 김대중 전 대통령은 일본 문화 개방과 새로운 협력 체제 구축을 제시했다. 과거 사례를 볼 때 일본은 먼저 손을 내밀면 좋아하고 고맙다고 생각해 외교 관계가 풀렸다.

다섯째, 일본의 무역 보복은 경제산업성 전략물자관리제도의 운영상 문제로 프레임을 만들었다. 경제산업상 논리에 입각한 현안 논리로 풀어나가야 한다. 정치와 산업 논리를 별개로 접근해 하나씩 해결해야 한다. 소·부·장 산업 전체를 국산화와 자급화하는 것은 무리이며 바람직하지도 않다. 공급망을 다변화해야 한다. 일부 소·부·장 품목을 국산화할 시 일본의 특허 침해 소송에 대비해야 한다.

여섯째, 강제 징용 피해자들에 대한 해결 방법으로 금전적 배상은 우리가 하고 일본은 도의적 책임을 인정하는 선에서 물밑 협상해야 한다. 일본 기업의 한국 내 자산 현금화는 양국 관계의 파탄을 가져올 수 있다. 한·일 관계를 정치인들이 정략적으로 이용하지 못하도록 대일 외교력의 질적 도약을 도모해야 한다. 일본인의 마음을 읽고 이해해야 한다. 일본 문화는 법치주의를 중시한다. 일본인들 사이에는 한국은 국가 간의 약속인 조약을 지키지 않는다는 불신이 팽배하다.

일곱째, 일본과 외교를 할 때는 다자외교를 구사해야 한다. 일본은 지정학적 특성상, 다자적 접촉이 빈번한 역사적 경험을 갖지 못했다. 일본은 동아시아 지역 전체의 평화나 번영에 대한 비전을 제시하거나 지역 협력 추진의 지도력을 발휘하지 못하고 있다. 일본은 양자 외교는 강하다. 사전 물밑 협상이 승패를 가름한다. 외교는 상호 주고받아야 한다. 일본에 줄 카드가 있는지, 무엇을 주고받을 것인지 물밑 외교 교섭을 통해 양국이 새로운 협력 체계를 구축해 나가야 한다.

마지막으로, 21대 국회가 여야 합의로 '대일본 외교 국가 전략'을 마련해야 한다. 정권에 상관없이 일본에 대한 외교 정책은 장기적으로 추진돼야 한다. 양국은 숙명의 라이벌 관계다. 피할 수 없는 경쟁 관계를 인정하고 우리의 장점을 활용해 나가야 한다. 군사, 경제, 산업 기술력 같은 물리적 국력 있어서도 경쟁력을 제고하고 구체적인 산업 전략을 마련해야 한다. 하드웨어 및 소프트웨어 국력 면에서 일본을 추월하기 위한 목표를 설정해야 한다. 일본은 양국 간 국력 격차 축소에 따른 조바심을 갖고 있다. 정부는 이념과 여야를 초월해 국민 합의에 기초한 양국의 미래 발전 토대를 마련해야 한다.

2. 일본 경제 보복

1) 일본 경제 침략 해법 삼국지에 있다

중국의 후한 말기 촉한(蜀漢)·위(魏)·오(吳) 삼국을 배경으로 쓴 소설이 《삼국지(三國志)》다. 삼국 가운데 중원 지역에서 기선을 제압한 것은 위나라 조조(曹操)였다. 조조는 당대 최고의 전략가로 항시 진두에 서서 군을 직접 지휘했다. 촉한의 유비(劉備)는 제갈공명을 삼고초려(三顧草廬)로 모시고 오나라 손권과 연합하여 적벽대전(赤壁大戰)에서 조조의 80만 대군을 격파함으로써 촉한 건국 기반을 구축했다. 또한 오(吳)나라의 손권(孫權)은 강동에서 세력을 확대해 나갔다.

이번 수출 규제는 아베 총리가 트럼프 대통령의 묵인하에 시작한 경제 침략 전쟁이다. 일본은 선전포고도 없이 3대의 대포 포문을 열었다. 한국은 직격탄을 맞았다. 트럼프 미국 대통령은 지켜만 보고 있다. 일본은 1,100개의 대포가 있다. 한국은 대포가 아직은 없다. 판을 엎어야 한다. 시간을 벌어야 한다. 장기로 말하면 외통수에 걸렸다. 해법은 의외로 간단하다. 훈수 두는 사람이 한

수만 무르라고 하면 된다.

일본 경제 침략의 해법은 삼국지와 병법에서 지혜를 얻어야
한다.

첫째, 적벽대전(赤壁大戰)이다. 유비와 손권은 연합해 조조에
게 대항했다. 적벽대전은 소수 병력이 정확한 상황 판단과 철저한
약점 분석, 긴밀한 협력, 치밀한 전략으로 다수 병력을 이긴 전투
다. 불리한 판세를 뒤집고 새 판을 짜야 한다. 경제 보복 판에서는
승산이 없다. 우리는 안보를 매개로 새로운 판을 만들면 된다. 한
일군사정보보호협정(GSOMIA)이 새 판이 될 수 있다. 협정 검토
로 인해 미국의 중재를 앞당기는 묘수가 될지 자충수가 될지 면
밀히 살펴야 한다. 하지만 미국의 인도·태평양 전략 린치핀(핵심
축)이 되려는 아베 총리의 야심과 군사력 강화라는 빌미를 제공
할 수도 있다. 일본은 북한 핵 위협에 맞서 한국과 안보 협력이 필
요하다.

둘째, 도광양회(韜光養晦)다. 유비가 조조의 식객 노릇을 할 때
생존을 위해 몸을 낮추고 어리석은 사람으로 보여 경계심을 늦추
도록 했던 계책이다. 약자가 모욕을 참고 견디면서 후일을 도모한
다는 1980년대 중국의 대외 정책을 말한다. 힘이 없으니 참고 기
다리며 힘을 길러야 한다. 핵심 부품 수출 규제에 당장 대체할 뾰
족한 부품이 없다. 수입 다변화와 국산화 개발까지 시간이 필요하
다. 정부와 산업계가 긴밀히 협조해 핵심 부품 소재 국산화에 매
진해야 한다.

셋째, 지피지기 백전불태(知彼知己, 百戰不殆)다. 춘추시대에
손무는 원래 제나라 사람이었지만 오왕 합려는 그가 비범하다는
것을 알고 대장으로 삼아 초·제·진나라까지 점령한다. 손무가 쓴

《손자병법》의 〈모공〉 편의 "적을 알고 자기를 아는 것은 전쟁에서 승리할 수 있는 열쇠로 백 번을 싸워도 백 번을 이길 것이다."에서 유래됐다.

넷째, 일본의 강점은 우수한 기술로 무장한 산업 경쟁력이다. 특히 핵심 부품 소재에 대해 세계 시장을 지배하고 있다. 아베 총리의 약점은 미국에 대한 저자세와 2020년 도쿄올림픽 성공 개최다. 대일 무역수지 적자는 1965년 한일협정 이후 54년간 708조 원이다. 한국 시장을 잃게 된다면 일본 경제도 타격을 입는다.

다섯째, 견월망지(見月忘指)다. 달을 가리키는 손가락을 본다는 뜻으로 본질을 꿰뚫고 실체를 보라는 것이다. 일본이 던져준 공만 쫓아다닌다면 동네 축구다. 감독의 전술과 전략에 따라 원팀으로 일사불란하게 경기에 임해야 승리한다. 아베 총리의 다테마에(겉마음)는 징용 배상 및 위안부 문제 해결이다. 혼네(속마음)는 한국 경제에 '잃어버린 20년'의 피해를 준다는 전략이다. 한국 경제를 망가뜨려 내년 총선과 정권 교체까지 겨냥하고 있다.

여섯째, '란체스터' 전략이다. 영국의 윌리엄 란체스터(Lanchester)가 1차 세계대전 때 공중전 결과를 분석하면서 개별전(個別戰)에서는 단순히 숫자가 많은 쪽이 이기고 총력전을 벌일 경우 전력 차이만큼 제곱으로 패한다는 법칙이다. 강자와 약자가 동일한 전장에서 동일한 전술과 동일한 무기로 싸운다면 강자필승 약자필패(强者必勝 弱者必敗)다. 약자가 이기기 위해서는 싸움의 장소와 무기 및 방법을 달리해야 한다. 장소를 달리하라는 의미는 혁신적인 사고로 전략을 세우라는 것이다. 무기를 달리하라는 것은 상대방의 약점을 공략하는 전략이고, 방법을 달리하라는 것은 시대에 맞는, 즉 유튜브나 SNS을 활용하라는 홍보 전략이다. 일본 국력은 3배 우세하므로 총력전이 되는 전투를 할 것이다. 한국은 불리하므로 총력전은 피하고 백병전을 해야 한다. 승자가 되려면 차별화 전략을 구사해야 한다.

마지막으로, 일본 수출 보복이 개시된 지난 4일 소프트뱅크 손정의(孫正義) 회장이 문재인 대통령을 만나 한국은 "AI에 올인하라."고 조언했다. 손 회장은 손자병법을 중심으로 하는 병법 경영으로 위기를 기회로 바꿔 세계적 경영자로 우뚝 섰다.

손정의 회장은 전쟁에서 이기기 위한 조건으로 도천지장법(道天地將法), 리더가 비전을 제시하는 정정략칠투(頂情略七鬪), 글로벌 시장 점유를 위해 싸우는 법으로 일류공수군(一流攻守群), 리더가 갖추어야 할 조건으로 지신인용엄(智信仁勇嚴), 싸우는 전술로 풍림화산해(風林火山海)를 제시했다. 손정의 회장의 제곱 병법에 일본의 경제 침략 해법이 보인다.

20년 전 도쿄에서 만났을 때 "이길 확률이 9할일 때 싸우러 가는 것은 너무 늦고 반반일 때 싸움을 거는 것은 어리석다. 확률이 7할일 때 가장 승부하기 좋다."고 말한 것이 뇌리를 스친다. 우리의 승률은 얼마일까?

(내외통신. 2019.07.22.)

2) 일본 경제 침략 어떻게 대응할 것인가

한·일 양국 한 치 양보도 없이 '강 대 강' 대치
경제 침략을 극복하고 한국 경제 재도약해야

일본 경제 침략으로 촉발된 한·일 갈등이 한 치의 양보도 없이

'강(強) 대 강'으로 치닫고 있다. 지난 16일 청와대는 일본 정부가 강제 징용 피해자 판결 문제 논의를 위해 제안한 '제3국 중재위원회' 구성을 수용할 수 없다고 밝혔다. 이에 일본은 경제 침략 2차 카드로 한국을 화이트리스트(백색국가)에서 제외한다는 방침이다. 화이트리스트에서 제외되면 일본의 전략물자로 규정한 1,100여 개의 품목이 수출 규제 대상이 된다. 업계에 따르면 반도체 기판인 웨이퍼와 블랭크 마스크 등 한국 경제에 치명타를 줄 100여 개 품목은 대체가 쉽지 않다. 반도체에 이어 IT 산업 전반에 피해가 예상된다.

한·일 갈등을 해결하려면 원인을 알아야 한다. 역사 문제를 필두로 미래 산업에 대한 견제와 안보, 정치까지 복합적으로 얽혀 있다. 해결 방안은 안건별로 풀어나가든지, 얽힌 매듭을 단번에 잘라내면 된다. 해법은 의외로 간단하다. 미국이 중재하도록 환경을 조성하면 된다.

미국은 전통적으로 강자와 손을 잡는다. 1905년 7월 29일에 도쿄에서 미국이 필리핀을 통치하고 일본은 대한제국에 대한 지배적 지위를 인정하는 가쓰라·태프트 밀약이 있었다. 이 비밀각서는 20세기 초 미국의 동아시아대륙 정책의 기본 방향이 됐다. 114년 지난 2019년 7월 4일 일본은 경제 침략의 포문을 열었다. 과거 선조들의 잘못된 판단을 반면교사(反面敎師)로 삼아 슬기롭게 위기를 극복해야 한다.

일본의 경제 침략에 대한 해법은 첫째, 한·일 양국이 생각이 다르다는 것을 인정해야 한다. 일본에서 주재할 때 PC 전원 버튼을 누르면 한글 윈도우와 일본 윈도우 화면이 떴다. 한글 윈도우를 선택하면 서울 본사와 업무 협의를 한다. 일본 윈도우 환경을 설정하면 일본 업체와 의견을 교환한다. 한국과 일본은 아이폰과 안드로이드폰처럼 호환성이 없다. 소프트웨어와 운영 체제가 다르기 때문이다. 즉 한국과 일본은 생각하는 방식과 해결 방법이 전혀 다르다. 이번 갈등의 원인인 과거사 문제에 대해 한국은 '배상하라' '사과하라'고 한다. 일본은 1965년 한일협정으로 해결됐다고 생각한다. 일본 총리가 사과하면 한국은 '진정성이 없다'고 한다. 이처럼 과거사 문제에 대해 양국의 인식 차이는 명확하다.

둘째, 과거사 문제를 해결해야 한다. 정부는 대법원 징용 배상 판결에 대한 새로운 해결 방안을 제시해야 한다. 대법원은 한·일 청구권협정에 대해서는 국가 간 정식으로 체결된 적법한 협정이라고 인정했다. 다만 강제 징용 피해에 따른 손해 배상 청구권은 이 협정과 무관한 사안이라는 것이 대법원의 판결 취지다. 한국 정부는 사법부의 판단에 간여할 수 없다며 삼권분립을 주장한다. 일본은 한국 대법원의 강제 징용 판결을 국제법 상식에 어긋난 것이라고 한다. 양국의 입장 차는 확실하다.

일본이 제안한 '제3국 중재위 구성'에 대해 한국은 수용할 수 없다고 밝혔다. 배상금 마련을 위한 한국 정부의 제안인 '1+1+α 안'을 일본은 거부했다. 징용 피해자들의 동의를 구하는 것은 우리가 해결하고 새로운 방안을 제시해 협상의 물꼬를 터야 한다.

사법부에 묻고 싶다. 사드(고고도 미사일 방어체계) 보복으로 우리 기업의 피해가 컸다. 얼마 전 중국에서는 현대자동차와 삼성전자 광고판이 계약도 끝나지 않았는데 강제 철거됐다. 롯데마트는 손해가 막심해 철수했다. 만약 우리 기업이 법원에 중국 정부를 향해 재산권 손해 배상을 청구하면 한국 내 중국 재산을 압류하는 판결을 할지 궁금하다. 4차 산업혁명 시대 세계는 빠르게 변하고 있다. 국내 판결이 글로벌 기업 활동과 국가 경제에 막대한 영향을 미치는 5G(5세대 이동통신)와 AI(인공지능) 시대에 살고 있다. 이번을 계기로 AI 사법부가 되기를 기대한다.

위안부 문제도 해결해야 한다. 일본 정부는 지난 2015년 한일 위안부합의로 설립됐던 화해치유재단의 최종 해산에 대해 한국 정부에 항의했다. 한·일 관계 악화의 한 축이었던 위안부 문제를 이번 경제 침략의 하나의 명분으로 내세우고 있다.

위안부 문제에 대해 일본은 1992년 가토 관방장관 담화, 1993년 고노 관방장관 담화, 1995년 이가라시 관방장관의 기금 발표문, 1995년 무라야마 총리 담화, 1997년 하시모토 총리의 편지, 2005년 고이즈미 총리 담화, 2010년 간 총리 담화, 2015년 기시 외무상의 한일합의 발표, 2015년 아베 총리 발언(기시 외무상이 전언)했다고 박유하 세종대 교수가 정리해 공개했다. 정부와 관계자가 머리를 맞대 좋은 해법을 내주기를 바란다.

셋째, 기업들은 각자도생(各自圖生)해야 한다. 일본 경제 침략에 맞서 단기적으로는 핵심 부품의 수입 다변화와 장기적으로는 국산화에 매진해야 한다. 정치 논리에 기업을 끌어들이지 말아야 한다. 기업은 빠르게 변하는 5G, AI 시대에 맞춰 변해가고 있다. 이번 위기도 잘 헤쳐나갈 것이다. 위기를 기회로 만드는 유전자도 있다. 기업이 마음 놓고 경영할 수 있도록 정부는 방패 역할을 하면 된다. 현지에서는 이번 제재를 몇 개월 전에 예상했다. 일이 터지고 나서야 소재 물량 확보를 위해 해외에서 동분서주(東奔西走)하고 일본산 대체 불화수소를 테스트하며 컨티전시 플랜(비상계획)을 마련하는 기업은 글로벌 기업이 될 수 없다. 기업도 이번 기회에 위기 관리 시스템 정비와 경영의 고삐를 바짝 조이기를 바란다.

넷째, 일본을 잘 알고 비즈니스 경험이 풍부한 원로들이 나서야한다. 일본은 신뢰를 중요시하는 인맥 사회다. 원로의 의견을 모아 실질적인 해결책을 모색해야 한다. 민간 전문가를 활용해야 한다. 일본과 물밑 접촉을 통해 해결 방안을 조정한 후 최종적으로 정부에서 특사를 파견해 해결하면 된다. 일본 재계와 언론 및 학계 인맥을 총동원하여 일본 정부를 설득해야 한다.

다섯째, 정치권은 국익을 최우선으로 협력해야 한다. 17일 자유한국당 거부로 국회 외교통일위원회에서 일본 수출 규제 철회 촉구 결의안 채택이 불발됐다. 도대체 어느 나라 국회인지 알 수 없다. 반면 미국 하원 외교위원회는 18일 한·일·미 3개국이 긴밀히 협력해야 한다는 결의안을 가결했다. 임시국회 종료 전에 국회는 추경을 통과시켜 정부를 밀어줘야 한다. 여야는 일본 경제 침략에 대해 한목소리를 내야 한다.

여섯째, 노동계도 힘을 보태야 한다. 지난 11일 일본 도쿄에 있는 렌고(連合) 본부에서 한국노총 김주영 위원장과 일본노총 고즈 리키오(新津里季生) 회장이 만나 한·일 갈등 해결을 위해 함께 노력하기로 합의한 것은 노동운동의 미래 모습을 보여 준 것이다.

일곱 번째, 한·미·일 삼각 동맹을 강화해야 한다. 한·일 관계는 과거사 문제에도 54년간 이어진 안보와 경제 협력의 두 축으로 발전해 왔다. 북핵 위협과 중국에 맞서는 한·미·일 안보 협력은 동북아 안보에 중요하다. 21일 일본 참의원 선거에서 아베 총리가 이끄는 자민당의 압승이 예상된다. 아베 총리는 2021년 9월까지 일본을 이끌게 된다. 문재인 대통령의 임기는 2022년 5월까지다. 트럼프 대통령은 2020년 재선을 앞두고 있다. 양국 정상은 어차

피 같이 가야 한다. 양국은 윈윈 전략이 필요하다.

여덟 번째, 언론은 국익을 위해 보도해야 한다. 일본의 경제 침략으로 경제계는 어려움에 처해 있다. 국민 전체가 지혜를 모으고 있는 상황에서 일본에 도움이 되고 한국 경제에 피해가 예상되는 보도는 자제해야 한다. 아베 총리의 아킬레스건인 '2020도쿄 올림픽 성공 개최'를 위해 한국의 협조가 필요하며 글로벌 IT 산업의 중심인 미국에서 일본의 수출 규제로 제품 생산과 서비스에 차질이 예상된다는 칼럼이 필요한 시기다.

아홉 번째, 일본이 IT 글로벌 체인을 교란하고 있다고 홍보해야 한다. 뉴욕타임즈는 "일본이 한국 수출 제한 조치를 안보 행보로 규정함으로써 글로벌 무역 질서의 물을 흐렸다."라면서 "국제 무역 시스템 전체가 붕괴할 수 있다."고 15일 보도했다. 17일 아마존·애플을 포함해 구글, 마이크로소프트(MS) 등 미국 IT 기업 구매 관계자들이 삼성전자 메모리사업부 관계자들과 메모리 수급 계획 등을 논의했다. 미국 글로벌 IT 업계가 피해 우려를 표명해야 미국 정부가 중재에 나선다.

마지막으로, 국민도 정부에 힘을 실어주어야 한다. 역사를 돌이켜 보면 우리 민족은 수많은 위기를 슬기롭게 극복했다. 이번 일본의 경제 침략도 온 국민이 '원팀'으로 똘똘 뭉쳐 헤쳐나가야 한다. 국민과 정부, 정치·경제계가 혼연일체(渾然一體)가 돼 위기를 극복해야 한다. 5G와 AI 시대에도 일본은 여전히 '가깝고도 먼 나라'다.

(한국경제. 2019.07.19.)

3) 일본 경제 보복 어떠한 해법이 있을까

1592년 4월 13일 일본은 새로운 무기인 조총과 700여 척의 군함을 앞세워 부산성을 침략했다. 427년이 지난 2019년 7월 4일 일본은 한국 정보기술(IT) 수출 기반인 반도체 기판 감광제 리지스트의 세정에 사용되는 에칭가스(고순도불화수소)와 TV, 스마트폰 디스플레이 등에 쓰이는 플루오린 폴리이미드를 무기로 경제 전쟁 포문을 열었다. 이날은 일본 참의원 선거 공시일이자 미국의 독립기념일이기도 하다.

아베 신조 일본 총리는 외신 및 자국 내 신문 인터뷰에서 "세계무역기구(WTO)의 규칙에 맞고 자유무역과 관계없다."라고 주장했다. 일본인은 '다테마에(겉마음)'와 '혼네(속마음)'가 다르다. 이번 한국에 대한 보복 결정은 겉으로는 한국에 대한 신뢰를 말하지만, 사실은 한국을 손보려는 생각이 저변에 깔려 있다. 한국은 일본보다 산업화는 늦었지만, IT 강국으로 우뚝 선 경험이 있다. 세계 최초로 5세대(5G) 이동통신 상용화 서비스에 성공했다. 일본은 한국이 5G 강국으로 도약하는 것을 경계하고 있다. 4차 산업혁명 시대에 한국 경제가 재도약해서 일본을 앞지르는 것을 싫어한다. 북한의 비핵화를 통해 남북이 경제 협력하는 것도 배 아파한다.

아베 정부의 아킬레스건은 미국과 북한, 2020년 도쿄올림픽 성공 개최에 있다. 남·북·미 직접 대화에 이은 일본 패싱을 두려워하고 있다. 일본인 납치 문제를 해결해야 할 돌파구를 마련해야만 한다.

일본의 경제 보복에 대한 해법은 첫째, 기존의 틀에서 벗어나 새로운 관점에서 묘안을 모색해야 한다는 것이다. 정치는 정치, 경제는 경제로 해결한다는 것은 일본이 거절하기 때문에 방법이 될 수 없다. 양국 정상이 만나 직접 풀어야 한다는 방안도 현실성이 떨어진다. 아베 총리가 바라보는 한국에 대한 생각은 바뀌지 않는다. 부품 소재 국산화와 다변화는 시간이 너무 오래 걸린다. '일본 참의원 선거가 끝나면 완화되겠지'라는 막연한 생각은 위험하다. 아베 총리는 선거에서 승리하면 일본을 계속 이끈다.

둘째, 미국을 지렛대로 이용하자. 패전국 일본은 승자인 미국에 한없이 약하다. 오죽하면 시라이 사토시 교토 세이카대 교수가 저서 '속국민주주의론'에서 일본이 미국의 속국이라는 속국론을 펼쳤을까. 현재 세계 경제는 글로벌 가치사슬로 묶여 있다. 미국이 핵심 설계 기술을 제공하고, 일본은 핵심 부품 소재를 공급하며, 한국이 중간 제품을 만들면 중국이 조립해 완제품을 생산한다.

일본이 한국에 반도체 제조 관련 부품을 공급하지 않는다면 미국의 애플, 중국의 화웨이, 일본의 소니도 피해를 본다. 미국은 한·일 관계가 악화하는 것을 우려하고 있다. 한국 내 수입 일본 자동차에 통관 기간을 늘리겠다고 발표하면 일본은 보복을 확대한다. 그러면 미국 개입이 빨라진다. 미국이 일본에 한·일 관계를 정상화하라고 하면 해결된다.

셋째, 일본 정부는 북한의 일본인 납치 문제를 해결해야만 한다. 한국 정부의 협조가 필요하다는 인식을 심어 주자. 한·일 관계가 악화하면 일본은 한반도 문제에서 패싱이 된다고 알려줘서 조바심을 유발하자.

넷째, 일본은 2020년 도쿄올림픽 성공이 최우선 목표다. 평창 동계올림픽 성공 경험과 매뉴얼이 일본으로서는 필요하다. 평창

동계올림픽 개회식 전날 바이러스 공격을 막은 한국의 노하우도 하나의 카드가 될 수 있다.

다섯째, 일본 정부가 한국산 자동차 부품에 고율의 관세를 부과하는 등 추가 보복 조치에 대비하자. 화이트리스트에서 제외돼 피해가 예상되는 제품 리스트를 작성, 대책을 마련하자.

마지막으로, 정부는 관련 부처별로 대응 전략을 마련해 기업이 피해가 없도록 하자. 국회는 한·일 의원 교류를 통해 도움을 주자. 기업은 수입 다변화와 함께 미·중에 부당성을 설명해 일본을 우회 압박하는 환경을 조성하자. 5G 시대에도 일본은 여전히 가깝고도 먼 나라다.

(전자신문. 2019.07.08.)

4) 일본의 경제 보복 어떻게 대응할 것인가

10일 일본 정부는 한국이 세계무역기구(WTO) 회의에서 수출 규제에 대한 조치의 부당함을 지적한 것에 대해 "세계무역기구(WTO) 위반이라는 지적은 전혀 맞지 않으며 철회는 생각하지 않고 있다."라고 재차 주장했다.

경제 보복에 대한 낙관론과 비관론을 떠나 이번 사태가 한국 경제에 악영향을 끼친다는 것은 엄연한 사실이다. 모건스탠리는 일본의 반도체 소재 수출 규제가 한국 업체들의 생산성에 영향을 미쳐 올해 한국 경제성장률 전망치를 2.2%(5월)보다 0.4% 낮춰 1.8%로 발표했다.

일본의 경제 보복에 대한 해법은 첫째, 한국과 일본은 달라도 너무 다르다는 것을 이해하자. 역사에 대한 인식차도 크다. 국민성, 관습, 매너, 비즈니스, 외교 협상 방법 등 다방면에서 다르다. '검토하겠다'라고 하면 일본인들은 거절의 의미다. 반면 한국인들은 긍정적으로 생각한다. 일본 정부가 '설명하겠다'라고 하는 것은 '설명만 하는 것이지 협상은 없다'는 뜻이다. 12일 실무자 설명을 듣고 일본 논리가 부당하다는 것을 증명하자. 일본과 협상할 때 한국적 사고로는 해결할 수 없다. 한국과 일본 사고(思考)의 소프트웨어는 정반대다. 역지사지(易地思之) 자세와 혁신적인 방법으로 대처해야 한다.

둘째, 현실을 직시하고 정면 대결은 피하며 시간을 끌자. 경제 대국 일본이 경제 보복을 한다면 우리나라는 뾰족한 해법은 없다. 일본은 침략 전쟁 경험이 있는 전범국가다. 1894년 청일전쟁, 1904년 러일전쟁에서 승리하고 1931년 만주 침략, 1941년 진주만을 기습했다. 치밀한 기획력과 적의 급소를 정밀 타격할 능력이 있다. 일본의 보복에 맞서지 말고 물밑 협상을 통해 시간을 최대한 끌자. 일본은 준비된 시나리오에 따라 보복 카드(전략물자 관리 리스트 1,100개)를 갖고 있다. 아베 총리는 2차 보복 타이밍을 재고 있다. 일단 우리가 할 수 있는 성의를 보이자. 15일 강제 징용 피해자 측 미쓰비시 자산 현금화 신청과 18일 일본이 제시한 중재위 설치 제안 답변 데드라인 이전에 물밑 협상을 통해 제재를 늦춰야 한다. 21일 참의원 선거 결과에 따라 8월 1~3일 한·일 외교 장관이 참가하는 아세안지역안보포럼(ARF) 기간까지라도 기업이 대처 방안을 마련할 수 있도록 시간을 벌어야 한다.

셋째, 일본의 경제 보복 판을 뒤집고 새로운 판을 짜자. 아베 총리가 만든 경제 보복 판에서는 승산은 없다. 참신한 역발상으로 새 판을 제시하자. 새 판은 한류와 스포츠, 문화 등 다양하다. 경제 보복 판에 대응하면 일본의 노림수에 걸려든다. 어쩌면 무대응이 상책이 될 수 있다.

넷째, 미국을 설득하는 데 집중하자. 이번 일본의 경제 보복은 미국과 교감을 했다고 한다. 일본의 워싱턴 싱크 탱크와 로비스트의 영향력은 막강하다. 일본이 미국 공공외교 투자 예산은 1,000억 원이다. 미국 국무부 동아시아·태평양 담당 차관보가 17일 방한해 한미동맹 강화와 인도·태평양 지역에서 한·미 협력을 증진하는 방안을 논의할 예정이다. 공군 출신이며 한국어가 유창한 데이비드 스틸웰 차관보를 설득할 수 있는 카드를 마련해야 한다.

다섯째, 일본을 잘 알고 비즈니스 경험이 풍부하며 외교 경험이 있는 원로들의 지혜를 빌리자. 고구려 때 고려장이 성행했다. 수나라가 조공을 바치라고 압박하면서 문제 3개를 냈다. 똑같은 말 두 필 중 새끼를 맞춰라, 네모난 나무토막의 위와 아래를 가려내라, 재(灰)로 새끼 한 다발을 꼬아 받쳐라. 당시 원로의 지혜를 빌려 문제를 해결해 위기를 벗어났다.

여섯째, 혼네(속마음) 다테마에(겉마음) 전략을 구사하자. 아베 총리는 지난 4일 참의원 선거 공고일(다테마에), 손정의 회장의 방한일(혼네, AI 대국 제안)에 맞춰 경제 규제를 시행했다. 아베의 혼네는 '신명치유신(新明治維新)'을 꿈꾸고 있다. 일본이 강국으로 아시아의 맹주라는 것을 알려주려 한다. 산업화는 일본이 한국에 앞섰다. 하지만 한국이 IT 강국에서 AI 강국, 5G 강국으로 도약하지 못하게 저지하려 한다. 우리도 겉마음은 물밑 협상으로 임하고, 속마음은 손정의 회장의 제안대로 AI 강국에 올인해야 한다.

일곱 번째, 기업을 정치에 끌어들이지 말자. 기업은 급변하는 세계 조류에 맞춰 나가고 있다. 이번 위기도 잘 헤쳐나갈 것이다. 위기를 기회로 만드는 유전자도 있다. 기업이 마음 놓고 경영할 수 있도록 간섭하지 말자. 일본 상사맨들은 베트남전쟁 미국 개입과 이란의 팔레비 왕정 붕괴 조짐 및 걸프전 발발 정보를 유수의 정보기관보다 먼저 입수했다. 정보가 국력이다. 기업 총수가 소재 물량 확보를 위해 해외에서 동분서주(東奔西走)한다는 것은 글로벌 기업이 될 수 없다. 현지에서는 이번 제재를 몇 개월 전에 이미 감지했다. 기업도 이번 기회에 위기 관리 시스템 정비와 경영의 고삐를 바싹 조이기를 바란다. 25년 전 삼성 이건희 회장이 부품 소재 국산화를 외쳤지만, 현재도 일본에 의존하고 있다는 사실을 명심하자.

여덟 번째, 대일 막대한 무역적자를 카드로 활용하자. 7일 한국무역협회와 관세청 수출입 통계에 따르면 우리나라는 1965년 국교 정상화 이후 2018년까지 대일 무역수지 적자가 약 708조 원에 달하고 있다. 54년 동안 단 한 번도 대일 흑자를 기록하지 못했다. 일본은 1965년 무상 3억 달러를 주고 지금까지 2,000배가 넘는 6,046억 달러 무역수지 흑자를 기록했다.

아홉 번째, 나무를 보지 말고 숲을 보자. 일본이 던진 문제를 풀기 위해 경제부총리, 정책실장, 기업 총수께서 숨 쉴 여유도 없이 뛰고 있다. 그러면 소는 누가 키우나. 소를 키워야 내년에 논도 갈고 씨도 뿌린다. 4차 산업혁명 시대 첨단 산업 육성으로 일자리를 창출해 한국 경제를 재도약해야 한다. 현안에 매달리면 미래가 없다. 공정경제, 혁신성장, 포용국가 실현을 위해 할 일이 많은데 일본이 던져준 문제에 매달려서야 되겠는가. 민간 전문가를 활용해 일본 경제 보복과 미·중 무역전쟁의 파고를 넘어 'AI 강국' 프로젝트를 추진하자. 큰 그림을 그리자. 중국은 '2030년 AI 대국', '2049년 과학굴기'를 목표로 하고 있다.

마지막으로, 일본 경제 보복에 대응하기 위해 정부가 할 수 있는 모든 조치를 강구하자. 특히 국내외 여론몰이는 필수다. 일본 정치인은 잊을 만하면 망언을 한다. 정부가 할 말을 우회적으로 대변하는 것이다. 동일한 방법으로 일본에 대해 개인 또는 시민단체가 강경 발언으로 판을 키워 미국 중재를 이끌어내야 한다. 유튜브와 SNS 공모를 통해 일본 경제 보복이 자유무역주의에 위반된다고 해외에 적극 홍보하자. 일본이 한국에 수출한 불화수소가 북한으로 유입되었다는 의혹을 수출 금지 사유로 삼고 있으므로 이에 대한 적극적인 반론과 수입사들이 장부에 의하여 증거를 밝혀 일본의 횡포를 전 세계에 알리자.

국민도 정부에 힘을 실어주자. 국익을 최우선으로 전략을 수립해 위기를 극복하자. 전투에서는 지더라도 전쟁에서 승리해야 한다. AI 시대에도 일본은 여전히 '가깝고도 먼 나라'다.

(내외통신. 2019.07.11.)

3. 경제 보복 해법

1) 한·일 관계 지금이 골든 타임

아베 신조(安倍晋三) 총리 사임으로 일본 자민당 총재 선거의 막이 올랐다. 스가 요시히데(菅義偉·71) 관방장관 (내각의 2인자) 외에 기시다 후미오(岸田文雄·63) 자민당 정무조사회장(정책책임자), 이시바 시게루(石破茂·63) 전 자민당 간사장(자민당의 2인자)이 각각 지지 의원 20명의 추천을 받아 후보 등록을 마쳤다.

이번 선거는 오는 14일 중·참의원 양원 총회에서 양원 의장을 제외한 자민당 소속 국회의원(394명)과 전국 47개 도도부현(都道府縣·광역자치단체) 지부연합회(지구당) 대표 당원들(47×3=141명)이 한 표씩 행사하는 방식으로 치러진다. 전체 535표 중 과반인 268표 이상을 얻으면 당선된다.

이미 차기 총리는 정해졌다. 일본 정치는 파벌(派閥)을 기반으로 한다. 자민당(자유민주당) 내 파벌은 아베 총리가 보스인 호소다파(細田·98명), 아소파(麻生·54명), 다케시타파(竹下·54명), 니카이파(二階·47명), 이시하라파 (石原·11명) 등이다.

7대 파벌 중 5개 파벌(264명)과 무파벌(64명) 의원의 70%가 넘는 46명도 스가 후보 지지를 표명했다. 반면에 기시다 후보는 자파 소속 의원 47명과 무파벌 의원 5명 등 52명의 지지를 받고 있다. 아베와 대립각을 세우며 라이벌이던 이시바는 자파 소속 의원 19명 외에 다케시타파인 미하라 아사히코(三原朝彦) 의원, 무파벌 4명 등 24명이 지지를 받고 있다.

스가 관방장관이 차기 총리로 유력하다. 14일 투·개표를 통해 16일 임시국회에서 총리로 지명선출 된다. 스가는 최근 여론조사에서도 46%로 1등을 달리고 있다. 스가는 어떤 정치인인가. 아키타(秋田) 현 딸기 농가 출신으로 호세이대(法政大) 야간 법학부를 졸업했다. 1996년 46세로 중의원에 당선된 후 2002년 대북제재법안 발의로 아베와 인연을 맺었다. 아베 1차 내각에서 총리대신, 2차 내각의 최장수 관방장관으로 아베 총리와 정치적 운명을 함께하고 있다.

스가는 후광과 파벌, 학벌이 없는 3무(無) 흙수저 출신으로 일본에서 보기 드문 자수성가한 정치인이다. 출마 선언에서 아베 정치의 충실한 계승을 다짐하고 아베에 대한 충성을 맹세하며 아베 정책을 계승하겠다고 선언했다. 포스트 아베가 아니라 제2의 아베, 리틀 아베, 아베의 복심으로 불리는 이유다. 2019년 새 연호 레이와(令和)를 발표해 '레이와 오지상(레이와 아저씨)'으로 대중적 인기를 얻었다.

2014년 안중근 의사가 이토 히로부미를 살해한 테러리스트 범죄자라고 규정했으며 강제 징용 문제는 직접 나서 보복 조치를 예고하는 등 한국에 대해선 강경한 입장을 고수해 왔다. 특히 본인이 만들어낸 위안부 합의 번복에 실망하고 분노했다고 전한다.

외교 정책으로는 미일 동맹을 축으로 중국과 안정적 관계 구축에 중점을 두고 있다. 한국에 대한 언급은 없다. 일본 헌법 9조 1,2항을 개정해 자위대를 합법화하고 일본을 전쟁 가능 국가로 만들겠다는 의지가 강하다. 압도적 지지로 당선되면 총리 취임 후 중의원 해산으로 조기 총선에 돌입할 가능성이 크다. 중의원 해산 카드는 총리가 리더십을 강화하는 계기로 활용되어 왔기 때문이다.

스가 관방장관은 한·일 관계의 기본은 한일청구권협정(1965년)에 있다는 것으로 아베 입장을 되풀이하고 있다. 강제 징용 배상 판결 문제는 한국이 국제법 위반이라며 한국 정부가 청구권협정 취지에 부합하는 대책을 주도적으로 내놓으라고 주장한다. 반도체 소·부·장 수출 규제의 책임은 한국에 있으며 아베 총리가 추진했던 '적 기지 공격 능력 보유'에 대해 당과 확실히 협력하겠다며 계승 의지를 밝혔다. 또한 일본제철 한국 내 자산 현금화 시 정밀하고 강력한 타격을 하겠다고 공헌했다. 소·부·장 산업의 2차 보복은 국산화에 대한 특허 소송에 있을 것으로 예측한다.

차기 총리에 스가 관방장관이 되더라도 반한 기류는 여전하며 한·일 관계 개선은 녹록지 않은 상황이다. 그렇다면 한·일 관계를 어떻게 진전시키고 개선해 나가야 할까.

첫째, 정치는 정치로 외교 문제는 외교로 풀어야 한다. 스가 정권이 출범해도 한·일 관계 화해 무드 전환 가능성은 희박하다. 일본 정치인들은 한국 정부에 대한 피로감과 반한 감정이 팽배해 있다. 사법부 판단은 국내에서 해결하고 외교 교섭 기술력을 발휘, 해결해 나가야 한다.

둘째, 한·일 관계 회복과 도약을 위한 첫걸음은 신뢰 회복에 있다. 민간이 나서야 한다. 경제인 교류가 민간 협력으로 진전돼 정치 협력으로 발전되는 역발상이 필요하다. 한국의 IT 기술, K-방역과 일본의 소·부·장 산업이 협력하고 교류해 나가는 시스템을 만들 필요가 있다.

셋째, 한·일 관계 정상화를 위해서는 중장기적 발전 방향을 모색해야 한다. 독일과 프랑스는 역사 화합을 넘어 EU로 통합됐다. 그 근간에는 1963년 독일·프랑스 엘리제협정이 있다. 한·일 양국도 새로운 시대의 포괄적 교류 협정 체결을 모색해야 한다.

넷째, 과거의 역사 관점에서 벗어나 중국의 위협에 공동 대응하는 동북아 평화 협력적 관계를 구축해야 한다. 미·중 갈등에 대비하고 미국과 3국 공동 안보 협력 체계를 공고히 해나가야 한다. 일본 독자적으로 중국의 군사 위협을 견제할 능력은 벅차다. 전략적 균형이 중국 패권을 막고 우리에게 유리한 입지와 운신의 공간을 확보해 준다. 최후 균형자로서 미국에만 한반도의 운명을 맡길 수는 없다. 양국이 협력해 나가 미·중 횡포에 공동 대처해 나가야 한다.

다섯째, 외교 교섭 능력을 키워야 한다. 우리나라는 외교 정책은 많은데 외교 교섭은 찾아보기 힘들다. 명분과 확고한 목표로서 외교 정책은 많지만, 이것을 실현하거나 포장할 교섭 역량은 빈약하다. 겉으로 드러나는 공동 성명 같은 하드웨어로서 외교는 있지만, 구체적으로 실현해 주고 보다 큰 성과를 내는 소프트웨어의 세심한 외교 교섭은 부족하다. 하드웨어라는 껍데기는 있지만, 외교관을 통해 사전 물밑 교섭 통해 이뤄지는 소프트 교섭은 결여돼 있다. 일본과 외교 문제를 해결하려면 반드시 사전 교섭(네마와시; 根回し, ねまわし)이 필요하다.

여섯째, 한·일 양국 외교 파국은 막아야 한다. 미·중 대립이 기술 패권 경쟁으로 격화되고 있다. 기술이나 수출 시장 부문에서 디커플링(분리) 선택을 강요받게 된다. 미국이 중국 화웨이에 반도체 공급을 막음으로써 삼성과 SK도 15일부터 미국 승인 없이는 판매하지 못한다. 삼성은 약 7조 3,000억 원, SK는 약 3조 원의 매출 감소로 이어진다.

일곱째, 바람직한 한·일 관계는 중국과 일본과 같은 상호 의존 관계로 발전시켜 나가야 한다. 명분만 앞세운 외교 정책은 서로를 비난해 상호 피해만 입힌다. 역사와 영토, 군사적 문제에 대한 갈등은 별개로 경제와 산업 협력의 외교 교섭은 화해 무드로 나가야 한다.

마지막으로, 11월 한·중·일 정상회담이 서울에서 개최된다면 스가 총리와 미래지향적 관계를 모색해야 한다. 한·일은 기본적인 목표와 이익을 공유하는 선진 미들 파워다. 미·중 대립이 격화되면 이 틈에 있는 양국은 외교 전략을 공유해야 한다. 역사와 정상 간 리더십이 대립돼도 이를 최소한 상호 억제해야 한다. 일본은 한국이 끼는 3국 정상회담에는 별로 관심이 없다. 서로의 체면을 지켜준다는 의미로서 인사치레로 만날 뿐이다. 과거에도 외교적 수사로 포장돼 별 성과 없이 끝났다. 하지만 이번 회담은 달라야 한다. 지금부터라도 일본과 물밑 교섭을 통해 실질 협력을 이끌어내야 한다. 일본과의 잃어버린 4년의 지속이냐 아니면 새로운 협력 관계 구축이냐 그것이 문제다.

(경기매일. 2020.09.09.)

2) 일본 2차 경제 보복 해법은 AI 강국

일본이 한국을 화이트리스트에서 제외하는 2차 경제 보복을 감행했다. 정부가 일본 경제 보복에 맞서 100대 핵심 전략 품목을 1~5년 내 국내에서 공급하는 방안을 적극 추진하기로 했다. 이를 위해 가능한 정책 카드를 모두 동원하고 총 45조 원에 이르는 예산·금융을 투입한다. 하지만 한국이 부품소재 국산화에 5년이라는 시간을 투자할 때 일본과 중국은 제자리에 있는지 묻고 싶다.

4차 산업혁명 시대는 세계가 빠르게 변한다. 5년 후면 중국은 '중국제조2025'가 마무리되고 'AI 강국'이 된다. 일본은 로봇 강국과 첨단 소재·부품 강국이 된다. 한국은 일본에 이어 중국의 가마우지 경제가 될지도 모른다. 45조 원을 부품·소재산업 국산화가 아니라 5G와 AI(인공지능) 산업에 투자해야 한국 경제 미래가 있다. 한국의 미래 먹거리는 고용 창출 없는 대기업 위주의 장치 조립 제조업이 아니라 4차 산업혁명 최첨단 산업이다. 이번 일본 경제 침략에 대응하는 주무 부처는 과학기술정보통신부가 앞장서고 중소벤처기업부 및 산업통상자원부와 협력 체계를 구축해 극복해야 한다.

일본 2차 경제 보복에 대한 해법을 4차 산업혁명 산업 육성이라는 관점에서 제시한다. 첫째, 한국 산업 구조를 제조업 위주에서 4차 산업혁명 산업으로 탈바꿈해야 한다. 일본의 부품·소재 첨단 기술을 따라가려면 절대적 시간이 필요하다. 소재·부품 산업은 정부가 예산을 투입한다고 국산화가 되는 것은 아니다. 희토류 원료를 가공해 제품을 만드는 기술이 없는 한국은 일부 핵심 부품 국산화는 불가능하다. 설령 국산화에 성공한들 고품질의 문턱을 넘어야 한다. 국산화에 성공한 중소기업은 대기업의 하청 업체로 판로가 한정되어 글로벌 경쟁력이 떨어진다. 세계 경제는 글로벌 서플라이 체인(공급망)으로 얽혀있다. 값싸고 성능 좋은 부품을 공급받아 제품을 생산해야 국제 경쟁력이 있다. 소재·부품 국산화만이 해결책은 아니다. 원천 기술을 구매하든지 소재 부품 회사와 M&A(기업 인수·합병)하는 방안이 있겠지만 현실성이 없다. 국내 상위 10대 대기업의 매출액은 GDP의 40%가 넘는다. 일본은 24% 정도다. 최근 한국 경제는 대기업에 대한 쏠림 현상이 심화하고 있다. 이번 기회에 대기업 위주의 제조업 산업 구조에서 탈피하고 4차 산업혁명의 첨단산업을 집중 육성하는 계기로 삼아야 한다.

둘째, 일본을 한국의 가마우지 경제로 만들어야 한다. 현재 우리 산업은 일본의 가마우지 경제에 속한다. 한국 IT 주력 산업의 완성품 수출을 더 많이 하면 할수록 일본으로부터 더 많은 소재와 부품을 수입해야 한다. 수익의 일정 부분이 일본에 돌아가는 산업 구조적 문제를 안고 있다. 1965년 한·일 국교 정상화 이후 일본과의 무역에서 흑자를 낸 적이 없다. 누적 적자는 6,046억 달러(735조 원)에 달한다. 소재·부품 국산화까지 일본의 가마우지 경제를 벗어나지 못한다. 한국은 일본보다 산업화에서 한참 뒤졌지만, 한강의 기적을 발판으로 IT 강국으로 우뚝 선 경험이 있다. 세계 최초로 5G 상용화 서비스도 개시했다. 일본보다 강점인 IT 산업과 4차 산업을 집중 육성해야 한다. 5G, AI 강국 도약만이 일본을 한국의 가마우지 경제에 둘 수 있다. 정부 예산을 5G와 AI 산업에 집중해야 한다. 김대중 대통령은 IMF 경제 위기 극복을 위한 방안으로 인터넷고속도로에 집중 투자해 오늘날 IT 강국이 됐다. 현 정부도 5G와 AI 고속도로에 집중 투자해 일본보다 앞서 나가야 한다. 가마우지 경제 탈피를 선언하면서 오히려 가마우지 경제 체제를 강화하는 정책을 추진해서는 곤란하다.

셋째, 일본을 따라잡겠다는 외침만으로는 불가능하다. 역대 정부는 부품·소재 육성 정책을 수없이 대책을 세웠지만 말 잔치에 그쳤다. 5일 발표한 정책은 지난해 말 산업통상자원부의 대통령 업무보고와 6월 말 '제조업 르네상스 비전 및 전략'의 연장선이다. 발상의 전환이 없이는 새로운 정책은 나올 수 없다. '재탕·삼탕' 식의 정책 발표보다는 기업 현장의 상황에 맞는 맞춤형 정책과 전략적 접근이 절실하다. 한국은 정권이 바뀌면 정책의 연속성이 없어 공염불이 된다. 하지만 일본은 산업 정책을 10년 단위로 수립하고 산(産)·학(學)·관(官)이 협력 체계를 구축해 추진한다. 각 부처는 육성 정책만 발표하지 말고 품목별 세부적인 R&D 마스터 플랜을 2020년에 맞춰 수립하고 실행해야 한다. 이제는 전략 발표는 그만하고 성과를 내야 한다.

넷째, 아베 총리의 최측근 3인방이 경제 보복을 주도하고 있다. 반면 우리는 당·정·청이 전면에 나섰다. 앞으로는 관계 부처 중심으로 차분하게 대응해야 한다. 정부가 일본 경제 보복에 대응해 설치한 태스크 포스(TF) 및 상황반을 잘 활용해야 한다. 정치권은 감정적 대응을 자제하고 한·일 양국이 윈윈하는 외교적 타협을 할 수 있도록 환경을 조성해야 한다.

마지막으로, 일본이 던져준 숙제만 하지 말고 미래 먹거리를 찾아야 한다. 정부의 주도로 5G와 AI 일거리 대형 프로젝트를 발주해 양질의 일자리를 창출해야 한다. 5G와 AI 강국 도약만이 일본 경제 침략을 극복하고 한국 경제가 살길이다.

(내외통신. 2019.08.06.)

3) 일본 경제 침략에 대한 협상 전략

일본이 점입가경이다. 지난 4일 우리나라에 대한 수출 규제 조치를 취한 데 이어 8월 2일에는 한국을 화이트리스트(수출 우대 국가) 명단에서 제외할 것이라고 한다. 화이트리스트에서 제외되면 1,115개 전략물자 품목의 수입이 어려워진다. 수출 산업도 타격을 받게 된다. 일본의 막무가내식 조치를 잘 이겨내야만 주력 산업에 미치는 영향을 최소화할 수 있다.

일본의 경제 침략에 대한 협상 전략은 철저히 이기는 전략이어야 한다. 이를 위해선 첫째, 기간 내에 협상해야 한다. 나가미네 야스마사 주한 일본대사는 "10월 22일 일본 나루히토(德仁) 일왕의 즉위식 전까지 양국 간 갈등 국면을 매듭지어야 한다."고 밝혔다. 협상할 시간이 많지 않다. 8월은 일본의 추석 연휴(오봉 야스미, お盆休み) 9일간, 9월은 한국의 추석 연휴다. 남아 있는 협상 시간은 8주에 불과하다.

둘째, 협상은 물밑 협상과 공개 협상 즉, 투트랙으로 해야 한다. 협상은 일본 방식인 네마와시(根回し, 나무를 옮겨심기 전 준비 작업)에 맞게 해야 한다. 일본은 협상할 때 실무자 간 물밑 접촉을 통해 의제에 대한 사전 조율과 물밑 작업을 한다. 일본 정부가 정부 차원에서 응하지 않는다면 민간 전문가를 통해 아베 총리의 최측근인 아소다로 부총리와 스가 관방장관, 이마이 총리비서관

과 물밑 협상을 해야 한다. 막후 협상이 되면 정부가 특사를 파견해 공개 협상을 통해 타결하면 된다. 일본 정부는 강제 징용 배상 판결에 대한 한국 정부의 입장 변화가 없으면 향후 정상회담에 응하지 않겠다는 입장이므로 양국 간 정상회담 카드는 남겨 둬야 한다.

셋째, 일본의 혼네(속마음)를 꿰뚫어 파악해야 한다. 과거의 한·일 갈등과 이번은 다르다. 전후 지켜왔던 정경분리 원칙을 깼다. 미국은 한·일 분쟁 조정에 머뭇거리고 있다. 한국이 불리한 상황이다. 아베 총리는 과거사 문제 해결은 물론 한국 경제에 '잃어버린 20년' 피해를 준다는 전략이다. 궁극적으로 한국 경제를 망가뜨려 내년 총선과 정권 교체까지 겨냥하고 있다는 분석도 나온다.

넷째, 안보에 대한 일본의 논리를 뒤집어야 한다. 아베 신조 총리는 일본이 미국의 인도·태평양 전략의 핵심축으로서 동북아 패권을 잡겠다는 야망이 있다. 하지만 일본의 경제 침략으로 중·러는 공군 연합 훈련을 했다. 북·중·러 3국 공조만 단단해졌다. 역설적으로 일본 경제 보복으로 한·미 군사동맹과 한·일 군사협력은 느슨해지고 있다. 일본 경제 보복이 장기화하면 중·러·북은 더욱 밀착되고 미국이 원하는 북한의 비핵화는 어려워진다. 중·러는 한반도에서 미군 철수를 위해 북한의 체제와 안전보장에 같은 목소리를 내고 있다. 중국의 '일대일로(一帶一路)'에 맞서는 미국의 인도·태평양 전략에서 한국이 지정학적으로 가장 중요하다. 일본 경제 보복의 최대 수혜국은 중국, 러시아와 북한이다.

다섯째, 경제에 대한 일본의 논리를 뒤집어야 한다. 업계에 따르면 일본의 수출 규제가 한국 반도체 산업을 견제하기 위한 목적으로 미국도 동의했다고 한다. 일본 경제 보복으로 한국의 반도체 산업이 어려워지면 중국이 반사이익을 얻는다. 현재 중국 반도체 자급률은 10%다. 2020년에는 40%, 2025년까지는 75%로 끌어 올리는 '반도체 굴기'를 목표로 하고 있다. 중국은 2025년까지 1조 위안(172조 원)을 투자한다. 지난 40년간 일본이 반도체 산업에 투자한 돈보다 중국은 지난해 더 많이 투자했다. 미국은 중국이 반도체 굴기가 되는 것을 가만 놔둘 리 없다. 일본 경제 보복으로 중국 반도체 산업이 반사이익을 얻는 것을 미국도 바라지 않는다.

여섯째, 일본 경제 보복으로 중국만 이득을 본다는 점을 부각해야 한다. 한·미·일 동맹은 중국의 태평양 진출을 억제하고 있다. 미국과 무역전쟁 중인 중국은 한·일 갈등으로 인해 최대 반사이익을 얻게 된다. 중국의 입장에선 한·일 갈등이 중국에 도움이 되는 산업을 일으킬 절호의 기회라고 생각한다. 일본이든 한국이든 도움만 된다면 협력한다는 흑묘백묘(黑猫白猫·흰 고양이든 검은 고양이든 쥐만 잘 잡으면 된다) 전략이다. 한·일 간 갈등이 '중국제조2025'에 도움을 준다. 미·중 무역전쟁의 본질은 '중국제조2025' 견제에 있다.

일곱 번째, 정부 조직을 컨티전시 플랜(contigency plan·비상계획)으로 운용해야 한다. 정부 관료는 안정된 상황에서는 일도 잘하고 우수하다. 하지만 위기 상황에서는 시장 적응력이 다소 떨어진다. 일본 민간 전문가의 도움을 받아 협상에 임해야 한다.

여덟 번째, 일본과 협상은 철두철미(徹頭徹尾)하게 준비를 해야 한다. 일본은 강자인 미국과 통상협상을 해본 경험이 풍부하다. 1971년 10월 다나카의 양보에 기초해 미국과 '직물수출제한

협정'을 맺는 데 성공했다. 1981년 미·일자동차협상도 참고해야 할 모델이다. 일본 정치가들은 기발한 협상 전략과 협상술에 능하다. 두 협상의 결과를 보면 경제는 일본이 마이너스이고 미국은 플러스였지만 안보는 일본이 플러스이며 미국은 마이너스였다. 결국 승자도 패자도 없는 무승부였다. 한국의 협상 전략은 지지 않는 결과를 만들어 내는 것이 핵심이다.

아홉 번째, 국민들도 정부에 힘을 실어주어야 한다. 국민과 정부, 정치·경제계가 혼연일체(渾然一體) 돼 위기를 극복해야 한다. 지금은 내부에서 총질을 할 때가 아니다. 국민적 갈등과 분열을 증폭시켜서는 안 된다. 대한민국은 '원팀'이어야 한다. 강자 일본을 상대로 전열을 정비하고 한 목소리를 내면서 국익 최우선의 협상과 타협을 위한 설득력 있는 카드를 준비해야 한다.

마지막으로, 경제 보복의 범위가 산업에서 금융으로 확산될 가능성에 대비해 통합적 시야로 양국이 윈윈(win-win)하는 협상을 해야 한다. 한·일의 궁극적인 목적은 한·미·일 동맹 강화로 북한 비핵화를 실현해 국가 안보 유지와 경제 성장이다. 과거 지향적이 아닌, 미래지향적 관점에서 공존공생(共存共生)하는 대일 관계를 구축하는 협상을 해야 한다. 역사를 돌이켜 보면 한국은 1960년대 한강의 기적을 발판으로 'IT 강국'으로 우뚝 선 경험이 있다. 1997년 외환위기와 2008년 리먼 사태도 극복했다. 2019년 일본 경제 침략도 헤쳐나갈 수 있다. 한민족은 위기 때마다 국민이 하나가 되어 슬기롭게 극복한 유전자가 있다.

(한국경제. 2019.07.30.)

4) 일본 경제 보복, 멀어져 가는 'AI 강국' 꿈

손정의 소프트뱅크 회장은 외환위기 시절 1998년 김대중 대통령 당선인이 한국의 경제 위기를 극복할 해결책을 묻자 "원, 투, 쓰리도 브로드밴드(초고속인터넷)"라고 제시했다. 당시 김 대통령은 이 해법을 받아들여 전국에 초고속인터넷망을 구축해 오늘날 'IT 강국'이 됐다.

지난 4일 손 회장은 문재인 대통령을 만나서 "첫째, 둘째, 셋째도 AI(인공지능)다. 한국이 AI에 올인해야 한다."고 조언했다. 미·중 무역전쟁과 일본의 경제 보복 틈바구니에서 한국 경제를 재도약하는 묘안으로 AI를 제시했다. 이날은 일본 수출 규제가 개시된 날이다.

일본의 경제 보복으로 한국 주력 수출 산업에 타격이 우려되고 있다. 아베 총리의 '다테마에(겉마음)'는 징용 배상 및 위안부 문제 해결이다. 하지만 '혼네(속마음)'는 한국 경제에 '잃어버린 20년' 피해를 입힌다는 전략이다. 궁극적으로 한국 경제를 망가뜨려 내년 총선과 정권 교체까지 겨냥하고 있다.

일본 기업은 20년 전만 해도 가전과 반도체, 디스플레이 산업에서 세계 시장을 주도했다. 일본은 삼성에게 반도체 글로벌 패권을 빼앗긴 것에 대한 보복으로 급소를 찌른 것이다. 정부가 부품 소재 육성에 나선다고 하지만 절대적 시간이 필요하다. 한국이 수출 규제 품목 육성에 집중할 때 AI 산업 분야에서 일본 기업이 앞서갈 수 있도록 시간을 벌어주려는 속셈이다.

문재인 대통령은 2030년까지 국민소득 4만 달러와 제조업 4대 강국을 한다는 344 비전을 제시했다. 과학기술정보통신부 유영민 장관은 5G 플러스 전략을 통해 '5G 강국' 도약과 2022년까지 '세계 4대 AI 강국'이 된다는 목표를 발표했다.

일본은 한국이 '5G 강국'에 이어 'AI 강국'으로 도약하는 것을 가만 놔둘 리 없다. 산업화에 앞섰던 일본은 부품 소재의 시장 독점력으로 한국 수출 주력 산업을 쥐락펴락할 영향력이 있다. 일본은 4차 산업혁명 시대의 핵심 기술인 5G와 AI 산업에서 한국보다 앞서 나가려 한다.

일본 경제 보복 위기를 극복하고 'AI 강국'으로 도약하기 위해서는 첫째, 전략은 그만 발표하고 성과를 내는 정부 조직으로 변화하자. 전략 발표 중심 정부에서 성과 중심 정부로 전환하자. 부처별 칸막이를 뛰어넘어 모든 정부 조직이 공동의 AI 플랫폼을 활용해 원팀으로 일하는 환경을 만들자.

둘째, 각 부처에서 발표한 일자리 창출 전략 추진 상황을 점검하고 확인하자. 청와대 일자리 상황판에 5G 플러스, '4대 AI 강국', 제조업 르네상스 프로젝트 추진 상황을 매주 업데이트하자. 월말, 분기별로 실적을 평가하자. 역대 정부가 수많은 일자리 창출 전략을 발표했지만 성공하지 못한 이유를 반면교사로 삼자.

셋째, AI 정부 프로젝트에 예산을 집중 배정하자. 과거 정부는 IT 시대에 전자정부를 구현해 수출한 경험이 있다. AI 정부를 만들어 수출하자. 올해 안에 국방·의료·안전 등 공공 분야의 대형 AI 프로젝트를 발주하여 양질의 일자리를 창출하자. 정부가 앞장서 AI 일거리 창출 환경을 조성하고 손정의 회장의 비전펀드가 투자되면 AI 벤처 붐이 일어난다.

넷째, 현재 미국과 중국, 일본은 AI 분야에서 2~3년 앞서 나가고 있다. 국내 AI 산업 육성 전략보다는 한 번에 따라잡는 혁신적 방법을 구사하자. 손정의 회장이 구상하는 세계 1등 AI 기업에 투자 및 협력할 수 있는 체제를 만들자. 손정의 회장을 대한민국 'AI 멘토'로 모시고 'AI 강국' 프로젝트 진행 상황에 대해 자문받자.

마지막으로, IT와 5G의 융합을 통해 AI 산업을 발전시켜 양질의 일자리를 창출하자. 'AI 강국' 도약만이 한국 경제가 살길이다. 올여름 더위와 일자리 스트레스를 한 번에 날려줄 AI 일자리 태풍이 불기를 기대한다. 일본이 가리키는 손가락 끝을 보지 말고 손가락 끝이 가리키는 달을 보라는 견월망지(見月忘指)가 떠오른다.

(전자신문. 2019.07.23.)

4. 미·중 패권 다툼

1) 중국의 외교 전략

중국의 외교사는 국제 외교의 냉혹한 현실 그 자체다. 중국 외교의 특징은 시대 상황에 맞게 국가 이익에 맞춘 철저한 실리외교를 추구한다. 2008년 한국과 중국은 전략적 협력 동반자 관계를 맺고 있지만, 북핵 문제 등 주요 이슈에 대해서는 항상 전략적 판단이 상이하다.

중국은 방대한 국토와 인구, 역사를 가지고 있다. 경제 대국으로서의 중국, 사회주의 국가로서의 중국, 이중성을 지니고 있다. 대외 외교 정책의 목표는 평화와 안정을 통한 국제 환경 조성이며 미국의 봉쇄 정책을 저지하고 국제 영향력을 확대하는 것이다. 외교의 기본 방향은 방어외교, 저항외교, 선심외교, 공세외교를 추구한다. 중국굴기는 2049년 세계 1위 강대국을 천명하고 있으며, '중국제조2025' 달성으로 제조 강국으로 우뚝 서며, 2030년 미국을 제치고 'AI 강국'으로 도약하는 것이다.

현재 패권국 미국과 서방 선진국들의 견제 그리고 미국 우방

세력의 파상공세를 받고 있다. 중국의 전통 외교는 세계의 중심이라는 중원외교와 주변국들로부터 조공을 받던 패권외교다. 현재는 중국몽(中國夢) 실현을 위한 일대일로(一帶一路), 대국(大國)의 소임을 다한다는 대국외교, 주변국과 상호 협력하는 신(新)국제외교를 추진하고 있다.

방어외교는 중국의 지난 100년간 생존외교라 말할 수 있다. 1980년부터 경제가 급성장해 G2로 등극을 했지만, 아직 패권외교 전개는 무리다. 자기중심적 전통적 외교에서 패권국가 미국에 대한 방어외교를 펼치고 있다. 선심외교의 목표는 국익이 최우선이다. 최우선의 수단은 경제력 향상이다. 상대국에 대한 경제적 배려와 경력을 무기로 의도를 관철하기도 한다. 중국의 외교 공략은 미·중 갈등의 중간 위치 국가를 상대로 전개한다. 중국 편으로 만들기 위해 물적 지원을 하며 만약 뜻대로 움직이지 않으면 경제 제재를 가한다.

공세외교의 배경으로는 경제와 군사 강국 등극으로 자신감의 고조, 세계의 중심이라는 중화주의 사상이 바탕에 깔려 있다. 북한과의 관계는 일방적으로 북한을 옹호한다. 천안함 사건, 연평도 포격에서도 철저히 북한 편이었다. UN 안전보장이사회에서 북한 제재를 논할 때마다 북한 입장을 대변하고 있다.

미국 언론에서는 중국을 반서구적(Ani Western), 승리감(Triumphalism), 거만(Arrogant), 공세(Assertive), 공격(Aggressive)으로 평가하고 있다. 이유는 주변 국가를 도발해 분쟁을 발생시키고, 공격적 현실주의(Offensive Realism)를 추구하기 때문이다. 또한 관료 중심의 정치로 소통과 협력, 조정이 부족한 경험주의와 실사구시(實事求是)를 위주로 하기 때문이다.

외교에서 중국의 공식 입장은 평화발전외교를 표명하고 있다. 우두머리가 되지 않고(不當頭), 패권을 다투지 않으며(不爭霸), 패권국이 되지 않는다(不稱霸)고 밝히고 있다.

또 하나의 중국 외교의 특징은 도광양회(韜光養晦) 외교다. 도광양회는 덩샤오핑의 전략으로 빛을 감춘다. 때를 기다린다는 뜻을 내포하고 있다. 중국이 스스로 발전해 미국에 대항하기까지 의도적으로 몸을 낮추고 미국을 안심시킨다는 전술을 구사하고 있다. 중국 위협론이 등장하게 된 것은 빠른 경제력·군사력·과학기술 성장과 전 세계 화교들의 글로벌 네트워크가 핵심 요인이다. 주변국들도 중국을 경계하고 있다. 광활한 중국 영토와 방대한 인구에 압도되고 있으며 중국 시장을 포기할 수 없기에 중국의 눈치를 살피고 있다. 미·중 무역전쟁의 불똥이 튈까 항상 걱정하고 있다. 중국에 대해서는 동정하거나 우호적인 주변국은 별로 없다.

화평굴기(和平崛起)는 화평발전론(和平發展論)이다. 중국이 중국 위협론을 불식시키기 위해 정책 결정에 학자들의 역할을 확대했다. 기존 강대국인 미국과 일본의 중국 위협에 대응하기 위해 군사적 위협 없이 평화적으로 부상한다는 것이다. 주요 전략으로는 기존 국가 체제를 위협하지 않는 평화적 방식으로 국제 사회에서 중심적 지위를 회복해 부상한다는 것이다. 경제 성장에 따른 중국 지도부의 외교적 인식 변화의 표현으로 볼 수 있다. 다만 미국의 대응이 변수로 작용한다.

주변국에 대한 경제 제재 조치의 순서는 상대국의 반응을 예의 주시하면서 강도를 조절해 나가며 단계적으로 제재 조치를 진행한다. 가랑비에 옷 젖듯이 야금야금 전술을 구사하고 있다. 동북아시아의 안보 상황이 변화하고 있다. 중국이 부상하고 일본은 정상 국가가 되려고 한다. 미국은 재균형(Rebalancing) 전략을 구사하고 중국과 러시아는 긴밀 관계를 유지하고 있다. 또한 각국은 민족주의를 강화하고 있다. 대외 정책은 주변외교, 일대일로, 신외교 관계, 신대국 관계를 최우선으로 내세우고 있다. 추진 방향으로는 기존 국제 질서를 인정하고 정치·경제 이익을 추구하며 강력한 군사력을 내세워 기존 국제 질서에 도전한다는 것이다.

중국 외교의 또 다른 특징은 강대국과 맺은 불평등 조약을 파기한 것이다. 중국 외교는 철저하게 국제 외교 협력의 틀에서 해결하고 있다. 중국과 미국, 일본 3국의 외교적 관계는 적대국과 우호국 사이를 오락가락하는 순환적 모습을 보이고 있다. 국제 정치와 외교는 늘 복잡하게 얽혀 있어 그때그때마다 국가 이익에 초점을 맞춰 움직이고 있다.

중국의 근대 외교사는 오욕(汚辱)의 역사이며, 서강 열강들의 침략에 대항하는 시기였다. 1840년 아편전쟁(阿片戰爭) 후 중국은 봉건국가에서 근대국가로 변모하게 되었고 화이사상(華夷思想)이 붕괴하고 혁명적 동력이 혼재된 상황이었다. 19세기 중엽 이후에는 서구 열강의 조약 외교 시스템이 도입되었다. 영국, 프랑스, 러시아, 미국과 불평등 조약을 맺어 이전에 경험해 보지 못한 충격을 받았다. 지금까지 주변국으로부터 조공을 통한 이무(夷務)에서 조약을 통한 양무(洋務)로 전환하게 됐다. 고통과 우여곡절(迂餘曲折)의 시기였다.

청나라 말기의 외교 정책은 중국 분할에 맞선 외교 전략을 펼쳤다. 천하 중심의 국가관을 토대로 하는 일통수상지세(一統垂裳之勢)에서, 근대적 국제관을 내포하는 열국병립지세(列國竝立之勢)로의 전환이었다. 어느 한 강대국 의존하기보다 열강에 문을 열고 서로 견제토록 한 것이다.

춘추전국시대(春秋戰國時代)의 외교 논리 이이제이(以夷制夷)의 또 다른 변형인 셈이다. 청일전쟁(清日戰爭, 1894~1895)과 의화단 사건(義和團 事件, 1899~1901)을 통해 더욱 심화됐다. 신해혁명(辛亥革命, 1911)을 계기로 진시황제 이래 2,200년 이상 중국을 다스린 천자의 군주제가 종말을 고하고, 중국사 최초의 근대적 공화국이 세워졌다. 그리고 북방 이민족의 중원 지배도 완전히 종말을 고했다. 한족 중심의 국가 건설을 시도하고 국권 회복 운동으로 발현이 됐다.

중국은 미국의 유도에 의해 1차 세계대전에 연합군 일원으로 참전해 서류상으로 승리했다. 승리 경험은 중국 근대 외교사에서 최초의 성과로, 과거 열강과 맺었던 불평등 외교 조약 개정의 계기가 됐다. 국제연맹 창립 회원국 지위를 얻는 성과도 거뒀다. 국민당 정부 시기(1920~1930년)는 혁명외교 시기였다. 1931년 만주사변과 1937년 중일전쟁을 겪으며 서구 열강과 맺은 불평등 조약을 전면 폐기하게 됐다.

국가 건설을 위해 국제연맹 창립 회원국으로서 기술 협력, 문화 협력, 인재 양성 등 포괄적 협력을 진행했다. 국제 외교는 서구 열강의 공동 원조를 받으며 만주국을 앞세운 일본의 화북 지역에 대한 분리 공작을 국제 협력의 틀 속에서 대응해 나갔다. 그 와중에 독일과 중·독 조약을 체결하는 외교적 수완도 발휘했다. 1941년 12월 7일 일본이 미국의 진주만을 공격하자 일본에 대해 즉각 선전포고하고 UN 회원국이 되는 기민성도 발휘했다. 연합국의 일원으로 국권을 회수하고 영국, 미국과 맺은 불평등 조약을 철폐하는 데 성공했다.

불평등 조약 철폐는 현대사 중국 외교의 쾌거다. 이후 중국은 미국, 영국, 러시아 4대 강국과 외교전을 펼쳐 나갔다. 1943년 카이로회담에 미국의 루스벨트, 영국의 처칠, 중국의 장제스가 종전 이후 세계 질서 정립을 위해 주요 문제 처리 방침에 대해 합의했다. 포츠담선언에 만주, 타이완, 펑후를 일본이 강탈했다는 표현을 넣는 외교적 성과도 거뒀다. 또한, 한반도 문제를 제기하며 조선 인민의 노예 상태에 유의해 즉시 조선을 해방, 독립시킨다는 결의 문장을 삽입해 일제에서 조선이 독립할 수 있는 계기를 마련했다. 중국 외교는 국제적으로 전승국 중화민국, UN 5대 상임이사국 지위를 얻었다. 모택동의 중화인민공화국은 장개석을 타이완으로 축출, 2개의 중국이 존재하게 됐다.

미국과는 제2차 세계대전 이후 냉전 체제 등장으로 대결외교를 펼치게 됐다. 6.25 전쟁(1950~1953)과 베트남전쟁, 타이완 문제 등으로 중국 공산당과 미국은 대립하게 됐다. 1971년 미국 닉슨 대통령의 중국을 방문해 모택동을 만남으로써 미·중의 수교외교 시대가 개막됐다. 키신저와 저우언라인이 교섭한 결과 중화인민공화국을 중국의 유일 합법정부로 인정해 마침내 1979년 1월 1일 미·중이 국교를 정식 수립했다. 미·중 국교 수립은 세계 외교 질서가 재편되는 계기가 됐다.

1950년부터 1960대는 소련과 불화와 대결 시기로서 반소(反蘇) 통일 전선을 구축한 일조선(一條線) 전략 외교를 구사했다. 소련의 확장주의에 대항하기 위해 미국과 손을 잡는 것이 절실했다. 미국과 일본, 중국, 파키스탄, 이란, 터키, 유럽으로 이어지는 가로선 협력 라인 일조선 외교 전략을 펼치며 미국과 협력하며 좋은 결과를 냈다. 1979년 베트남과의 전쟁은 국제 외교의 새로운 변화를 가져오게 된다.

덩샤오핑의 3개 세계론(世界論) 외교는 미국과 소련 초강대국 사이에서 중국이 제국주의 피지배 역사를 가진 아시아, 중남미 아프리카 등의 제3세계와 연대를 강화하고 아세안에 접근하기 위해 상하이협력기구를 통한 지역주의 외교를 중시한다는 것이다. 1970년부터 1990년까지 서방 세계의 자유 시장 경제와 사유화, 소련의 붕괴 등이 중국의 평화를 전복한다고 명시해 평화전복 경계 외교 전략을 추진했다. 덩샤오핑의 도광양회(韜光養晦) 외교는 자신의 힘을 숨기고 때를 기다린다는 외교로 중국이 경제 역량을 충분하게 키울 수 있는 환경을 만드는 내부 결속의 전략이다.

패권국이 되지 않는다고 국제 사회를 안심시키는 은인자중(隱忍自重) 전략이다. 가끔 와신상담(臥薪嘗膽)이 연상돼 모종의 위협감을 주는 전술로 오해를 받아서 화평굴기(和平崛起), '책임 있는 강대국' 등의 슬로건으로 대체했다. 1980년대는 파트너십 외교를 발표했다. 미·중·소의 삼각관계와 미·중·일 신삼각관계로 대체되면서 강대국 사이 역할 관계가 중요했기 때문이다. 전략적 협력, 선린우호(善隣友好), 건설적, 전면적 협력 외교 등 다양한 수식어가 따라붙었다. 하지만 영역과 정도 방식에서 상당한 차이가 있음에 유의할 필요가 있다.

2000년대 외교는 새로운 지역주의로 전환하는 외교전을 실행하고 있다. 동아시아, 중앙아시아, 러시아에 대한 접근이 대표적 사례다. 더 풍부해진 경제적 역량을 바탕으로 주변국에 경제적 영향을 미치고 있다. 경제력과 군사력을 바탕으로 국경 지대의 안정적 환경 조성을 동시에 의도하고 있다. 2010년대 중국 외교는 과거 중심부 입장에서 주변국과의 선린우호 관계에서 탈피해 지역 융합을 추구하며 표방하는 외교 전략을 추진하고 있다. 하지만 은 연중 과거 중화 제국의 부활을 의도적으로 나타내기도 한다. 중국 은 국제 질서를 미국과 양강 구도로 인식하고 있다. 신 중화제국 등극을 위한 외교 조건으로 세계에 공공재를 제공, 세계에 문화력 을 제공, 글로벌 경제력을 제공, 제국이 되고자 하는 욕망이라고 규정하고 있다.

2020년대 중국 외교는 독자 강대국 외교 전략을 행사하고 있 다. 홍콩 보안법 통과, 일국양제에서 일국일제로, 대만 문제 해결 의지를 갖고 있다. 다극화 전략 가속화와 국제 사회에서 다수의 우군 확보 추진 외교 전략을 진행 중이다. 미국에 대한 수세적이 거나 방어적인 태도 자체가 패배하거나 부끄러운 것이 아니라 승 리를 위한 조건이라는 전략적 사고로 유연하고 실용적인 외교 전 략을 구사하고 있다.

2) 미·중 AI 패권 다툼과 일자리 전쟁

미국이 중국에 추가 관세 부과에 이어 화웨이를 전방위로 압박 해 미·중 무역전쟁이 더욱 격화되고 있다. 무역전쟁의 본질은 과 학기술 패권 다툼이다. 인공지능(AI)은 4차 산업혁명의 핵심 기 반 기술로서 미·중 간 과학기술 패권 다툼이 가장 치열하게 펼쳐 지고 있는 분야다.

지난 역사에서 볼 때 19세기는 산업화를 먼저 이룬 국가가 패 권국으로 도약했다. 21세기는 AI를 선점하면 패권국가가 된다.

G2는 AI 기술을 선점하면 4차 산업혁명 시대의 세계 패권을 잡는다고 여기고 있다.

미국 입장에서 AI 선점의 의미는 세계 패권국가의 위상을 지키는 필수 조건이다. 트럼프 미국 대통령은 AI 연구개발·투자에 우선순위를 두도록 하는 행정명령을 내렸다. 이에 미국은 차세대 AI 기술 우위 확보를 위한 기술개발에 전력을 쏟을 수 있게 됐다. 2018년 맥킨지 보고서에 따르면 AI 기술 역량, 산업 투자 등을 고려하여 AI 준비 정도에 따라 세계 41개국을 분류했는데 미국과 중국을 제1그룹인 AI 글로벌 그룹으로 분류했다.

중국은 정부의 강력한 정책 지원, 방대한 데이터, 풍부한 자금과 인재를 앞세워 미국을 바싹 추격하고 있다. 차세대 AI 발전 계획에 따라 2030년까지 AI 핵심 산업 규모 172조 원, AI 관련 산업 규모 1,720조 원으로 육성해 미국을 제치고 세계 AI 시장에서 지배자가 된다는 목표를 세웠다. 중국은 2030년까지 AI 산업에서 미국을 앞지르겠다며 도전장을 냈다. 이러한 중국을 미국이 가만 놔둘 리가 없다.

AI 산업은 4개로 구분된다. 인터넷 AI와 기업 AI는 미국이 주도하고 있다. 지각(perception) AI와 자율행동(autonomous) 분야에서는 미국과 중국의 경쟁은 피할 수 없다. 미국은 알고리즘 영역과 연산 장치 분야에서 글로벌 정보기술(IT) 기업들을 앞세워 AI 패권국가로서 세계 시장을 이끌고 있다. 중국은 데이터 분야에서 개인정보 관련 규제의 유연한 적용과 13억 인구가 생성하는 막대한 데이터를 AI 학습에 활용하는 것이 장점이다.

중국의 시진핑 국가주석은 "AI는 중국의 미래 먹거리이며 경제 발전의 동력"이라고 천명했다. 중국 정부는 AI 기업과 각 산업의 융합을 통해 일자리를 창출하겠다며 정책과 자금을 지원하고 있다.

AI 분야에서 미국을 추격하는 중국 기세가 대단하다. 연구 건수와 특허는 이미 미국을 제쳤다. 1999~2017년 AI 연구 논문은 중국 37만, 미국 32만 7천, 한국 5만 2천 편이고 AI 특허는 미국 24.8%, 한국 8.9%에 비해 중국이 37%로 크게 앞섰다. 하지만 논문의 질적 수준을 나타내는 상위 인용 지수에서 미국 13만, 중국 8만으로 미국이 크게 앞서고 있다.

미국과 중국은 AI 인재 영입 쟁탈전을 벌이고 있다. 자율주행차와 빅데이터 분석, 음성 인식 및 얼굴 인증 시스템 등 다양한 산업 분야에서 AI 전문가가 필요하다.

전 세계적으로 부족한 AI 전문가는 70만 명이나 된다. 2018년 중국 'AI 인재보고서'는 미국 2만 9천 명, 중국 1만 9천 명, 한국은 3천 명이라고 발표했다.

중국 AI 기업은 1천 40개로 세계 AI 기업 20.8%를 차지한다. 베이징은 세계에서 AI 기업이 412개로 가장 많다. 한국은 26개로 중국 40분의 1 수준이다. 중국 대학은 AI와 빅데이터 분야 학과를 400여 개 신설했다.

한국은 미·중 AI 패권 다툼에 낀 형국이다. 우리나라는 미·중 AI 패권 다툼에서 가장 크게 영향을 받을 수 있다. 양국에 대한 수출 의존도는 중국 24.8%, 미국 12.0%다. 지난번 사드 사태로 우리 기업은 중국 시장에서 막대한 손실을 봤다.

AI 글로벌 경쟁에서 뒤처지지 않기 위해서는 첫째, 글로벌 역량을 갖춘 AI 인재 양성을 서둘러야 한다. 산·학·연·정이 협력해 인재 양성 전담 조직을 통합 운영해야 한다. 인재 양성 시스템을 구축해 지속적으로 산업 현장에 투입해야 한다. 대학 전체에 AI 교육을 이수토록 해야 한다. 청년들에게 AI 교육을 확대해야 한다.

둘째, AI와 빅데이터를 기반으로 창업하는 벤처기업에 컨설팅, R&D, 마케팅 지원을 결합한 정책 패키지로 지원해야 한다. 현장 맞춤형 정책과 자금을 지원해야 한다.

셋째, AI 분야에서 일거리를 만들기 위한 정부가 주도하는 프로젝트에 예산을 투입해야 한다. AI 정부, AI 국회, AI 사법부 등 정부가 선도하는 AI 관련 일거리 프로젝트는 얼마든지 많다. 일거리를 만들면 일자리는 창출된다.

마지막으로, 기업은 AI 관련 다양한 비즈니스 모델을 개발해 글로벌 시장에 진출해야 한다. 미·중 AI 패권 다툼 틈바구니에서 ICT와 타 산업과의 융합을 통해 AI 산업을 발전시켜 양질의 일자리를 창출해야 한다.

(국가미래연구원. 2019.06.12.)

3) 미·중 무역전쟁 어떻게 대응할 것인가

미·중 무역전쟁이 절정으로 치닫고 있다. 미국이 3,250억 달러에 달하는 중국 제품에 관세 25%를 추가로 부과하자 중국은 600억 달러 규모의 미국 제품에 5~25% 관세를 부과했다. 미·중 간 패권 다툼은 무역 마찰을 넘어 환율, 원자재, 과학기술, 인재 유치 경쟁까지 확대되는 양상이다. 미·중 무역전쟁의 본질은 과학기술과 세계 경제 패권을 장악하기 위한 다툼이다.

트럼프 미국 대통령이 공격적으로 통상 정책을 펼치는 의도가 있다. 국내적으로는 무역적자를 줄이고 자신의 지지 세력을 결집해 차기 대선에 유리한 국면을 조성하는 것이다. 국외적으로는 중국이 경제 대국으로 도약하는 것을 막기 위해서다. 미국은 첨단 기술 산업 분야에서 패권을 유지하기 위해 지식재산권 침해와 기술 탈취, 불공정한 무역 관행을 시정하라고 중국을 압박하고 있다.

시진핑 중국 주석은 "과학굴기를 실현하기 위해 과학기술은 미국을 앞서야 한다."라고 주장했다. 중국 정부는 2025년까지 첨단 산업 분야의 세계 패권을 차지하겠다는 '중국제조2025'를 추진하고 있다. 중국은 AI(인공지능) 5G 분야에서는 미국을 앞서가고 있고 생명공학 등 타 분야에서는 미국을 바싹 추격하고 있다. 지난 2일 발표한 미·중 무역전쟁에 대한 2번째 백서에서 "무역전쟁은 미국을 다시 위대하게 해주지 못할 것"이라며 미국을 비난했다.

미국은 중국의 도전을 중대한 위협으로 인식하고 현존 국제 질서 도전자로 규정했다. 세계 패권국 미국이 이러한 중국을 가만 놔둘 리 없다. 미·중 간 패권 경쟁이 격화되면서 세계 경제 상황도 녹록지 않다. 블룸버그는 미·중이 상호 25% 관세 부과하면 중국의 경제성장률은 0.8%, 미국과 세계 경제는 0.5% 떨어진다고 발표했다. 만약 주가가 10% 떨어지면 중국은 0.9%, 미국은 0.7%, 세계 경제는 0.6% 경제성장률이 둔화되어 전 세계 국내총생산(GDP)은 연간 6,000억 달러(715조 원)가 손실될 것으로 보도했다.

한국은 미·중 무역전쟁에 낀 형국이다. 한국 경제는 수출로 먹고산다. 중국에 24.8%(홍콩 포함 32%), 미국에 12.0%를 수출하고 있다. 무역 의존도가 68.8%로 매우 높은 한국 경제에 타격이 예상된다. 미·중 무역 갈등 여파와 반도체 업황 부진, 중국 경기 둔화에 따라 5월 수출액은 459억 달러로 전년 동월 대비 9.4% 줄었다. 지난해 12월부터 연속 6개월째 수출 감소가 이어졌다. 이는 2000년대 이후 4번째의 장기 수출 감소 기록이 된다.

미·중 무역전쟁 여파를 극복하고 한국 경제가 재도약을 하기 위해서는 첫째, 노동 개혁, 규제 혁파, R&D 지원으로 투자 환경 조성과 산업 혁신을 추진해야 한다. 기업은 품질이 높고 가격 경쟁력이 있는 상품을 생산해 글로벌 산업 경쟁력을 높여야 한다.

둘째, 미·중 무역전쟁이 관세·환율전쟁으로 확대되는 것을 대비해야 한다. 미국 무역확장법 232조에 따른 자동차 관세 결정도 일시 연기됐다. 향후 관세 부담을 피하는 방법을 모색하고 환율조작국 지정에 선제적으로 대처해야 한다. 국내 금융시장 건전성 확보와 내수시장 활성화를 통해 외환시장 안정화 전략을 수립해야 한다.

셋째, 미·중의 보호무역주의에 대비해 새로운 통상 정책을 마련해야 한다. 우리에게 유리한 국제 통상 환경을 조성하기 위해 역내포괄적경제동반자협정(RCEP)을 적극 추진해야 한다.

넷째, 수출 시장 다변화와 내수 확대 정책을 시행해야 한다. 대미 무역 흑자 200억 달러 이하로 유지하기 위해 아세안, 인도 등 수출 시장을 다변화해야 한다. 신남방정책 추진과 틈새시장을 공략해야 한다.

마지막으로, 정부는 국익을 최우선으로 하는 미·중 간 전략적 관계 설정과 통상·안보 대응 방안을 마련해야 한다. 안정적인 통상 외교를 통해 실리를 추구해야 한다. 주변국과 협력을 강화해 공동 대처 방안을 모색해야 한다. 관세 인상을 가정해 정부와 민간이 합동으로 대응책을 마련해야 한다. 미·중 무역전쟁을 한국 제품이 세계 시장 점유율 높이는 계기로 적극 활용해야 한다.

(내외통신. 2019.06.07.)

4) 미·중 과학기술 패권 다툼과 일자리 전쟁

과학기술은 국가 발전 핵심 요소다. 과학기술 역량은 국가 경쟁력의 원천이다. 지난 역사에서 볼 때 과학기술을 선도하는 국가가 세계 경제와 일거리를 선점하면서 패권국으로 도약했다. 미국은 19세기 이후 전기·석유·철강·자동차·전자 산업을 이끌었다. 20세기 정보통신 산업과 과학기술을 주도, 현재도 세계 패권을 잡고 있다.

미국과 중국은 4차 산업혁명 시대의 핵심 기술인 인공지능(AI), 빅데이터, 5세대(5G) 이동통신을 선점하기 위해 무역전쟁을 벌이고 있다. 무역전쟁의 본질은 과학기술 패권을 잡기 위해서다.

미국 입장에서 과학기술 선점의 의미는 "미국을 다시 위대하게" 만드는 필수 조건이다. 2017년 11월 미국 의회 자문기관의 중국조사보고서에 따르면 미국이 우위를 차지하는 것은 생명공학 등 4개 분야고 AI 등 3개는 중국과 비슷하다. 나머지 2개는 중국이 앞선다. 미국은 중국의 도전을 중대한 위협으로 인식하고 현존 국제 질서 도전자로 규정했다.

AI 기술은 4차 산업혁명의 핵심 기반 기술로, 미·중 간 과학기술 패권 다툼이 가장 치열하게 펼쳐지고 있는 분야다. 미국은 구글·아마존·페이스북 등 글로벌 정보기술(IT) 기업들이 알고리즘 영역에서 활약하고, 인텔·엔비디아·AMD 등 연산 장치 제조 기업을 앞세워 AI 패권 국가로서 세계 시장을 이끌어 왔다.

시진핑 중국 주석은 "과학굴기 중국의 꿈을 실현하기 위해 반드시 과학기술은 미국을 앞서야 한다."고 주장했다. AI 분야에서 미국을 추격하는 중국 기세가 대단하다. 중국 국가위원회는 2020년까지 700억 달러를 투자해 2030년에 미국을 제치고 세계 AI 시장에서 지배자가 된다는 목표를 세웠다. 연구 건수와 특허는 이미 미국을 제쳤다. 정보통신기술진흥센터가 발표한 2017년 정보통신기술(ICT) 조사에 따르면 중국은 미국과의 기술 격차를 1.4년까지 따라잡았다.

빅데이터 분야에서 미국은 FAANG(페이스북, 아마존, 애플, 넷플릭스, 구글)을 통해 세계 데이터를 선점하고 있다. 중국의 과학기술 패권을 위한 선봉에는 바이두, 화웨이, ZTE가 있다. 중국은 정부의 적극적인 산업 육성 전략, 13억 인구가 생성하는 풍부한 데이터, 유연한 개인정보 활용이 강점이다.

우리나라의 과학기술 역사는 50년이 넘었다. 과학기술 시대별 정책과 목표를 세워 한국 경제의 고도성장을 이루는 성장 엔진이 됐다. 1960년대는 국가 과학기술 토대를 구축하고 1970년대는 국가 과학기술 체계를 형성했다. 1980년대는 기술 드라이브와 국가 연구개발(R&D) 체제를 확충하고, 1990년대는 첨단 기술 개발을 위한 과학기술 전략을 추진했다. 2000년대는 국가 과학기술 체제의 선진화를 구축하고, 2010년대는 창조 혁신을 통한 과학기술 선도 역량을 강화했다.

한국은 미·중 과학기술 패권 다툼에 낀 형국이다. 한국 경제의 차세대 먹거리인 과학기술을 발전시키기 위해서는 첫째, 과학기술과 신산업 발굴 정책은 과거의 틀에서 벗어나 4차 산업혁명 시대에 맞게 변해야 한다. 산·학·연·정이 긴밀한 협의를 통해 정책을 입안하고, 산업별 규제 장벽을 해결해야 한다.

둘째, 미래 과학기술 정책에 현장과 기업 입장이 반영돼야 한다. 미·중 간 과학기술 패권 다툼 형국에서 기업이 어떻게 경쟁 우위를 확보하고 시장을 선점할 수 있는지 긴밀히 협력하는 등 현장 맞춤형 정책으로 지원해야 한다.

셋째, 중국의 과학기술굴기에 맞춰 산업별 특성을 고려한 산업 정책과 기술 혁신 전략을 수립해야 한다. 중국과의 경쟁에서 우위를 차지하기 위해 특화 산업을 육성해야 한다.

넷째, 과학기술 전문인력을 양성하고, STEM(과학, 기술, 엔지니어링, 수학) 교육을 강화해야 한다.

마지막으로, 미·중 과학기술 패권 다툼 여파로 세계 경제 질서 패러다임 변화에 대응해야 한다. 한·미 동맹과 한·중 경제 협력 관계를 조화롭게 추구해야 한다. 우리나라가 과학기술 분야에서 경쟁력을 확보, 미·중 갈등에 휘말리지 말아야 한다.

(전자신문. 2019.05.20.)

6장 //
부동산에 실패하면 꽝이다

1. 테스 형, 부동산이 왜 이래

1) 부동산에 실패하면 꽝이다

"다른 거 다 성공해도 부동산에 실패하면 꽝이다." 올해 초 김 상조 청와대 정책실장 인터뷰에서 나온 말이다. 문 대통령의 레임 덕과 정권 재창출이 부동산에 달렸다는 의미로 해석된다. 부동산 민심은 일촉즉발 상황이다. 무주택자는 집값 폭등에 좌절하고 주 택 보유자는 세금 폭탄에 분노하며 임차인과 임대인은 임대차 3 법을 둘러싸고 갈등을 빚고 있다. 연이은 부동산 대책 발표와 두 더지 잡기식 땜질 대책 악순환의 결과다.

23번째 대책에도 불구하고 부동산시장은 여전히 혼란스럽다. 전세는 씨가 말랐다. 월세도 가물에 콩 나듯 한다. 실수요자들은 집을 구하기가 하늘에서 별 따기다. 이런데도 지난 10일 문 대통 령은 청와대 수석보좌관 회의에서 "주택시장이 안정화되고 집값 상승세가 진정되는 양상을 보이고 있다."고 했다. 마치 부동산 정 책이 성과를 내고 있는 것처럼 평가한 셈이다.

국민들은 어리둥절하다. 소셜 미디어에 "전 국민이 다 아는데 대통령만 모른다."라는 댓글이 달렸다. 전문가 사이에서는 문 대통령의 부동산 상황에 대한 현실 인식이 시장 분위기와 너무 동떨어진 것 같다는 반응이다. 경제정의실천연합회는 "문 대통령의 부동산 인식에 기가 찼다."고 했다. 부동산 현장 목소리는 "달나라 인식"이라고 한다. 여당에서도 "문재인 대통령이 민심을 잘 모르는 것 아니냐."는 우려가 나오기 시작했다.

부동산시장이 안정됐다면 39개월 동안 23차례 대책이 왜 나왔을까. 2달에 한 번 꼴이다. 의구심을 가질 수밖에 없다. 지난 6월 23일 경실련 '서울 아파트값 상승 실패 분석'에 의하면 "문재인 정부 3년 동안 서울 아파트값은 52%가 폭등했다."고 전했다. 부동산 현장에서는 국내 500대 기업 대표이사 절반이 사는 강남 3구(강남, 서초, 송파)와 마·용·성(마포, 용산, 성동)은 2배 올랐다고 한탄한다.

국토부는 문 정부 출범 이래 서울 아파트값이 고작 14.2% 올랐다고 주장했다. 이에 경실련은 정부를 상대로 '통계를 내는 데 사용된 아파트 위치 명이나 적용 시세를 공개하라'고 10여 차례에 걸쳐 정보공개 청구 등 공개 질의를 했다. 정부는 '통계법상 비밀'이라는 이유로 번번이 답변을 거부했다. 경실련은 정부가 "수치로 거짓말을 하고 있다"고 말했다. 공인 중개 현장에서는 매주 시세를 2~3차례 부동산 시세 조회 사이트에 올린다. A지역에서 발생한 실제 사례다. 30평대 아파트 전세가 3개월 전에 9억 원이었는데 오늘 10억 원에 계약됐다. 1억 원이 올랐다. 공인중개사가 국민은행 시세 사이트에 10억이라고 올렸더니 담당자가 전화가왔다. 제발 시차를 두고 천천히 데이터를 올려달라고 통사정했다. 일주일 후 9억 3천, 2주 후 9억 6천, 한 달 후 10억으로 해달라고 한다. 8.4 대책 발표 직후부터 부동산 현장 곳곳에서 혼란이 이어지고 있다. 이 정도 대책이면 가격이 떨어져야 하는데 일주일이 지났지만 부동산시장은 뚜렷한 변화세가 없다. 지난 6.17과 7.10 대책 등 잇단 대책에도 서울 아파트값은 강보합·관망세를 유지하다가 상승했다.

부동산시장을 안정시키는 실효성 있는 정책 대안은 무엇인가

시중에 흐르는 돈줄을 파악해 조절하는 금융정책이 필요하다. 첫째, 부동산 금융 익스포저(위험노출액)를 줄여야 한다. 한국은행이 발표한 '2019년 하반기 금융안정보고서'에 따르면 9월말 기준 2,003조 9,000억 원이다. 2,000조 원을 돌파한 것은 사상 최초다. 주택 매매 가격 상승의 주요 요인이다. 부동산 금융 익스포저는 부동산 담보 대출, 중도금·전세자금 대출 등의 부동산 관련 가계 여신과 부동산업 등 기업 대출금과 PF대출(부동산 개발을 전제로 한 일체의 토지 매입 자금 대출)을 포함한 MBS(주택저당 증권), 부동산 펀드 및 리츠 등 부동산 관련 금융투자 상품 등의 합계다.

둘째, 부동산으로만 유동자금이 흐르는 것을 주식시장으로 유입시키는 정책이 나와야 한다. 올해 개인 투자자들은 국내 증시에서 45조 7,000억 원, 해외에서 12조 2,000억 원어치를 순매수했다. 58조 원을 투자했지만, 주식 매수를 위해 대기하는 자금이 50조 원에 이른다. 작년에는 개인들이 국내 증시에서 5조 원을 매도했고 해외 주식 투자는 3조 원에 그쳤다. 지난해 말 예탁금은 27조 원이다.

정부의 강력한 부동산 대책에 자산가들의 포트폴리오가 급변하고 있다. 최근 재테크 시장은 부동산시장에서 주식시장으로 옮겨가고 있다. 자산가들이 부동산을 팔려는 이유는 보유세 등 세금 문제, 낮아진 기대 수익과 부동산시장의 불확실성에 기인한다. 이처럼 부동산 자산가들 사이에서는 위기감이 퍼지고 있다. 부동산이 더 이상 과거와 같지 않을 것으로 생각하는 사람들이 많아지고 있다.

셋째, 전 세계적인 유동성 공급 확대 등으로 우리나라도 광의의 통화 M2가 3,000조 원을 넘었다. 실제 풍부한 유동성 자금이 부동산시장에 쏠려 수도권 집값이 올랐다. 시중에 막대하게 풀려 있는 유동자금을 생산적인 경제 부문에 투입해야 한다. 시중의 유동자금이 이동할 수 있도록 안정적인 투자처를 많이 만들어 줘야 부동산시장도 안정이 된다. 투자자들에게 안전한 투자처를 제공해 주면 된다. 블록체인 기반의 가상 자산시장을 양성화하는 것도 하나의 방법이다. 그리고 한국주택금융공사와 금융회사들이 장기 주택담보대출을 자산으로 발행한 자산유동화 채권의 일종인 MBS(Mortgage Backed Securities)를 활성화시키는 것이다. 2019년 4월 기준 MBS는 약 116조 원에 이른다. 이를 2~3배 늘리면 유동자금은 줄어든다.

정책은 성과로 평가받는다. 정책 입안자들이 농간을 막아야 한다. 첫째, 부동산으로 투자를 하는 공무원들은 정책 입안에서 손을 떼야 한다. 국토부 공무원과 건설사, 국회의 국토위원으로 연결되는 건설 마피아가 자신의 이익에 맞춰 집값을 좌지우지한다.

둘째, 공기업의 부동산 투기를 규제해야 한다. LH공사가 신도시를 개발하면서 개발 이익을 챙기는 땅장사를 못 하도록 해야 한다. 땅 매입 가격에 택지 조성 원가만 더해서 반영해야 한다. 아파트값 절반 이상이 땅값이다.

셋째, 공공임대주택의 운영을 투명하게 해야 한다. 공공임대주택은 시민들의 자산이다. 항간에는 공공임대주택에 외제차가 주차되어 있다는 말들이 많다. 거주지와 동일한 시도에서 공무원이 편법으로 사용하는 경우가 있다면 엄격히 막아야 한다.

넷째, 부동산 임대업에 법인의 주택 임대업은 제한해야 한다. 부동산 투자회사 리츠가 성행하고 있다. 리츠가 임대업을 하면 주택 가격이 상승한다. 직원 인건비와 제반 운영비에 투자수익을 고려해야 하기 때문이다. 거대 투자 자본들의 투기로 부동산 가격은 상승하게 된다.

다섯째, 부동산 대출 제도를 손봐야 한다. 주택 가격 급등을 막겠다고 LTV(주택담보대출비율), DSR(총부채원리금상환비율) 제도를 현실에 맞게 조정해야 한다. 원래 LTV와 DSR은 수익 사업을 영위하는 기업에 적용됐던 기준이었다. 주택 소유가 수익 자산의 소유를 의미하지는 않는다. 소득 수준에 따라 대출이 달라져 부의 역전성이 더 커진다. 부동산시장의 폭락을 대비해 둔 것이 대출 규제다. 그런데 부동산 가격 상승을 견인하는 정책이 되고 있다. 대출을 받아 갭 투자에 많은 사람들이 나서고 있기 때문이다.

제대로 된 부동산 정책을 내놓아야 한다. 첫째, 주택연금제도는 한시적으로 중단해야 한다. 주택 가격 폭락 시점이라면 노인들의 노후 복지 정책으로 괜찮다. 하지만 주택 가격이 폭등하는 상황에서는 주택연금의 경제적 효과는 주택 임대업과 유사하다. 고령화 시대에 맞는 주택 정책이 필요하다. 은퇴 후 굳이 넓은 주택에서 거주할 필요는 없다. 시니어들의 라이프 사이클에 맞는 다양한 주택이 더 편안하고 안정적 삶을 영위할 수 있다.

둘째, 다주택자와 임대사업자가 주택을 매도할 수 있도록 출구를 한시적으로 터줘야 한다. 전체 가구의 15.6%가 주택의 61%를 소유하고 있다. 전체 주택 소유자 14,012,290명 중 2채 이상 소유한 다주택자는 2,191,959명이다. 상위 30명이 11,000채를 가지고 있다. 다주택자는 약 220만 명이다. 등록 임대 주택은 1,590,000채다. 서울에서 10년 이상 다주택자가 소유한 주택이 128,199채다. 강남 3구에만 34,254채다. 물량이 나온다면 전국 및 서울 집값은 단기간에 안정될 수 있다.

부동산은 소유와 투기 상품이 아니라 주거라는 개념이 정착돼야 한다. 부동산 투자를 통해 재산을 늘리고 내 집값만 떨어지지 않으면 된다는 국민들의 마음을 바꿔야 한다. 부동산 투자를 통해 자산을 늘린다는 마음이 없어져야 한다. 부동산은 투기 상품이 아니다. 주거 개념이 정착돼야 한다. 시민단체가 1가구 1주택 운동에 나서야 한다. 1가구 1주택을 국민투표에 붙이는 방법도 강구해야 한다.

부동산 정책에서 정부는 손을 떼고 시장 자정 기능에 맡겨야 한다. 정부가 할 일은 주거 안정망 확충이다. 강남에 부자들이 살면 집값이 오른다. 그냥 내버려 두면 된다. 돈이 있으면 강남에 살고 없으면 각자 형편에 맞는 곳에 살면 된다. 비버리힐스(Beverly Hills)에 고급주택이 밀집되어 있다. 부동산 가격이 높다고 불평하는 사람은 아무도 없다. 도쿄 23구에서 미나토구(港区) 세다가야구(世田谷区)는 집값이 비싸 부자들만 거주한다. 세계 주요 도시도 다 마찬가지다. 자연스러운 시장 원리에 따라 부자 동네가 다 있기 마련이다.

부동산은 심리적 요인이 작동한다. 정부가 부동산 문제에 관심을 쏟고 대책 준비에 열을 올리면 올릴수록 부동산시장에 대한 관심이 증폭돼 투기 수요가 유입된다. 특히 정부 대책이 별다른 효과를 내지 못하면 부동산 불패신화가 확산돼 투기 세력들이 농간을 부리는 악순환이 계속된다.

마지막으로, 문 대통령은 '부동산시장 전담 감독기구' 설치 구상을 밝혔다. 주요 언론들은 '감시기구', '빅브라더 흉내', 베네수엘라 우고 차베스 대통령이 만들었던 '공정가격감독원'이라고 비난하고 나섰다. 하지만 그렇지 않다. 부동산 감독기구는 부동산시장을 감독하고 규제만 하는 역기능을 빼면 된다. 대신 국민 개개인의 부동산 불만을 해소하는 순기능을 발휘하면 된다.

그렇다면 '부동산 전담 감독기구'를 어떻게 성공적으로 운영할 수 있을까.

첫째, AI(인공지능) 시대에 걸맞은 '대국민 AI 부동산 서비스 시스템'(가칭)을 구축하면 된다. 부동산 관련 민원과 국민 개개인의 부동산 포트폴리오 서비스를 제공해주는 것이다. 국민 모두에게 맞춤형 부동산 서비스가 가능하다. 성인부터 노후까지 부동산 라이프 사이클을 제공하면 국민은 부동산 스트레스 없는 세상에 살 수 있다. 요람부터 무덤까지 부동산 서비스를 제공하는 것이다.

둘째, '부동산 거래 AI 분석 시스템'을 통해 갭투자를 막을 수 있어 부동산시장이 안정된다. 시스템이 구축되면 구매자가 충분히 현금 흐름상 문제가 발생하지 않는다는 사실을 검증할 수 있다. 또한 투기적인 목적으로 돈 없이 대출 받아 갭투자에 나서는 사람들이 줄어든다. 충분히 돈이 있는 사람의 부동산 매입은 경제적으로 나쁘지는 않다. 하지만 그렇지 못한 사람들이 투기에 나섰다가 부동산 가격이 폭락하면 국가 경제에 심각한 타격을 입힌다. 카드대란 또는 금융위기 같이 부동산 위기 발생을 막아야 하는 이유다. 시스템 상시 작동으로 대처할 수 있다.

셋째, 1가구 1주택 정책도 주택 감독 기구에서 철저하게 관리하면 된다. 한국의 부동산이 기형적인 것은 다른 부동산은 오르지 않고 주택, 그것도 서울 아파트만 오른다는 것이다. 이를 철저하게 관리 감독만 해도 충분히 부동산시장을 안정시킬 수 있다. 이젠 부동산 정책은 정치적 득실을 따질 겨를이 없다. 레임덕을 막기 위해서도 해결해야만 한다. 부동산 정책의 해답은 현장에 있다.

최근 대한민국에 트로트 열풍이 일고 있다. 요즘 유행하는 가사는 "찐찐찐찐 찐이야 완전 찐이야. 진짜가 나타났다 지금"이다. '꽝꽝꽝꽝 꽝이야 완전 꽝이야'가 아니라 진짜 부동산 정책이 나타나길 기대한다.

(매일경기. 2020.08.12.)

2) 바보야, '부동산'은 심리야

부동산시장이 요동치고 있다. 청와대까지 흔든 부동산 민심이 심상치 않다. 다주택자 참모들이 부동산 '내로남불'의 불씨를 키웠다. 국민들은 강남 불패 신화와 똘똘한 한 채로 받아들인다. 임기 후반기 코로나 복병보다 더 무서운 부동산 위기에 직면했다. 근본적으로 과감한 정책 전환을 시도해야 할 시점이다.

정부와 여당의 부동산 정책이 갈팡질팡하고 있다. 주말에 부동산 정책 실패에 대한 규탄 집회가 열렸다. 하지만 정부·여당은 시장의 반발 여론에도 불구하고 부동산 정책이 옳은 방향이라며 연일 부동산 대책 강행 의지를 보이고 있다.

8·4 대책 발표 직후부터 부동산 현장 곳곳에서 반발이 이어졌다. 주택시장 전·월셋값 폭등에 부동산시장이 일시적으로 거의 멈춘 듯하다. 3040의 분노는 하늘을 찌른다. 임대인도 임차인도 불만이 가득하다. 민심의 경고다. 이에 정부도 후속 대책을 준비하고 있다. 그러나 주택 공급이 하루아침에 이뤄질 수는 없는 것인 만큼 과연 부동산시장 안정에 실효를 거둘지는 좀 더 지켜볼 일이다.

서울 주택보급률은 아직도 95.9%에 그쳐

주택 가격은 왜 상승할까. 인구와 도시의 주택보급률은 부동산 가격에 절대적 영향을 미친다. 통계청 자료에 근거해 인구와 주택보급률의 관계를 살펴보자. 주택 수요는 세대수가 결정한다. 지난 4.15총선의 총유권자는 43,994,247명이다. 세대수는 22,720,694세대다.

전국 총주택 수는 17,633,327채(2018년 기준)다. 현재 한국의 1·2인 가구를 합치면 60%에 달한다. 성인 1인 가구가 30%라면 1인 가구만을 위해 1,300만 채, 2인 가구까지 합치면 2,600만 채가 필요하다. 주택 수를 늘리는 대안으로 1·2인 가구 급증 시대에 맞는 재건축을 해야 한다. 99㎡(30평대) 2채를 재건축하면서 30평대 1채와 49.6㎡(15평) 2채를 건축하면 된다.

연도별 주택 건설 실적을 보면 2008년 금융위기 이후 미분양이 많이 쌓였다. 2015년에는 80만 채, 2019년에는 40만 가구가 공급됐다. 작년에 분양한 아파트는 2022년쯤 입주하게 된다. 문제는 서울에 공급 물량이 적다는 것이다. 주택은 꾸준히 건설되고 있는데 주택보급률은 늘지 않는 이유는 무엇인가. 4인 가구에서 핵가족으로 인해 1·2인 가구가 꾸준히 증가하기 때문이다.

서울의 주택보급률은 95.9%이며 경기와 인천이 101%, 경북은 무려 116%다. 일반적으로 재개발, 재건축 등 공사 기간을 감안하면 주택보급률은 최소 105% 돼야 한다. 전국 시도별 주택보급률 평균은 104.2%로 정상 보급률에 근접한다. 서울은 약 10%가 부족하다. 수도권에서 서울로 출퇴근하는 직장인이 100만 명 정도로 서울에 주택을 원하는 잠재적 수요가 100만 가구 이상이다.

주택 가격은 복합적 요인으로 결정된다

집값을 형성하는 요인은 일자리, 교통, 교육, 상권, 환경 순이다. 직장이 많은 강남구, 종로구, 여의도 지역 집값이 오르는 이유다. 교육 환경과 학군도 집값에 지대한 영향을 미친다.

집값을 잡으려면 단순한 대책으로는 불가능하다. 종합적이고 범정부 차원에서 정책이 나와야 한다. 주부들은 살기 편한 아파트를 선호한다. 어느 지역이 교통이 편하고 학군이 좋고 생활하기 편한지 본능적으로 안다. 특정 지역으로 수요가 몰리니 집값이 오르는 것이다.

서울 집값이 비싸니 출산율도 0.761명으로 전국 평균 0.977명에 한참 뒤떨어진다. 아기를 낳고 싶어도 집값이 비싸 낳을 수 없다. 전국 시도별 평균 나이에서도 서울은 41.9세로 전국 평균 45.4세에 한참 못 미친다. 인구가 계속 줄어들고 외부 유입이 없다면 집값은 떨어질 것이다.

그렇지만 서울 및 수도권의 인구 집중은 더욱 심화돼 주택 문제는 더욱 심각하다. 서울 및 수도권의 주택보급률을 단기간에 높이는 것은 어렵다. 서울 및 수도권 아파트 가격을 안정시키는 정책이 시급하다.

정부의 부동산 정책 핵심은 무엇인가. 첫째, 집값이 오른 지역을 투기과열지구 지정을 통해 대출 규제를 강화한다. 둘째, 세제 개편 강화로 다주택자에 대한 과세다. 셋째, 집값이 폭등하는 지역에 규제를 적용해 거래를 둔화시켜 가격을 잡겠다는 것이다. 결과적으로 규제는 많았지만, 부동산 가격의 폭등을 막지는 못했다.

왜 23번째 부동산 대책이 나왔을까. 정부가 주택 대책을 발표하면 시장에서는 부작용이 발생한다. 그 부작용에 맞춰 새로운 급조 대책을 낸다. 그 대책이 또 다른 부작용을 낳는 악순환이 거듭됐기 때문이다. 결국 23번째 혼란을 불렀다.

현재의 부동산 정책으론 집값 못 잡는다

부동산 정책 실패 요인은 명확하다. 첫째, 반시장(反市場) 정책을 내놓고 땜질 처방을 되풀이했다. 둘째, 설익은 정책을 내놓고 대책의 실효성이 떨어지면 두더지 잡기식 대책만 남발했다. 셋째, 정책의 일관성이 미흡했다. 마지막으로, 시장의 신뢰를 잃었다. 이제는 국민 마음속 깊이 부동산 정책은 언제든 또 바뀔 수 있다는 인식이 뿌리 박혔다. 현장에서는 2년만 참고 기다리자는 목소리가 많이 나온다.

부동산 가격 폭등의 원인은 수요와 공급의 문제가 아니다. 본질적 이유는 정부 정책을 신뢰하지 않고 오른다는 투기 심리 요인에 있다. 심리학에서 투기 심리는 첫째, '군중 심리 효과(Follow the Crowd Syndrome)'다. 주위 사람들이 부동산으로 많은 돈을 벌었다고 하니 참여하는 것이다. 사람은 본래 후회 회피 성향이 있다. 현재 부동산 가격이 높게 형성됐어도 앞으로 가격이 더 오른다는 믿음에 후회하지 않기 위해 추격 매수하는 심리가 있다.

둘째, '더 큰 바보 효과 이론(The Greater Fool Theory)'이다. 지금 집값이 많이 올랐더라도 향후 더 높은 가격에 매각할 수 있다는 심리가 형성된다. 집값의 관성 현상이다. 오른 가격에 매입한 자신이 바보라는 사실을 어느 정도 인지하지만, 더 높은 가격에 사는 바보가 있다는 믿음 심리가 생긴다. 소위 폭탄 돌리기 또는 폰지 게임(Ponzi Game)이다.

셋째, '후방거울효과(The Rearviews Mirror Bias)'다. 투기자들은 의사를 결정할 때 과거 데이터에 집착하는 경향이 있다. 거시경제나 금융시장 및 글로벌 경제 환경을 분석하지 않는다. 과거 강남 부동산 불패 신화만 믿고 앞으로도 오른다고 믿는 경향이 있다.

넷째, '의존효과(Dependence Effect)'다. 건설사가 광고와 마케팅을 통해 소비자의 욕망을 자극해 분양을 촉진시키는 것이다. 소비자는 분양사의 조작된 욕망에 따라 계약하게 되는 현상을 말한다.

부동산시장 안정은 심리적 요인이 크다

부동산시장은 인간들의 욕망과 불안이 분출되는 심리적 공간이다. 부동산시장은 비정상으로 움직일 때가 많다. 정부의 고강도 규제 대책에도 특정 지역에 부동산 가격은 폭등한다. 부동산 현장에는 여러 가지 심리 효과가 자리 잡고 있다.

부동산을 움직이는 심리 효과는 첫째, 다들 매입하므로 나도 사야지라는 '밴드웨건효과(Bandwagon Effect)'다. 주변 사람이 분양권 프리미엄으로 큰돈을 벌었다는 얘기에 분양 시장에 뛰어드는 것이 대표적이다. 친구 따라 강남 간다는 심리 효과다.

둘째, 희소가치를 소유하고 싶은 스놉 효과(Snob Effect)다. 속물 효과라고도 한다. 펜트하우스, 한강 조망 고층아파트에 수요가 몰리는 심리다.

셋째, 고가일수록 잘 팔리는 '베블린 효과(Veblen Effect)'다. 허영심을 앞세운 사치재의 소유 심리다. 명품이나 고급 자동차 등의 한정판 상품 마케팅 전략에서 유래했다. 반포 아크로리버파크가 1년 사이 8억 원 급등했어도 수요가 붙는 것과 고분양가 신규 분양 아파트에 청약자들이 몰리는 심리 효과다.

실효성 있는 정책 대안은…?

그렇다면 부동산시장을 어떻게 안정시킬 수 있을까.

첫째, 정책 방향이 옳다고 하더라도 성과를 내지 못했다면 방향을 바꿔야 한다. 민심을 되돌리려면 현장에 맞는 정책 방향으로 바꾸는 자세가 필요하다.

둘째, 투기 심리를 잠재울 만한 고강도 대책을 한 번에 발표해야 한다. 투기 심리를 잡지 못한 이유가 여기에 있다. 대책을 발표하고 시장 반응에 따라 후속 대책을 발표한 것이 투기 심리를 조장한 것이다.

셋째, 부동산 정책 입안자들은 부동산 현장의 심리 효과를 파악해야 한다. 일반적으로 가격이 오르면 수요가 줄고, 가격이 내려가면 수요가 늘어나는 것이 정상적이다. 하지만 부동산시장은 다르다. 사람들은 잠재적 심리 자극에 취약하다. 부동산 소비 효과

또는 경제 법칙을 알고 정책 입안을 해야 한다.

넷째, 유동자금을 주식시장으로 유입해야 한다. 주식시장도 심리 싸움이다. 주식 투자자들에게서 발견되는 비이성적인 투자 형태도 부동산 심리전과 같다. 주식을 처분한 뒤에도 주가가 계속 오르면 너무 일찍 처분해 더 큰 수익을 놓쳤다는 후회에 빠져 계속해서 누구나 주식을 사는 군중심리에 휩싸인다. 투자자는 합리적이다. 그러나 모든 판단이 합리적이지는 않다. 주식 투자에서 가장 큰 악재는 주식 상승이다. 가격이 오르면 그만큼 투자 금액이 필요하기 때문이다. 그러나 주가가 상승하면 투자자들이 몰린다. 투기적 장세의 마지막은 대다수 투자자들의 몰락이다. 부동산시장도 동일한 패턴을 갖고 있다. 집값이 올라가면 집을 매수하는 사람이 증가한다. 부동산 투기 심리를 주식시장에 유입하는 심리전을 해야 한다.

마지막으로, 국민들의 부동산 심리를 알아야 부동산 정책이 성과를 낼 수 있다. 부동산은 심리적 요인이 작동한다. 정부가 부동산 문제에 관심을 쏟고 대책 준비에 열을 올리면 올릴수록 부동산시장에 관한 관심이 증폭돼 투기 수요가 유입된다. 특히 정부 대책이 별다른 효과를 내지 못하면 부동산 불패 신화가 확산해 투기 세력들이 농간을 부리는 악순환이 계속된다. 부동산은 정책이나 정상적인 생각과 다르게 움직인다는 것을 알아야 한다. 부동산은 심리다.

(국가미래연구원. 2020.10.)

3) 테스 형, 전세 시대는 끝났어

전세대란에 이어 월세대란 조짐이 뚜렷해지고 있다. 전세가 씨가 말랐다. 7월 말 임대차 2법(계약갱신청구권·전월세상한제) 기점으로 서울의 경우 전세매물이 - 53.1%, 경기 - 37.7%, 부산 - 35.1% 등 대폭 줄었다. 그 많던 전세 물건은 다 어디로 사라져 버렸을까. 가장 큰 문제는 사글세(월세)에서 단칸방 전세로 그리고 아파트 전세, 최종적으로 내 집 마련으로 가는 서민의 주거 사다리가 붕괴되고 있다는 것이다.

정부가 23차례나 부동산 대책을 쏟아냈지만, 집값은 최고치를 찍었고 전·월세 대란이 일어났다. 무차별적인 규제가 부동산시장의 선순환 구조를 마비시켰기 때문이다. 역대 정부에서도 시장 원리를 무시한 대책은 번번이 실패했다. 매물이 나오도록 물꼬를 터줘야 시장이 안정된다. 근본적인 문제를 외면한 채 두더지 잡기식 대책 남발에 따른 피로감이 정책에 대한 신뢰를 떨어뜨리고 있다. 현장에서는 차라리 무대책이 상책이라는 말까지 나오고 있다.

그렇다면 어떻게 해야 안정시킬 수 있을까. 첫째, 획기적인 부동산 대책을 마련해야 한다. 그동안 공급을 외면한 수요 억제의 일관된 규제 대책을 공급 정책 위주로 전환해야 한다. 160만 7,000가구의 등록임대주택이 일반에 매각되게 유도하면 전세 수요가 매매 수요로 넘어갈 수 있다. 다주택자 물량이 나오도록 정책을 추진해야 한다. 중산층도 선호할 수 있게 공공임대주택의 평형도 넓히고 입주 자격도 중위소득으로 완화해 민간 임대시장을 활성화시키는 방향으로 접근해야 한다. 기존 대책 방향을 수정해야 묘책이 나올 수 있다.

둘째, 사전 청약 제도의 개선이 필요하다. 무주택자 자격을 유지하며 3기 신도시나 일반 분양 청약을 위해 특정 지역으로 전·월세 수요 쏠림이 심화되고 있다. 로또 청약 열풍으로 전·월세난이 가속화되고 있으며 빌라와 오피스텔 시장도 혼란에 빠졌다. 혁신적인 개선책이 필요하다.

셋째, 표준임대료와 전·월세상한제를 신규 계약에도 확대하는 방안이 있다. 하지만 임대주택 공급 감소와 민간 임대차 시장의 붕괴라는 부작용이 나타날 수 있다. 표준임대료 도입에 앞서 임대주택·임대료 데이터베이스를 구축해야 한다. 월세 단일 시장인 해외는 표준임대료 적용이 비교적 용이했지만, 우리나라는 전·월세로 양분되어 있고 동일한 아파트 단지라도 시세가 천차만별이라 일괄 적용하기가 어려운 상황이다. 해외에서도 제도가 정착하는 데까지 20년이 걸렸다. 시간이 걸리더라도 철저히 준비된 정책을 내놓아야 한다.

넷째, 월세 시대를 어떻게 맞이할 것인가를 준비해야 한다. 전세의 시대는 서서히 저물어 가고 있다. 전세는 고도성장과 고금리 시대에 맞는 주택 임대차 유형이었다. 시대는 바뀌었다. 임대차 2법 시행 후 전국 전세 물건 상당수는 저금리·보유세 강화 등의 영향으로 반전세로 바뀌어 가고 있다. 월세 증가 추세를 받아들이고 세액 공제를 확대해 실질적인 혜택을 늘려야 한다. 지금은 소득이 연 7,000만 원 이하일 때 월세 1년 치의 10%(최대 75만 원), 소득이 5,500만 원 이하일 때 12%(최대 90만 원)을 공제해 준다. 공제율 확대가 필요하다. 저소득층에 월세 소득공제를 확대해 주거비를 간접 지원해야 한다. 정부가 월세시장으로 자연스럽게 이동할 수 있도록 집주인과 세입자에 적절한 인센티브를 제시해야 한다.

다섯째, 전세 세입자 보호를 위한 전세확정일자 제도를 실시해야 한다. 전세보증금을 전액 보장하고 이사 나갈 때 전세보증금을 즉시 돌려주는 제도를 마련해야 한다. 전세확정일자를 받으면 전세보증금이 전액 보장되도록 법을 개정해야 한다. 집주인이 전세 대금을 올렸으니 나갈 때는 바로 내어 줄 수 있도록 하자는 것이다. 그렇게 해야 전세금을 올리면 바로 부담이 된다고 인식하게 된다.

여섯째, AI 통계 시스템을 활용해야 한다. 정부 통계와 민간 업체가 내놓는 통계가 차이가 난다. 국민이 투명하게 파악할 수 있게 현장 데이터를 제공해야 한다. 정부의 평균 지수식 집계 방식은 놓치는 게 많다. 한 아파트 가격이 폭등해도 같은 지역의 다른 아파트가 안 오르면 평균가는 그대로다. 하지만 부동산시장은 선두 아파트의 가격이 오르면 시차를 두고 줄줄이 따라 오른다. 데이터는 거짓말을 하지 않는다.

일곱째, 부동산 대책을 입안할 때는 정책의 수요 계층과 피해 계층을 파악하고 부작용을 어떻게 줄일 것인지 등을 사전에 면밀하게 분석해야 한다. 대출을 받아 집을 샀거나, 재건축 아파트 등에 실거주 요건을 둔 것도 전세가 줄어드는 부작용이다. 규제가 아니면 일어나지 않았을 풍선효과도 나타나고 있다. 8월부터 다주택자·법인의 취득세율을 8~12% 올리는 지방세법 개정안이 시행됐다. 공시지가 1억 원 이하 주택은 중과세율을 적용받지 않아 마구 거래되며 가격이 폭등했다. 결국 서민만 피해를 보고 있다.

여덟째, 전·월세신고제를 앞당겨 시행해야 한다. 임대차 2법 시행으로 갱신 계약은 임대료 상승 폭이 5% 이내로 제한되지만, 통계로 드러나지 않고 있다. 전·월세신고제가 도입돼야 모든 임대차 계약에 신고 의무가 부여돼 정확한 통계를 알 수 있다. 표준임대료 도입도 전·월세신고제가 도입돼야 가능하다. 올 연말까지 전·월세신고시스템 개발을 완료해 내년 1월부터 시행해야 한다. AI 시대에 시스템을 개발하는 데 10개월(내년 6월)은 너무 늘려 잡았다.

마지막으로, 부동산 정책에 대한 국민적 합의가 필요하다. 정부는 국민이 행복한 주거생활을 할 수 있도록 주택 정책을 수립해야 한다. 누구나 집 걱정 없는 세상이 되도록 장기적으로 로드맵을 만들어 추진해야 한다. 한정된 토지를 어떻게 효율적으로 사용할 것인가 국민적 합의가 필요하다. 대한민국 주택 정책의 대전환이 필요한 시점이다.

국민은 안정적인 주거를 원한다. 주거 문제 해결은 정부의 기본 책무다. 주거 문제가 해결되지 않는다면 이로 인해 많은 사회 문제가 발생할 것이다. 따라서 정부와 국회는 이념을 떠나 국민의 편안한 주거 삶을 위한 정책 입법에 함께 머리를 맞대야 한다. 이번 전세대란을 반면교사로 삼아 무주택자에게 지속적으로 임대주택을 공급함으로써 주거 안정을 도모하고 국민들로부터 환영받는 주택 정책으로 거듭나기를 기대한다.

(내외통신. 2020.10.26.)

2. 부동산 해법

1) 정부 정책 실효 거두려면
부동산에 몰린 유동자금 갈 길을 찾아줘야

'수도권 주택 공급 확대 방안' 발표

부동산시장이 요동치고 있다. 여당인 더불어민주당이 부동산 3법, 임대차 3법 등 부동산 관련 법안의 개정을 일방적으로 통과시키면서 주택시장 기능이 일시적으로 거의 멈춘 듯하다. 정부는 4일 수도권 주택 공급 확대 방안을 발표했다. 그러나 주택 공급이 하루아침에 이뤄질 수는 없는 것인 만큼 과연 부동산시장 안정에 실효를 거둘지는 좀 더 지켜볼 일이다.

사실 우리나라의 주택 공급은 전체 숫자로 보면 부족한 게 아니다. 주택보급률은 104.2%다. 그런데 전체 가구의 15%가 주택의 61%을 소유하고 있다. 전체 주택 소유자 14,012,290명 중 2채 이상 소유자는 2,191,959명으로 15.6%를 차지한다.

상위 30명이 11,000채를 가지고 있다. 무주택자는 전체 가구의 43.77%이며 875만 가구다. 대다수 국민은 10%에 해당하는 좋은 지역과 신축 아파트를 선호한다.

대부분 국민들이 생각하는 부동산 문제는 집을 사느냐 못 사느냐 문제가 아니다. 서울 아파트 소유자들이 가만히 있어도 집값이 폭등해 몇억, 몇십억 불로소득이 생기는 것에 배 아파한다. 집 가진 자와 무주택자, 서울 소유자와 지방 소유자 간의 양극화 갈등은 증폭하고 불평등은 고조된다.

집값이 오르는 이유

집값이 오르는 이유는 첫째, 부동산은 돈 된다는 생각으로 유동자금이 몰린다. 둘째, 주택의 잠재적 수요가 많다. 셋째, 부동산 정책의 실패다. 넷째, 2014년 12월 29일 통과된 부동산 3법 즉, 분양가상한제 폐지, 재건축초과이익환수 유예, 조합원 3주택 허용이다. 부동산 3법 통과 후 강남구 대단지 재건축으로 집값은 4년 사이 4배가 폭등했고 주변 시세도 덩달아 올랐다. 다섯째, 도시재생 뉴딜이 집값 폭등을 자극했다. 여섯째, 국토부 공무원과 건설사, 국회의 국토위원으로 연결되는 건설 마피아가 집값을 폭등시켰다. 당시 건설사 수주는 160조 원에 달했다. 부동산 3법에 찬성표를 던진 국회의원 127명 중 강남 3구에 49명이 아파트를 소유했다. 재건축으로 3~4배의 엄청난 시세 차익을 얻었다. 그들 중 4명은 21대 국회에서도 요직을 맡고 있다. 자기 이익을 위해 부동산 3법을 통과시킨 것이다. 그런 정치인들을 보면서 국민들은 똘똘한 1채를 선호해 투기 수요가 강남으로 몰렸다. 마지막으로, 2017년 12월 문재인 정부가 발표한 임대사업자를 위한 세금 감면 혜택 대책을 투기 세력이 악용했다.

집값이 오르면 안 되는 이유

집값이 오르면 안 되는 이유는 어느 순간 집값이 빠지면 그 피해가 국민들에게 가기 때문이다. 2008년 금융위기의 근본적인 이유는 집값 버블이 꺼졌기 때문이다. 집값이 오르면 담보로 대출을 더 받는다. 집값이 내려가면 그때는 대출 담보 조건이 바뀌기 때문에 상환을 해야 한다. 이것이 결국 금융위기를 만든 근본적인 이유다. 모두가 매도하려고 하면 그때 부동산이 폭락하고 금융 위기로 빠지게 된다. 집값은 인플레이션 상승분만큼만 오르는 것이 가장 이상적이다. 주택 시가총액이 2000년 이후 약 1,000조 원에서 5,000조 원으로 늘었다. 비정상이다.

서울 아파트값 폭등의 문제점

서울 아파트값 폭등 문제는 2가지 요인이 있다. 첫째는 가수요다. 외국인의 유입과 지방에서 올라오는 구직자들 때문이다. 지방에서는 직업을 구할 수 없으니 서울로 집중돼 이들이 가수요를 만든다. 부동산 현장에서는 등록된 가구가 아니라 그 이상의 가수요가 있다. 둘째는 그런 가수요를 기반으로 집값이 떨어지지 않을 것이라는 확신으로 지방에 있는 자산가들이 집을 사기 시작해서 생긴 문제다.

부동산 정책 실패의 본질은?

부동산 정책 실패 요인은 여러 가지다. 첫째, 부동산 불패 신화를 이용하고 분양 원가 상승을 유도한 토건족의 돈 장난이다. 이건 쉽게 나타나지 않는다. 왜냐하면 타깃 지역 중 1% 가구만 분위기를 만들면 바로 가격을 올릴 수 있기 때문이다. 그런 장난을 하고 있다. 문재인 정부가 들어서면서 부동산이 오른다고 부채질한 것도 하나의 요인이다. 수요와 공급의 문제로 포장해 본질을 숨기고 있다.

둘째, 투자 자산의 유동성이 너무 크다는 것이다. 증시가 활성화되지 못하니 여윳돈이 갈 곳이 없어 부동산으로 몰린다. 증시를 제대로 상승시키려면 한국 주식시장에 있는 핵심적인 상법 내규인 적대적 M&A를 막고 있는 것과 주총 결의 사항을 이사회 발의로만 제한된 규정을 바꾸면 된다. 주주 발의를 통해서 주총 결의를 하면 바로 바꾸는 것이 미국 방식이다. M&A를 국제적으로 막기 위해서 만든 것이 오히려 주가를 잡고 있다. 동학 개미들이 지켜야 한다고 판단되면 산다. 주가는 오르기 마련이다. 주가가 오르면 유동자금이 증시에 몰린다.

부동산시장 안정의 근본적 해법은…

그렇다면 부동산시장을 어떻게 안정시킬 수 있을까. 첫째, 주식시장을 활성화해 유동자금을 유입해야 한다. 주식시장이 활성화되지 않는 이유는 주식시장의 불안정성과 저조한 수익률에 있다. 국민에게 주식시장 하면 떠오르는 것이 기울어진 운동장이다. 내부 정보 관계자나 기관들이 이익을 얻을 수밖에 없다고 생각을 한다. 선진국은 제조업이 위축되면서 증시를 중심으로 금융업 비중이 커졌다. 반면 한국은 부동산 불패 신화로 유동자금이 몰린다. 물론 부동산이 항상 증시보다 우위에 있는 것은 아니다. 1997년과 2008년 금융위기 때는 유동성이 떨어지는 것이 부동산의 약점이었다.

둘째, 정책은 방향이 아니라 결과로 말해야 한다. 제대로 된 부동산 정책을 내놓아야 한다. 부동산에 이해관계가 있는 사람들은 정책 입안에서 손을 떼야 한다. 문제의 본질은 부동산으로 돈을 벌고 있거나 투자하고 있는 이해 당사자들이 부동산 정책을 만드는 것이다. 매번 실패해도 땜질 대책을 쏟아낸다. 시장에서는 정부의 부동산 대책이 별다른 효과가 없다는 인식이 확산돼 정부를 신뢰하지 않는다. 부동산 불패 신화를 매개로 투기 수요가 유입되는 악순환이 계속된다. 공직자의 부동산 백지신탁제와 다주택자 보유 제한을 즉각 시행해야 한다. 규제와 세금 및 공급 정책만으로는 한계가 있다. 분양가상한제를 전국에 확대 시행해야 한다. 2002년 은마아파트가 2억 원이었는데 2007년 10억 원으로 급등하자 노무현 정부는 분양가상한제 카드를 꺼냈다. 이명박 정부는 2014년 분양가상한제를 폐지했다. 그 후폭풍으로 집값은 박근혜 정부 29%, 문재인 정부 52% 폭등했다. 일부 외국에서 시행 중인 '빈집세'를 수도권에 적용할 필요가 있다. 교육 제도와 지역 균형 발전 등 종합적 시각으로 부동산 정책을 입안해야 한다.

셋째, 부동산 투자를 통해 재산을 늘리고 내 집값만 떨어지지 않으면 된다는 국민들의 마음을 바꿔야 한다. 부동산 투자를 통해 자산을 늘린다는 마음이 없어져야 한다. 부동산은 투기 상품이 아니다. 주거 개념이 정착돼야 한다. 시민단체가 1가구 1주택 운동에 나서야 한다.

넷째, 단기적으로는 다주택자가 보유한 주택을 시장에 내놓게 하는 유도 정책이 필요하다. 서울에서 10년 이상 다주택자가 소유한 주택이 128,199채다. 강남 3구에만 34,254채다. 물량이 나온다면 서울 집값은 단기간에 안정된다. 중장기적으로는 재건축 단계별 허용 및 장기임대주택 확대 등 다양한 정책을 혼합해 추진해야 한다.

다섯째, 임대차 3법 통과로 시장 반응에 민첩하게 대응해 후속 대책을 내놔야 한다. 부동산시장 현장에서는 2년 끝나면 시세보다 약간 싸게 연장했는데 4년 종료되면 시세 격차를 감당하거나 이사 가야 한다. 결국 숙제를 미룬 것이다. 연장 안 하면 손해라는 인식에 시장에 전·월세 물건이 귀하다. 특히 외국인의 월세와 신혼부부 전세 물건이 품귀 현상이다. 전셋값은 한 단계 높았는데 덩달아 월세도 높아졌다.

공인중개사들은 부동산 증액분 계산하기 바쁘고, 상담 잡무에 지쳐가고 있다. 독일을 따라 하면서 임차인이 재산세를 납부하는 것과 싱가포르 정책을 도입하면서 양도세가 낮은 것은 뺐다.

부동산 현장에서 임대인들은 반정부 정서가 강하다. 임차인도 손해다. 지금까지 전세는 올라도 월세는 10년 전이나 지금이나 금리 인하로 인해 비슷했는데 이제는 2년마다 5% 인상하게 됐다. 소급적용으로 선의의 피해자가 속출하고 있다. 9월에 임대차 만기라 매매 계약한 임대인은 임차인이 나가지 않겠다고 버텨 계약금 2배를 배상하느냐 못하느냐 난리다. 임대인과 임차인 간 신경전은 전국 곳곳에서 벌어지고 있다. 시장은 혼란에 빠져들고 있다. 세밀한 후속 대책이 필요하다.

여섯째, 국토부는 전·월세 신고를 관리하는 시스템이 없어 구축 후 내년 6월에나 신고제의 시행이 가능하다고 한다. 있을 수 없는 일이다. IT 전문가로 보면 최단 1개월 최장 3개월이면 가능한 시스템이다. 일을 하려고 하는 것인지 일부러 시간을 지체하려는 것인지 의중을 알 수가 없다. 부동산 정책 입안자들은 절박함이 없는 듯하다. 그래서 22번의 대책이 나왔구나 생각하니 안타

까움을 금할 수 없다

일곱째, 재건축 규제를 풀어야 한다. 20년 전 강남에 재건축을 허가해야 했다. 정권마다 은마아파트 4천 4백여 세대가 재건축되면 전세대란이 날까 봐 미루고 다음 정권에 계속 넘겼다. 언젠가는 강남의 오래된 아파트는 재건축해야 한다. 동시다발로 재건축을 시행하면 아파트 가격도 안정된다. 재건축 기간 동안 전세수요는 서울 외곽으로 빠진다. 서울 재건축·재개발 6년간 393곳이 취소됐다. 추진하면 새 집 25만 채가 공급된다. 정부는 4일 공공 재건축 제도를 도입하고 서울 노원구 태릉 골프장 부지 등 신규 부지 발굴 등을 통해 수도권에 총 13만 2천 가구의 주택을 추가 공급하기로 하는 '수도권 주택 공급 확대 방안'을 발표했다. 한국토지주택공사(LH) 등 공공기관의 참여를 전제로 재건축 단지가 주택 등을 기부채납 하면 종상향 등을 통해 용적률을 500%까지 올려주고 층수도 50층까지 올릴 수 있도록 규제를 완화한다는 내용도 들어 있다. 하지만 문제는 시간이 걸린다는 것이다.

여덟째, 20년 전에는 유동자금이 약 800조 원이었다. 현재 시중에 떠도는 유동자금은 3,019조 원이다. 통화량이 약 3.8배 늘었다. 집값도 4배 정도 오르는 것을 인정해야 한다. 20년 전 2억 5,000만 원 하던 마포지역 아파트가 현재 12억 정도로 4.8배가 올랐다. 같은 시기 대치동 은마아파트는 약 2억 원이었다. 통화량 논리라면 7.6억 정도가 돼야 맞지만, 현재 20억 원이 넘는다. 10배 이상 올랐다. 강남과 비강남 아파트값 격차가 28년 사이 100배가 벌어졌다. 강남이 유독 오른 것이다. 사람들은 월급보다 집값이 너무 오른다고 밤잠을 설친다.

마지막으로, 보다 근본적인 부동산 정책은 정부가 손을 떼고 시

300

장 자정 기능에 맡기는 것이다. 부동산은 심리적 요인이 작동한다. 정부가 부동산 문제에 관심을 쏟고 대책 준비에 열을 올리면 올릴수록 부동산시장에 관한 관심이 증폭돼 투기 수요가 유입된다. 특히 정부 대책이 별다른 효과를 내지 못하면 부동산 불패 신화가 확산돼 투기 세력들이 농간을 부리는 악순환이 계속된다. 부동산 문제의 정답은 현장에 있다.

(국가미래연구원. 2020.08.04.)

2) 부동산 대책 근본적 해법

1985년 노벨 경제학상을 수상한 로버트 루카스는 '합리적 기대 이론'을 발표했다. 정부가 어떤 정책을 시행하면 시장의 합리적 기대로 인해 정부의 정책이 수포로 돌아갈 수 있다는 것이다. 박근혜 정부는 부동산 가격을 올리려고 했지만 시장이 미리 알고 부동산을 과잉 공급해서 오히려 부동산 가격이 떨어졌다. 문재인 정부는 부동산에 강한 규제를 통해 가격을 통제하려고 했지만 시장이 미리 알고 움츠려 공급이 사라지며 가격이 폭등했다.

정부의 부동산 정책 목표는 세금이 오르면 매물이 증가해 집값을 떨어뜨리는 것이다. 집값이 하락하면 전·월세 가격도 떨어져 거래가 활발할 것으로 예상한 것 같다. 하지만 부동산시장은 정반대로 움직이고 있다. 세금 부담이 증가하자 거래가 실종됐고 거래가 실종되니 전·월세 가격이 상승해 집값 폭등으로 이어지고 있다.

그렇다면 부동산 문제를 해결하려면 어떻게 해야 할까. 첫째,

부동산에 실패하면 꽝이다. 부동산은 세대별 불문하고 영향을 미친다. 성난 부동산 민심은 선거에서 표출된다. 정부의 부동산 정책으로 집 소유자는 세금 부담에 화나고, 무주택자는 집값이 올라 배 아프고, 젊은 세대는 생애 집을 포기해야 하는 고민에 빠져있다. 전세대란은 내년 4월 지방선거에 영향을 미칠 것이다. 부동산 문제로 중산층과 젊은 세대가 돌아서고 있다. 표를 계산해보면 결코 진보 세력이 안심할 수 없다. 2022년 3월이면 임대차 계약청구권이 종료되는 6개월 전이다. 보통 6개월 전부터 집을 알아봐야 하는데 전셋값이 2배로 오른 가격에 신규계약을 해야 한다. 그때 성난 부동산 민심이 어디로 향할까.

둘째, 지금의 부동산시장은 기회가 균등하지도 과정이 공정하지도 결과는 정의롭지도 않다.

세금 늘리기와 돈줄 죄기로는 부동산시장을 안정시킬 수 없다. 상대적 박탈감에 시달리는 일부 계층의 호응을 일시적으로 얻을 뿐이다. 부동산 정책의 실패는 결과적으로 민심의 이반을 가져오게 된다.

셋째, 지금 당장 돈을 들이지 않고 시행할 정책들이 많다. 전 국민이 관심을 가지고 있는 부동산 정책은 이념으로 해결할 수 없다. 누가 보더라도 합리적이고 상식선에서 해결책을 내야 한다. 누군가는 고양이 목에 방울을 달아야 한다.

넷째, 부동산 정책 사고를 변혁해야 한다. 소유의 개념을 완전히 바꾸는 것도 하나의 방안이 다. 10억 원의 아파트가 전세 7억에 계약이 되면 임대인이 1소유자, 임차인은 2소유자로서 권리를 나눠 행사하면 된다. 주식 논리를 대입하면 2소유자는 절대 대주주다. 집주인은 매도 권리만 갖고 2소유자는 몇 년이든 거주할 권리를 가진다. 집값이 올라 20억에 매도하면 차익 10억 원에 대해서는 2소유자와 이익을 공유하는 것이다. 여러 가지 다양한 개념을 적용하면 아파트가 투기의 대상이 아니라 결국 주거의 개념으로 정착하게 된다.

다섯째, 임대차3법 중 부작용이 발생하는 부문만 핀센 개정하고 보완해야 한다. 부동산 문제는 2023년 초가 되면 저절로 해결될 것이다. 차기 정부는 부동산 문제 스트레스 없이 정책을 추진할 수 있다. 문제는 전세대란은 내년까지 이어지고 집값은 2022년 대선의 주요 이슈가 될 것이다.

마지막으로, 국민의 거주 이전 자유, 재산권, 행복 추구권을 침해하는 규제는 폐지 또는 완화해야 민심을 얻을 수 있다. 시장을 이기는 정책은 없다는 것이 역사의 교훈이다.

(내외통신(http 2020.11.20)

【 제2부 】

분야별 정책 제언
정책 제언 목록

분야별 정책 제언

1. 부동산

■ 비전 : '집 걱정 없는 대한민국'
■ 목표 : 'My Home Project'

【 주요 내용 】

　　① 평생 살 집 걱정 없는 대한민국
　　② 진짜 내 집인 고급 임대주택을 실현
　　③ 건물만 분양하는 반값 아파트 공급 확대

(1) 추진 배경

　　○ 내 집 소유하기가 힘든 세상
　　○ 집값 폭등, 가계 채무 급증, 가계의 짐
　　○ 전·월세비로 인한 고통, 삶의 질이 떨어짐
　　○ 모든 소득 저축해도 전국 5년 7개월, 서울 9년 2개월

(2) 필요성

　　○ 현실적으로 서민과 중산층이 빚 없이 내 집 마련 불가능
　　○ 빚을 내서 집 사고, 집 저당 1주택 소유자 많음, 1주택자 자산보
　　　다 빚이 많음, 하우스 푸어, 렌트 푸어
　　○ 다주택자 월세 수입이나 투자 용도로 활용 재산 증식 수단
　　○ 인구 5,177만 명 중 2채 이상 소유자 198만 명에 불과, 나머지

5,000만 명 임대료 걱정 없는 세상 만들어야

○ 무주택자 전체 가구의 43.77% 875만 가구
○ 부동산 불로소득 GDP의 22%, 일할 의욕을 꺾임
○ 상위 계층 소득 대부분이 땅값과 부동산 올라서 취득

(3) 추진 방안

○ 개인이 'Happy Home Club'에 가입
○ 'HHC'가 공동으로 집을 건축해 개인에게 임대
○ 클럽 멤버 입장에서는 '내 집을 내가 빌리는 셈'
○ 임차인 동시에 집주인 지위도 가짐
○ 임차인은 집값의 10%만 지불, 80%는 공적 대출 보증
○ 10%는 시행사와 시공사가 각각 반씩 부담
○ 10년 동안 임차한 후 최초 분양가로 분양 전환
○ 임대주택은 수요, 공급을 정확히 예측 LH공사 전담
○ 수요와 공급의 밸런스를 조절하는 'AI 부동산 예측' 활용

(4) 공동이익

○ 거주민에게는 혁신적인 삶의 질 향상
○ 사업자에게는 새로운 가치와 수익 창출 기회
○ 지자체와 정부에게는 주거난과 복지 문제 해결
○ 국가적으로는 집에 묶여 있던 금융이 풀려 경제적 부흥

(5) 부동산 토건 오적

○ 이익을 위해 로비, 뇌물 상납 일삼는 재벌·건설
○ 뇌물을 상납받으며 특혜입법을 발의하는 정당·정치인

○ 지원책을 양산하고 사업을 몰아주는 관료
○ 분양 광고 의존 여론 조작, 왜곡하는 언론·경제지
○ 용역을 제공받으며 논리를 제공하는 전문가

(6) 부동산 문제의 본질

○ 집을 사느냐 못 사느냐 문제가 아님
○ 서울 아파트 소유자 가만히 있어도 몇억 불로소득
○ 사회 양극화 갈등 증폭, 불평등 고조, 집 소유자 vs 무주택자, 서울 소유자 vs 지방 소유자

(7) 부동산 관계자 공통 인식

○ 공급 부족 공동 상황 인식
○ 서울 집값 오른다는 믿음
○ 서울 집값 내려가기를 바라는 사람은 아무도 없음, 주택 소유자, 시장 전문가, 정책 담당자, 공인중개사

(8) 역대 정부 부동산 정책 실패 원인

○ 반(反)시장 정책, 시장의 신뢰를 잃음
○ 시장에 자금이 넘쳐나면 강력한 부동산 규제
○ 부동산시장 침체하면 살리기 위해 규제를 품
○ 정부가 바뀔 때마다 냉탕 온탕 정책을 반복
○ 부동산을 산업으로만 바라보는 정책 당국 입장
○ 실수요자 중심에 둔 일관성 있는 정책을 추진하기
○ 경제 성장 떠받들기와 국민 주거 안정 사이 외줄 타기
○ 설익은 정책 내놓고 대책 실효성 떨어지면 대책 남발

(9) 집값이 오르는 이유

○ 부동산 정책의 실패
○ 부동산은 돈 된다는 생각
○ 주택의 잠재적 수요가 많음
○ 국토부 관계자, 건설사, 국토위원, 건설마피아 커넥션

(10) 집값이 오르면 안 되는 이유

○ 08년 금융위기 근본적 이유 집값 버블이 꺼졌기 때문
○ 어느 순간 집값이 빠지면 국민들이 직접적인 피해 입음
○ 모두가 매도하려고 하면 부동산 폭락, 금융위기 초래

(11) 실효성 있는 부동산 정책

○ 유동자금을 주식시장으로 유입하는 정책을 사용해야
○ 부동산 금융 익스포저(위험노출액) 2,000조 원 돌파 줄여야
○ 블록체인 기반의 가상 자산시장을 양성화해 투자처 제공
○ 부동산은 투기 상품이 아님, 주거개념이 정착돼야
○ 다주택자 보유한 주택을 시장에 내놓는 유도 정책 필요
○ 강남 버금가는 신도시를 수도권에 건설, 판교 사례 주목
○ 출산율 하락, 고령화, 1인 가구 급증에 맞는 부동산 정책
○ 청년 세대에 대한 세분화와 계층적 접근 정책이 필요

(12) 부동산 세제

▶ 특징

① 세제의 복잡성
② OECD 국가 비교하여 높은 거래세, 낮은 보유세 구조
③ 짧아진 제도의 개편 주기, 구조적인 세제 개편 미흡

▶ 정책 제언

① 종합적이고 구조적인 세제 개편 논의가 필요
② 공정성 제고, 점진적 개편, 국가균형발전 원칙하에 개편
③ 부동산세제는 전 국민이 영향을 받음, 부동산거래세와 중개수
　수료 등 거래비용 전반 고려, 종합적인 부동산세제 구조 개편
　필요

(13) 한국 주택 공급 방식 특징과 문제점

▶ 특징

① 공공주택은 물론 민간 부문이 공급하는 주택도 정부가 정한 방
　식에 의거 공급하도록 하고 있음
② 무주택자에게 주택을 우선 공급하겠다는 정책목표 달성하기 위
　해 신규 주택을 그 공급 대상으로 삼았음
③ 공공 부문 주택 공급 방식과 순수 민간 부문의 주택 공급 방식
　이 거의 동일

▶ 문제점

① 주택시장 내에서의 시장 기능 제대로 정립되지 못함
② 경기가 불황기에는 주택 건설 산업 활성화하는 정책 부담으로

312

작용

③ 또 경기가 과열 양상을 보이면 투기 억제 대책으로 정책을 전환

▶ 시사점

① 주택시장의 여건 변화, 정책 대상에 대한 효율적인 주택 공급 등을 위해 공급 제도의 틀과 내용을 개선
② 청약제도는 공공 주택시장에 한해 실시하고 그 외 민간 주택시장에 대해서 현행 공급 제도 수정, 폐지
③ 외국은 정부 주택 정책 대상이 명확하고 지원 방법은 각국의 사회적인 여건과 주택 여건에 맞게 운영
④ 정부의 정책 대상이 아닌 민간주택 시장에 대해 정부가 주택 공급에 개입하지 않고 있음, 미국의 경우 모기지대출 지급 보증을 통해 지원
⑤ 공공주택시장 발달은 경기 변동이나 소득 변화에 따른 중·서민층 주거가 크게 불안해지지 않는다는 장점
⑥ 정부는 주택 공급 정책 대상을 명확히 설정하고 계층별로 차별적인 접근을 시도해 나가는 것이 필요

▶ 공급 제도 개선 방안

① 신규 분양 시장에 집중되고 있는 주택 수요를 중고주택 등으로 분산시킬 필요가 있음
② 정부가 분양 가격을 통제하는 공공 주택시장 활성화
③ 공공주택 건설은 LH 담당하고 동시에 민간 주택시장 활성화
④ 공급자 금융시장 활성화, 부동산 개발 산업 육성

▶ 수요 제도 개선 방안

① 청약제도 개선이 필요, 신축 주책은 가격이 높음

② 중·서민층, 무주택자에게 기존 주택을 구입을 유도

③ 민간 주택시장에서는 분양권 전매를 금지시켜 주택의 투기적 수요를 억제

▶ 정책 제언

① 정부가 주택시장 전부를 조절하기 불가능, 정책 대상을 좀 더 구체화해 실질적 정책 수행 도모

② 민간 주택시장의 시장 기능 활성화와 정착을 위해 시스템 정비에 주력해야

③ 현행 주택 공급 제도에 대한 전면적인 재검토 필요

④ 계층별 다양한 정책 접근이 필요 빈곤층에는 공공 부문이 직접적으로 임대주택을 공급하는 정책, 중·서민층에 대해서는 주택 금융이 조금만 지원되면 주택 구입 가능한 저렴한 분양주택을 공급, 정책 중·상위층 주택시장은 정부가 직접, 개인은 최소화

(14) 주택 정책

① 사회경제적 여건 변화 대응 주거 지원 방안 마련, 생애주기별, 가구소득별 맞춤형 주거 지원 강화, 주택 재고 관리(빈집, 재건축 등), 1인 가구 및 청년층 위한 주거 지원 방안 마련

② 부동산시장 안정을 위해 시장 상황 및 지역에 맞는 탄력적 정책 운용, 미분양 최소화

③ 인구 감소에 따른 유휴 토지 효율적 활용 정책

④ 오랜 세월 동안 부동산 관련 정책들이 그 당시 거시경제 상황에 대처하는 방편으로 제시되어 부동산시장 자체를 있는 그대로

진단 못 함

부동산 정책은 서민 주거 안정이라는 측면과 국토 개발이나 건설 투자 경기 활성화 측면에서도 중요, 역대 부동산 정책이 주변 환경이나 여건에 민감하게 반응했기에 부동산시장의 변동성을 증가시키는 원동력 되었고, 부동산값 폭등과 부동산 투기 유발로 이어짐

2. 중소기업

■ 비전 : '중소기업 공화국'
■ 목표 : '중소기업 중심의 경제'

【 주요 내용 】

① 대기업 재벌 공화국에서 중소기업 공화국으로 전환
② 대기업 하청에서 상생하고 윈윈 체제로 변환
③ 누구나 일하고 싶은 강한 중소기업으로 육성, 지원

(1) 추진 배경

○ 국가는 중소기업을 보호 육성해야 한다. (헌법 123조)
○ 중소기업 9988. 기업의 99%, 종업원 수 88%를 차지
○ 중소기업이 무너지면 대다수 국민들의 생계가 무너짐
○ 대기업 경제에서 중소기업 중심 경제로 전환해야

(2) 필요성

○ 역대 어떤 정부도 중소기업 지원 등한시한 경우 없음
○ 중소기업기본법(65년), 일반법 및 특별법 19개
○ 재정 지원, 각종 기술 지원, 인력 지원 등 다양한 지원책

(3) 추진 방안

○ 대기업과 임금 격차 확대, 외환위기 이전 대기업의 80%, 최근 62% 수준

○ 대기업 불공정 관행 철폐, 중소기업 근로자 임금 상승을 막는 중요한 요인으로 하도급 대금 후려치기, 인력 유출, 기술 빼가기

○ 중소기업의 성과 공유 모델 활성화, 대기업과 중소기업 임금 격차 요소는 기본급(75%)보다는 초과근로수당과 성과급 등 특별급여(2배 차이)

○ '핵심 인력 성과보상금' 추진, 장기 재직이 필요한 인력이라고 기업이 지정한 근로자와 기업이 1:2 비율로 5년간 매달 일정 금액을 적립하고, 근로자가 만기일까지 재직하면 적립금을 성과보상금으로 지급하는 제도, 기업 납입금은 정부가 세제 혜택을 줌

○ 선진국형 중소기업 임금 체제 유도, 선진국은 작은 회사일수록 일이 많고 힘이 더 드니까 임금이 높음, 대기업과 같은 수준으로 노동시장 유연

○ 법으로 보호하고 제도로 지원하는 것보다 구조를 바꿔야, 막대한 지원금 쏟아 봤자 일시적 자금 순환에만 도움

○ 중소기업 기술 유출 막을 강력한 제재 법안도 무용지물, 기술을 갖고 있는 하청업체 사이에 대기업의 친인척이 운영하는 1차 밴더가 끼어 기술을 대기업에 전달할 경우 대기업에 직접적 책임을 물을 법적 근거가 없음

(4) 비현실적인 탁상행정 고쳐야

○ 현실에 대한 문제 파악 역대 정부 비슷, 해결책 없음
○ 대기업 불공정 관행 파악을 위해 용역 인력이 현장 답사
○ 해법은 자금과 인력 투입, 기술 지원, 각종 보호법 발의

○ 서류와 통계로만 중소기업을 바라보는 정책은 비현실적

○ 불공정 행위를 공정거래위원회에서 서류로 제출하라는 것은 비현실적, 만약 제출했다면 다음 분기부터 하청 물량을 받을 수 없는 구조, 직접 실제 단가를 분석 확인해서 관계 부처가 적발해야, 업체가 신고하는 순간 소문나서 회사는 망함

○ 중소기업 현장을 알아야 중소기업 정책을 만듦, 중소기업 다녀본 적도 없는 사람들이 중소기업 위한다며 실효성 없는 정책만 만들고 있는 안타까운 실정

(5) 중소기업 연구개발 지원

○ 중소기업 지원 자금은 은행 대출 자금보다 금리가 낮은 또 다른 대출로 빚이라는 현장의 목소리

○ 일시적 자금 지원보다는 지속적 생존하기 위한 구조 변화

○ 지원받는 순간 부처에서 "시설 확충해라, 불량률 낮은 장비에 투자하라" 등 지시

○ 기술 R&D 연구비로 기술개발 해봤자 초정밀·고도 기술 아닌 이상 어차피 다른 업체에서 베끼는 건 시간 문제

○ 결국 중소기업 지원 자금 명목으로 예산을 투입해봤자 경쟁력 향상과 효과를 기대하기 어려운 구조

(6) 중소기업 구조적 문제

○ 강소기업 이외는 대부분 대기업의 하청업체 형태로 운영

○ 제조업뿐만이 아니라 유통, 서비스까지 전 산업 분야에서 대기업의 하청업체 기능 역할, 65% 이상 하청 관계 맺음

○ 대기업의 1, 2, 3차 밴더 때문에 중소기업을 지원해봤자 대기업 횡포를 막을 수 없음, 수혜자는 대기업

○ 매출 부진, 인력난은 구조적 불균형 구조에서 나타난 결과

(7) 선진국의 중소기업 정책

○ 중소기업 정책을 전담하는 조직은 경제 또는 산업 정책을 총괄
하는 조직과 유기적인 연관성을 갖고 있음
○ 중소기업의 지원 행정 체제가 수요자 중심으로 구축
○ 수요자 중심의 지원 체제 구축과 관련된 것으로 지역을 주체로
중소기업 지원 시책을 적극적으로 실시
○ 정부뿐 아니라 금융, 교육기관 및 민간단체들이 협력 종합서비
스를 제공하는 데 노력을 기울이고 있음
○ 글로벌 시장 진출을 위한 지원 정책을 추진

(8) 중소기업의 근본적 부실 원인

○ 중소기업의 생산성 및 수익성 장기적으로 하락
○ 정부의 과도한 반복적 각종 지원으로 자생력 저하
○ 금융 지원 정책은 일시적 도움 되지만 결국 부실 심화
○ 노동 생산성이 지속적 하락, 대기업에 종속 구조

(9) 중소기업의 부실 대책 방안

○ 부실 징후 기업에 대한 자문 서비스
○ 건전한 구조조정과 퇴출을 지속적으로 추진
○ 신보와 기보 관련 제도 개선 및 발상의 전환
○ 선의의 부도 중소기업인을 재활시켜야
○ 구조조정 정책 효과 위해 부실 단계별 정책을 연계
○ 재무 상황, 사업 기회 반영한 다양한 구조조정 수단 마련

○ 파산 선고에 앞서 법인 회생을 먼저 고려해야
○ 중소기업 스스로가 경쟁력을 키우고 정부는 지원만

(10) 향후 과제

○ 정책 영역의 명확화, 산업 정책, 기업 정책, 사회 정책 영역, 기능별·규모별 지원의 중복성 해소 및 연계 강화. 고용, 복지, 산업, 교육, 지역 정책 vs 중소기업 정책
○ 시장 친화적 지원 체제 활용, 지원의 시장 왜곡 고려, 신용보증, 정책자금, 신용평가, 중소기업 지원 서비스의 민간 부문 활용 및 기반 형성
○ 정책 조정 기능 확충과 집행 체계 개편, 정책 수행에서 집행까지 중소기업 입장 고려, 사업 개발보다는 정책 조정 기능 강화, 정책 집행은 지역 밀착형, 분권화, 자율화
○ 지원 방식에 대한 자체적인 검토와 지속적인 개선이 가능한 정책 전달 기구가 필요, 중앙 조정과 지역 집행
○ 정책 목표에 상응한 중소기업 범위 조정

(11) 글로벌 경쟁력 강화 시사점

○ 단순 수출 지원을 넘어선 복합적 글로벌 경제력 제고, 대기업 납품에 의존하는 경영 구조에서 벗어나야
○ 선진 기업과 전략 제휴 활용, 점차 글로벌 기업 성장 지원, R&D, 디자인, 경영 전략 등 고부가가치 획득을 위해 신흥 시장은 물론 EU, 미국 등 글로벌 시장 진출을 위해 다변화 노력을 강화
○ 자생력과 경쟁력을 위한 프로그램 강화, 기업가 정신 고취, 기술 혁신과 같은 내부 역량 강화 필요

(12) 중소기업 경쟁력 향상

▶ 중소기업의 튼튼한 성장 환경 구축

○ 신기술 개발 통한 혁신 역량 제고, 스마트공장 확산, 개발 인프
라 확충, 기술 탈취 근절
○ 정책금융 성장 촉진 및 금융안전망 지원 시스템 강화, 정책자금
지원, 신용보증 공급, 매출채권 보험 운용
○ 내수시장 확대를 위한 유통망 진출 촉진, 공공 부문의 중소기업
제품 구매 지원, 마케팅 지원
○ 글로벌 경제 영역 확대, 국제 협력 추진, 해외 진출 지원

▶ 더불어 발전하는 대·중소기업 간 상생 협력

○ 불공정거래 근절 및 상생 협력 확산, 기업 간 공정거래 환경 조
성, 상생 협력 생태계 확산
○ 협력을 통한 혁신 역량 발전, 중소기업 간 협업 유도, 전략적 동
반 성장 확대
○ 지역 중소기업 육성을 통한 균형 발전, 일자리 창출 중심 지역
특화산업 육성 지원, 지역 특구 운영

▶ 규제·행정 혁신 및 기업 애로 지원

○ 규제 철폐 및 행정 혁신
○ 정책 정보 제공 및 원스톱 기업 애로 지원
○ 중소기업 컨설팅 지원, 중소기업 옴부즈만 운영

▶ 중소기업의 해외 진출 방안

○ 신흥국의 새로운 정책이나 발전 전략 파악하여 유망한 진출 가
능 분야 발굴할 필요
○ 정보 접근 어려운 중소기업에 유용한 정보 제공 확대
○ 제품의 홍보 및 설명회 확대, 현지 대리상 발굴
○ 경쟁력 제고와 함께 충분한 사전 진출 준비가 필요

▶ 코로나19의 영향에 대한 지원 대책

○ 원부자재 안정적 확보를 위한 환위험관리 지원과 연계
○ 수출용 원자재 수입을 위한 저리 융자와 정책 지원 강화
○ 수입 원자재 환율변동분 납품단가 반영되도록 상생 협력
○ 수출 시장 다변화, 내수 진작을 위한 비대면 상거래 활성화
○ 수출기업에 대한 모니터링 강화, 수출 체력 고갈 방지 지원
○ 스마트 바이오, 헬스 등 분야 전문 중소기업 육성 지원
○ 기술개발 R&D 지원 강화, 스마트일터 혁신, 에듀테크 진출
○ 포스트 코로나 중소기업 정책 수립, 글로벌 공조 체제 확립

▶ 중소기업 기술 혁신 역량 향상 방안

○ 중소기업의 총요소생산성을 증가시키기 위해서는 기술 혁신과
기업 경영 향상을 위한 정책이 개발되고 지원 대기업처럼 기술
혁신을 이룰 수 있는 정책 지원 필요
○ 대기업과 중소기업 간 기술 격차를 줄이기 위한 정책 필요
○ 기술 양극화는 한국 산업의 동력이나 생산성을 전반적으로 악
화시킬 수 있기 때문에 개선하는 정책이 필요

3. 조세

■ 비전 : '낸 만큼 혜택받는 세상'
■ 목표 : '공평·공정·공짜' 없는 3공 정책

【 주요 내용 】

① 증세의 목적은 소득 불평등을 완화하는 것이어야 함
② 일부 초고소득 계층만의 세금 부담을 늘리는 것은 소득 불평등 완화나 재원 마련 측면에서 별 도움 안 됨
③ 증세는 중장기 계획 세워야. 국민적 합의, 사회적 공감대 형성이 필요

(1) 추진 배경

○ 노태우·김영삼·김대중 정부 시절 16.1~17.9%
○ 노무현 정부 06년 19.6%, 복지 지출 확대, 종부세 도입, 재산세 과세 강화 등이 맞물리면서 조세부담률 상승
○ 이명박 정부 법인세 최고세율 3% 인하 감세 정책으로 취임 첫해 19.3%에서 계속 하락해 2010년 17.9% 하락
○ 박근혜 정부 2014년부터 2016년까지 3년 연속 상승 18%→18.5%→19.4%, 명시적으로 세율을 조절하지는 않았지만, 소득세 최고, 세율 과세표준 구간 조정하고 담뱃세를 인상하는 등 사실상 증세함
○ 역대 정부 첫 해와 마지막 해의 조세부담률 변화를 보면

김영삼 정부 +0.5%포인트(16.2%→16.7%)

김대중 정부 +1.6%포인트(16.2%→17.8)

노무현 정부 +1.4%포인트(18.2%→19.6%)

이명박 정부 -0.6%포인트(19.3%→18.7%)

박근혜 정부 +1.5%포인트(17.9%→19.4%)

이명박 정부를 제외하고 조세부담률은 올라간 셈

○ 진보 정부 상향, 보수 정부 하향 조정 경향

○ 법인세 비율

미국 : 38% → 28% → 21%

일본 : 30% → 23.4%

독일 : 26.4% → 15.8%

영국 : 30% → 19% → 17%

한국 : 24.2% → 27.5%

국가 세수 중 법인세 15.7%, OECD평균 8.8%

(2) 필요성

○ 소득분배 개선을 위해 재정의 적극적 역할 강조

○ 문 정부, 재정 역할 강조. 임기 내 조세부담률 20% 넘을 듯

○ 소득 불평등 개선 증세 필요하지만, 사회적 공감대 우선

○ 복지 강조하는 문 정부와 조세부담 상승률은 불가분 관계

○ 저출산, 고령화 등 구조적 문제에 대해 4차 산업혁명 등 미래 과제에 선제 대응하려면 제정의 적극적인 역할 필요

○ 문 정부 펼치는 대규모 사업은 자금이 필요

○ 2018년 조세부담률 20.0%, 미국 18.2%보다 1.8% 높음, 세수 호황기와 법인세 인상 등 겹치면서 세 부담 증가, 미국은 20.6%보다 2.4% 하락. 트럼프 정부의 감세 정책, 일본의 경우 2017년 기준 우리나라와 같은 19.8% 기록

○ 조세부담률이 높아진 것은 GDP 성장률이 떨어지는 가운데 최근 조세부담이 크게 증가했기 때문으로 분석

(3) 조세부담률, 국민부담률

○ 조세부담률은 국내총생산(GDP)에서 국세와 지방세가 차지하는 비중을 나타내는 것으로 조세부담률이 높다는 것은 그만큼 국민들의 세 부담이 크다는 것을 의미함
○ 국민부담률은 세금뿐 아니라 사회보험료를 포함한 부담액이 국민총생산에서 차지하는 비중을 말함
○ '작은 정부'에서는 조세부담이 낮고, '큰 정부'에서는 조세부담이 높음
○ 정부가 얼마나 예산을 효율적으로 쓰느냐는 별개 문제
○ OECD 회원국 평균이 24.9%이고 그 중 복지지출이 많은 국가인 독일(29.8%), 프랑스(28.8%), 영국(26.5%) 비하면 우리나라의 조세부담 수준은 상당히 낮은 편
○ 상대적으로 복지 비중이 낮은 미국(19.7%), 일본(18.2%)과 유사, 반면 주변 국가인 홍콩(15.5%), 싱가포르(13.8%)와 비교하면 높은 수준, 국민부담률도 역시 비슷한 추세
○ 고령화가 급속하게 진전되면서 재정 지출 수요가 기하급수적으로 커질 것으로 전망

(4) 일본 사례

○ 일본은 고령화가 진행되는 시점인 1990년대부터 복지 지출이 급격하게 증가
○ 1990년대에 인구 절벽을 경험한 일본은 1990~2009년, 65세 이상 고령층에 대한 1인당 복지 지출은 실질가격으로 연평균

2.2% 증가율에 그쳤으나 고령층 인구 증가로 인해 연금, 의료 등의 고령자 복지 지출 총액이 연평균 5.9% 증가했고, 그 결과 사회보장기금 적자를 메우기 위해 재정 지원을 확대하면서 급격한 재정 악화를 초래함

○ 반면 세입은 오히려 감소하는 현상이 나타나 재정적자가 커짐. 지속된 적자로 인해 30여 년이 흐른 지금에 와서는 세계에서 국가부채가 가장 많은 국가

○ 우리나라도 고령화가 급속도로 진전되고 있어 재정 구조 면에서 일본과 유사한 경로를 밟게 될 가능성, 급격한 인구 고령화, 공적연금 등 제도의 성숙으로 인한 자연 증가, 기초연금·장기요양보험·무상보육과 양육수당 등 새롭게 도입된 제도 등을 감안할 때 공적 사회 지출은 지속적으로 증가해 2014년 GDP 대비 10.4%에서 2030년 17.9%, 2040년 22.6%에 이를 전망

○ 공적 사회 지출의 증가는 재정 적자의 급증으로 이어져 국가채무가 크게 늘어날 가능성이 있음.

○ 조세부담률이 어느 정도가 되어야 하는지는 여건에 따라 달라질 수 있지만 어떤 형태로든 대비가 필요

(5) 재정 운용과 관련된 바람직한 모델

○ 재정 운용과 관련해 우리 앞에 놓인 선택은 3가지. '작은 정부(저부담·저복지)' 모델, '큰 정부(고부담·고복지)' 모델, 제3의 모델인 '중간 정부(중부담·중복지)' 모델. 어떤 모델이든 장단점을 지니고 있음

○ 작은 정부 모델은 현재의 재정 지출 증가 속도나 주요국의 사례를 감안할 때 우리 현실에 맞지 않음, 복지제도를 크게 확대하지 않고 유지해도 재정 지출의 급격한 증가가 예상되는 상황에서 낮은 조세부담을 유지하기는 불가능

○ 중간 정부 모델이 현실 적합성을 지님, 중간 정부 모델 운용하고 있는 대표적인 국가는 독일, 독일은 우리처럼 제조업이 강하고, 분단국에서 통일 국가로 변모한 경험이 있는 만큼 독일과 유사하게 운용하는 것이 바람직함

○ 이와 함께 중요한 것은 해당 모델의 강점이 잘 발휘될 수 있도록 사회 시스템을 만들어가는 일. 저부담, 저복지 국가인 한국과 일본의 성공 요인은 높은 저축과 효율적 투자에 의한 성장 전략이었음

○ 반면 독일, 네덜란드, 스웨덴의 성공 요인은 사회보장, 노동시장 유연화, 적극적 노동시장 정책에 의한 성장 동력 확보 전략이었음

○ 주어진 조세부담 수준에서 최대한 효율성을 발휘할 수 있는 조세 구조, 즉 사회보장과 경제 성장의 선순환 구조를 가져올 수 있는 조세체계를 만드는 것도 그 과제 중 하나

○ 우리 역량과 성공 경험을 바탕으로 사회적 합의를 통해 새롭고, 혁신적인 조세체계를 만들어나가야 함

(6) 세원별 세 부담

○ 국민의 세금은 소득, 소비, 자산 3가지에서 나옴, OECD에서는 소득과세와 소비과세, 자산과세의 세원별 비중을 국가별로 제시하고 있음

○ 우리나라는 세원별로는 소득과세와 소비과세 수준이 낮은 편이고, 재산과세 비중은 오히려 높은 편

○ 세부적으로 보면 소득세, 일반소비세, 개별소비세는 낮고 법인세와 재산과세의 비중은 높음

○ 소득세 비중이 낮은 것은 소득 재분배 측면에서 조세의 역할이 크지 않음을 의미

○ 반면 법인세 비중이 높다는 것은 효율적이지 못함을 뜻함. 물론 우리 기업의 경쟁력이 뛰어나서 다른 나라의 기업들에 비해 훨씬 더 많은 기업이익을 창출해냄으로써 법인세 부담을 많이 할 수 있었다고 해석할 수도 있음. 어느 편이 맞을지는 좀 더 논의가 필요하지만, 효율적이라고 보기는 어려울 듯

○ 소비세 비중이 작다는 것은 재분배 측면에서는 긍정적이지만 효율성 면에서는 부정적

○ 재산과세 비중이 높은 것은 재분배나 효율성 면에서 일단 바람직

○ OECD 회원국과 세원별 과세 비중을 비교해 보면 시사점 찾을 수 있음. 향후 세입 재원의 확충이 필요하다면 우리의 조세 정책 방향이 소득과세(소득 재분배 강화)와 소비과세(효율성 제고) 비중을 높이는 것에서 출발해야 함을 보여주고 있음

(7) 소득 계층별 세 부담 : 재분배의 문제

○ 소득 계층별로 얼마만큼의 세금을 부담하는가는 공평의 문제이기도 하지만, 분배의 측면에서 중요한 의미를 지님

○ 세목별 세 부담 구성비 역시 조세제도를 설계하고 정책을 집행하는 데 중요한 판단 기준

○ 가구소득 계층별 조세부담 수준은 고소득층으로 갈수록 절대 부담액과 소득 대비 부담 비율이 모두 빠르게 상승. 간접세와 직접세 모두 부담액이 늘어나지만, 직접세 부담액이 상대적으로 더 크게 늘어남

○ 일반 가계의 부담·수혜 결합 분포는 가구당 부담액과 수혜액의 평균이 거의 균형을 이루고 있음

○ 소득 계층별로 보면, 대체로 하위 60%(1~6분위)의 가구는 수혜가 부담보다 큰 순수혜가구이고, 7분위는 균형, 상위 30%(8~10

분위)의 가구는 부담이 수혜보다 큰 순부담가구로 추정됨

○ 이에 따르면 순수혜가구 : 중립가구 : 순부담가구의 비율은 6 : 1 : 3. 즉, 상위 30%에서 재원을 조달하여 하위 60% 계층에게 분배하고 있음을 말해 주는 것. 이러한 구조는 동일한 내용의 통계를 발표하고 있는 영국의 소득 계층별 부담·수혜 결합분포와 유사한 모습을 보이고 있음

○ 현재와 같은 구조는 크게 변화되기는 어려울 것, 다만 그 정도에 차이가 있을 수 있음

○ 중립 가구의 비중이 다소 늘어나는 것이 바람직하지만 정답은 없음. 이 역시 우리 국민의 지혜로운 결정에 달려 있을 뿐

(8) 기능별 세 부담 : 노동과 소비세 부담 높아져야

○ 경제적 기능별로 세원을 노동과 자본 및 소비로 구분하고 이에 대한 세 부담을 비교

○ 노동에 대한 과세는 임금근로자에 대한 세 부담을 의미하며, 근로소득세 등 기타 근로와 관련된 세금과 근로자 및 고용주에 의해 납부된 사회보장기여금을 포함

○ 자본에 대한 과세는 자본 및 사업소득과 관련된 과세와 자산 보유에 따른 과세로 구성

○ 자본 및 사업소득은 법인 부문과 가계 및 자영업자 부문으로 나눌 수 있는데, 이는 법인세, 종합소득세 등 기업 및 자영업자의 소득에 대한 과세, 가계의 저축과 자산으로부터 발생한 소득 및 자본이득에 대한 과세로 구분

○ 소비에 대한 과세는 부가가치세, 개별소비세 등 가계에 의해 구입된 재화와 서비스에 부과된 세금을 의미

○ 예산정책처(2018)가 발표한 자료에 의하면 2001년부터 2016년까지 노동과세와 자본과세는 각각 3.8%P, 2.1%P 상승한 반

면, 소비과세는 1.2%P 하락, 노동과세 증가분의 대부분(2.9%P)은 사회보장기여금의 증가로 인한 것이며, 근로소득세의 증가분은 0.8%P, 자본과세의 증가분은 사업소득을 포함한 자본소득에 대한 세금의 증가(1.5%P)와 보유세 등 증가(0.5%P)로 인한 것

○ 같은 기간 동안 소비과세는 1.2%P 하락했는데, 유류에 대한 교통세 등 기타 소비과세 및 관세가 각각 1.3%P, 0.4%P 하락한데 기인함

○ 그 결과 소비과세 비중이 높은 국가에서 노동과세 비중이 높은 형태로 전환됨

○ 그럼에도 유럽 국가들과 비교하면 노동과 소비에 대한 세금 비중이 상대적으로 낮은 수준인데, 앞으로 필요한 경우에는 이 부문에서 재원 조달의 여지가 있음을 시사

(9) 부동산 세제

○ 부동산은 취득, 보유, 처분 등 모든 과정에 세금이 부과, 각각 행위별로 적용되는 세목 또한 다양, 주로 지방세

○ 현행 세목 분류 기준으로 부동산은 4~5개 세목이 적용

○ 거래세 : 취득세, 등록면허세, 인지세, 지방교육세, 농어촌특별세

○ 보유세 : 재산세, 종합부동산세, 지역자원시설세, 지방교육세, 농특세

○ 이전세 : 양도소득세, 상속세 및 증여세, 지방소득세

○ 취득세, 재산세 등 주요 세목은 지방세, 국세인 종부세는 전액 지방에 교부

○ 부동산보유세는 삼국시대부터 이어져 온 오래된 세금

(10) 조세 정책

▶ 조세 정책 기본전략

○ 우리나라의 조세 정책은 분절적, 단속적인 방식으로 실행, 세제 개편의 주요 내용이 개별 정책의 목적에 따라 진행, 조세제도의 전체적인 통일성이 훼손되고 안전성 저해됨
○ 중기재정운용계획과의 조화, 세제 개편을 안정적 진행, 조세 정책 기본전략은 임기 전체를 관통하는 세제 개편
○ 중장기 조세 정책 방향 = 기본전략의 기간별, 단계별 계획, 연례적 세법 개정 = 법제화를 통한 실행 계획의 구체화

▶ 경제 사회적 환경 변화

○ 우리나라 인구 구조는 전 세계에서 가장 빠른 속도로 고령화, 65세 이상 2017년 13.8%, 2030년 24.5%, 2060년 41.0% 증가
○ 출산율 전 세계에서 가장 낮은 수준, 2032년 인구 감소, 2017년 합계 출산율은 1.05명
○ 경제성장률 경제 구조 성숙, 고령화로 지속적으로 낮아짐, 잠재 성장률 하락은 노동 및 자본의 둔화와 생산성 향상 부진에 기인, 생산가능인구 2016년 73.4% 정점으로 감소
○ 경제 불평등이 지속적으로 심화되는 추세, 시장소득이 고소득 층으로 편중되는 현상이 점차 심화

▶ 재정 여건 : 복지 수요 증대

○ 정부 총지출에서 복지 분야 비중이 크고 빠르게 증가, 2019년 예산안 기준 보건복지 고용 분야 예산 34.5% 수준, 2060년까

지 GDP 대비 27.8~29.0% 수준으로 증가 예상
○ 복지·일자리 새로운 정책 도입 따라 정부 지출 증가, 포스트 코로나로 4차 추경 편성으로 본예산 100조 증가
○ 재정의 경직성 증대, 정부 지출 중 의무지출이 차지하는 비중이 재량지출이 차지하는 비중보다 큰 것으로 나타남
○ 관리재정수지는 지속적으로 적자
○ 향후 재정수지는 재정 수입 불확실성 증대되고 재정 지출이 확대됨에 따라 지속적으로 악화
○ 국가채무 수준도 OECD 국가 평균에 비해 낮은 수준이나 증가율은 높음, 고령화로 총수입 감소, 지출 증가, 재정 악화

▶ 조세 정책 비전

○ 안정적인 성장과 균등한 분배를 통한 국민의 삶 개선
○ 혁신적 행복 국가 실현을 재정적으로 지원

▶ 조세 정책 목표

○ 경제 성장 기반 구축을 위한 재정투자 재원 조달
○ 경제적 불평등 완화와 소득·자산 재분배 제고
○ 시장 실패 보완
○ 경제의 혁신 능력 제고와 일자리 창출 지원

▶ 세제 개편의 원칙과 방향

○ 안정적 세입 기반 확충
○ 소득재분배 제고 : 개인 소득세 및 자산과세 개선
○ 효율적인 세제와 시장 실패 보정 : 환경 에너지 세제 개편

○ 공정한 시장 질서 회복과 유지 : 초과이윤세 도입
○ 합리성과 투명성 : 불복제도의 개선 방안

4. 고용

■ 비전 : '일자리 걱정 없는 세상'
■ 목표 : '일자리 500만 개 Project'

【 주요 내용 】

① 일자리 창출 정책이 최고의 복지 정책
② 한국 경제 살리는 유일한 해답은 일자리 창출
③ 사라지는 일자리만큼, 새로운 일자리를 만들기
④ 역할 분담 : 정부 일거리 만들고, 기업은 일자리 창출
⑤ Digital Transformation 시대 맞는 양질 일자리 창출
⑥ 세금으로 만드는 티슈형 일자리에서 신산업에 의한 일자리 창출

(1) 추진 배경

○ 제조업 중심 구조적 실업, 코로나 실업 덮쳐 고용 참사
○ 산업 구조의 변화로 산업 간 인력 수급의 불균형 발생
○ 쇠퇴 산업은 노동수요 감소, 뜨는 산업은 노동수요 증가
○ 노동이 유연해지면 일자리가 적은 곳에서 많은 곳으로 이동
○ 국가가 사회 안전망을 강화, 실업자가 안심하는 사회
○ 청년 실업 대책과 40대 맞춤형 일자리 정책을 추진

(2) 필요성

○ 기업경영 악화로 고용시장마저 급속히 위축
○ 주요 기업 신규채용 중지하면서 취업 문이 좁아짐
○ 구직 단념자 68만 명, 통계 작성 이래 최대 규모
○ 그중 절반이 청년세대, 코로나 청년세대 취업절벽
○ 올해 경제성장률 –3.8%(한경연) 예상, 경기 하강 국면
○ 코로나 충격 향후 고용시장이 갈수록 악화, 실업 쓰나미
○ 실업 문제는 소득 불균형, 사회 불안을 가져올 정도로 심각

(3) 일자리

▶ 일자리란

○ 경제의 근간
○ 생산의 핵심
○ 소비의 원천
○ 정부의 책무, 시대적 사명, 국민의 권리
○ 생계를 꾸려 나갈 수 있는 수단으로서의 직업
○ 과거에 없던 일자리를 새롭게 만드는 것이 창출

▶ 일자리 창출

○ 일자리 정책의 핵심, 국정 최우선 과제
○ 일자리가 창출돼야 한국 경제 재도약이 가능
○ 근로시간 단축해 일자리 늘리는 것은 일자리 창출 아님, 이미
  유럽에서 실패한 모델

▶ 경제를 살리려면

○ 경제 활성화, 수출·내수 활성화, 일자리 창출

▶ 국민이 행복하려면

○ 일자리가 넘칠 때, 직업의 안정감, 일자리 만족감

▶ 일자리가 사라지면

○ 경제 무너지고, 국민들은 불행해져, 대안 세력을 선택

▶ 일자리 정책 분류

○ 복지 정책
  - 사회적 약자를 위한 공공일자리 정책(장애인 일자리, 노인 일자리, 여성 일자리)
  - 생계형 일자리 정책
○ 산업정책
  - 신산업 육성을 통한 청년일자리 창출(청년일자리, 장년층 일자리)

▶ 일자리 정책 종류

○ 일자리 창출 : 신사업, 신기술, 중소·벤처 창업
○ 일자리 늘리기, 쪼개기 : 임금피크제, 청년인턴, 공공일자리, 노동시간 단축 등
○ 일자리 지키기 : 3D 중소기업, 환경 개선, 고용 지원, 중소기업 인센티브

○ 일자리 취업 지원 : 취업교육 지원, 실업급여, 재취업비용, 비정규직 지원

(4) 고용 정책

▶ 고용 악화 원인

○ 노동을 경기하는 사회 인식
○ 대기업 제조업 중심의 산업 구조
○ 중소기업의 저임금 체계
○ 서비스 산업의 발전 부족
○ 고용 인력 구조의 불균형
○ 노조 임금상승 압력

▶ 역대 정부 고용 정책 추진체계

○ 김대중 정부 : 연평균 일자리 예산 52조 3,262억 원. 외환위기 극복과 실업 문제 종합 대책으로 국무총리실 산하 실업대책위원회
○ 노무현 정부 : 연평균 일자리 예산 1조 6,191억 원. 양극화 해소와 고용 정책으로 청년실업대책특별위원회, 고용지원센터
○ 이명박 정부 : 연평균 일자리 예산 9조 2,230억 원. 세제 금융위기 극복을 위한 국가고용전략회의, 고용노동부
○ 박근혜 정부 : 연평균 일자리 예산 14조 원. 창조경제 추진을 위한 창조경제혁신센터
○ 문재인 정부 : 4년간 본예산 85.3조 원, 추경 41.5조 원. 청년 실업 대책으로 일자리위원회, 일자리수석 신설

▶ 역대 정부 일자리 정책 실패 원인

○ 성과 내지 못한 과거 정책 답습
○ 재정을 투입한 임시적 일자리
○ 급조한 정책을 우격다짐 추진
○ 현장을 무시한 탁상공론 정책
○ 정책 발표를 통한 홍보만 중점
○ 유리한 통계 수치만 인용 발표
○ 고용의 수 집계만 집착한 정책
○ 일자리 정책이 오히려 없애기

▶ 고용 대책이 성과를 내기 위해서는

○ 장기적이고 지속적인 투자가 필요, 5년마다 정부가 바뀌고 경제 환경 변화에 따라 일자리 정책이 변동되고, 임기 내 가시적 성과를 내기 위한 정책 추진의 일관성 부족.
○ 고용 문제 해결을 위한 세부적 실행 계획 없이 중앙정부 중심으로 추진

(5) 청년일자리 문제

▶ 현황

○ 청년일자리가 없음, 평생 취업준비생 두려움
○ OECD 최고 청년실업률 21.9%, 체감실업률 26%
○ 불안정한 일자리 : 비정규직, 아르바이트, 단기
○ 생계와 취업을 스스로 해결해야 하는 N포 세대

▶ 역대 정부 청년일자리 정책 실패 원인

○ 인턴 등 일자리 수에만 집중해 예산 투입
○ 청년이 원하는 양질의 일자리 창출 등한시
○ 청년일자리 정책을 독립적으로 시행, 산업 정책과 연계되지 못해 시너지 효과 못 냄
○ 비경제활동인구에 속한 청년 스스로 노동시장에 진입하도록 유도하는 정책이 부족

▶ 청년일자리 정책 방향

○ 청년이 원하는 신산업에 의한 양질의 일자리 창출
○ 정부와 국회, 지방자치제 등 협조 청년일자리 창출
○ 청년은 사회의 주체, 미래를 설계하도록 일자리 창출

▶ 청년실업률

○ 전체 실업률 1% 오르면 청년실업률 20대 초반 1.84%, 20대 후반 1.23% 증가
○ 실업률이 높으면 청년 취업 더 어려워짐
○ 청년 인구 비중 1% 오를수록 실업률은 오히려 감소, 실제 회귀분석 결과 청년 인구 비중 높을수록 실업률이 감소, 향후 청년 인구 감소에 따라 실업률 늘어날 가능성
○ 임금근로자 비중 높을수록 청년실업률 감소
○ 경제성장률 증가할수록 청년실업률 감소
○ 고령화가 될수록 청년실업률 늘어남

▶ 청년 실업 원인

○ 개인의 능력 탓이 아님, 양질의 일자리 부족 때문
○ 부모와 주위에서 대기업 입사만 선호, 중소기업 차별
○ 기업들 경영 악화로 청년 인력 채용 부담, 노사문제
○ AI 시대 청년 업무 능력 습득 못 해 도태

▶ 청년 실업 대책 따져 봐야

○ 청년 고용대책 과거도 현재도 추진되고 집행되는데 청년실업률
　은 오히려 계속 증가 추세
○ 청년 수당은 지원금인지 용돈 수단인지 실효성 없음
○ 취업 지원 교육 업체들만 돈 벌고 있는 것은 아닌지
○ 각종 취업 지원 프로그램이 취업에 정말 도움 되는지

▶ 청년일자리 정책

○ 지원금 위주에서 직업교육 중심으로 전환, 기업은 스펙 위주보
　다는 실무 적응 능력을 선호
○ 정부 단기 티슈형 일자리가 아니라 장기적 대책 마련
○ 청년들이 원하는 신산업에 의한 양질의 일자리 창출
○ 경기 불안전성과 코로나가 해결된다고 청년실업률은 쉽게 호전
　되지 않을 것, 민간기업 투자 끌어내야
○ 산업 구조를 재편하고 산업 정책과 연계, 제조업 중심에서 AI
　산업으로 재편
○ 전통 주력산업과 신산업에 융합해 새로운 산업 창출

(6) 일자리 창출

▶ 정부와 일자리 창출

○ 양질 일자리는 재정 투입한다고 만들어지지 않음
○ 양질 일자리는 기본적으로 기업의 투자로 만들어짐

▶ 정부의 착각

○ 재정 지출 증가하면 일자리가 생김
○ 눈에 보이지 않는 다른 분야 일자리가 줄어든 것
○ 재정 지출은 세금, 세금은 국민 납세, 세율이 올라가면 소비 감
　소로 국내 소비 시장 위축, 결국 일자리 감소
○ 정부 주도 노인 일자리는 증가하지만, 전체 고용량이 증가하는
　것은 아님

▶ 일자리 창출하려면

○ 일자리가 없어진 진짜 원인을 찾아야 함
○ 어떤 산업 분야에 몇 명, 왜 일자리가 없어졌는지 분석
○ 일자리 없애는 정책 추진하고 있는지(反시장, 反기업)
○ 규제 완화, 노동시장 유연성, 기업 하기 좋은 환경 조성

5. 노동

■ 비전 : '노동시장 유연성'
■ 목표 : '노사가 화합하는 일하기 좋은 일터'

【 주요 내용 】

① 노동시장 유연성, 안정성 높이는 사회적 대타협
② 경기 변동이나 AI 혁명 시대에 유연하게 대응
③ 사회 전반적으로 인재들 적재적소 효율적 배분
④ 노동 개혁은 소득재분배, 기업과 노동자가 상생해야

(1) 추진 배경

○ 한국의 노동시장 경직성이 국가 발전의 장애물 지적
○ WEF 발표 노사관계 협력 124위, 정리해고비용 114위, 노동력
   이동성 75위, 노동시장 개혁이 필요하다는 메시지
○ 대기업 중소기업, 정규직 비정규직 간의 임금 격차 확대도 경직
   된 노동시장과 무관하지 않음
○ 강력한 대기업 노조가 생산성을 뛰어넘는 수준의 임금을 요구
   하면, 그 부담이 하청 중소기업과 비정규직으로 전가

(2) 필요성

○ 노동시장 개혁은 미래를 위해 반드시 가야 할 길

○ 해고에 따른 불안을 어느 정도 해소해야 함

○ 실업급여의 확대 등 제도적 뒷받침이 마련돼야

○ 정부와 기업, 근로자, 국민 등이 타협을 이루어내야

○ 노동시장 구조 개혁의 문제는 단발성 정책을 내놓아서는 안 되고 전체 시스템을 개선하는 문제로 이어져야

○ 대부분 선진국이 경제 위기를 극복하고 구조 개혁하는 데 있어 노사문제, 노동시장의 개선을 핵심 어젠다로 결정. 네덜란드 바세나르협약, 독일의 하르츠개혁

(3) 추진 방안

○ 노동시장 이중구조 문제를 해결하는 것이 급선무, 단기 근속자의 비율 높고 정규직과 비정규직의 임금 격차가 매우 큼. 전체 노동자의 반이 비정규직, 노동시장 이중구조가 고착화됨. 구매력이 없는 노동자들이 늘어나 내수 침체되고 경기가 활성화되지 않아 기업들은 고용을 억제, 노동시장 이중구조→내수 경기 침체→고용 억제의 악순환

○ 산업 구조의 변화가 필요, 중소기업이 대기업으로부터의 부당한 지배와 간섭을 받는 불공정 관행을 개선해 이들의 지불 능력을 높여야, 대기업↔중소기업 간 임금 격차 줄일 방안 마련 필요

○ 취약한 사회 안전망 정비가 중요, 공적연금제도, 건강보험 보장성 강화, 실업 비용 대책, 교육훈련 등과 같은 적극적 노동시장 정책 시행

○ 정규직의 지나친 보호를 안정시키고, 저임금 근로자의 소득을 향상시키는 조치가 우선돼야

○ 정년제도의 개선, 통상임금 문제, 연공급 임금체계, 휴일근로의 연장근로 한도 포함 등 문제 산적. 임금, 근로시간, 정년, 노동시장 전반을 아우르는 종합적이고 미래지향적인 논의가 이루어

져야 함

○ 최근 기술 변화와 글로벌화, 제도와 정책의 변화 등에 대해 기존의 노동시장과 사회적 보호 제도가 적절하게 대응하지 못함에 따라 노동시장의 이중구조가 심화됐고 이중구조 문제가 노동 정책과 사회 정책에서 주요 쟁점으로 등장

▶ 정책 과제

○ 독점을 규제하고 공정한 시장 규칙을 정착시키는 제도의 실효성을 높이고, 부문 간 경제 주체들의 교섭력 차이를 줄일 필요가 있음. 이를 위해서는 중소기업들의 공동사업과 공동하청단가 교섭 등이 가능하도록 제도를 보완하는 것이 필요. 중소기업들이 협동조합 형태로 조직화를 지원 방안 고려

○ 1차 노동시장의 폐쇄성과 경직성을 완화하기 위해 기업 수준을 넘어서 산업이나 업종 수준에 임금이 결정되는 상급 단체 임금 결정 시스템의 다양한 실험들. 예를 들면 산별교섭, 단체협약의 효력 확장, 개별임금방식, 임금공제 시도해 보는 방안이 필요

○ 하층 노동시장을 형성하고 있는 방대한 저임금 노동 계층의 경제적 안정을 보장하는 것. 이를 위해서 부작용을 보완해 최저임금 인상과 근로 기준 적용과 같은 노동시장의 제도를 보완하고 사회보험의 사각지대 축소와 보편적인 소득 지원 제도를 정착시킬 필요가 있음

○ 노동시장 이중구조 완화를 위해 다양한 정책 실험과 제도 설계에 대해 공론화하고, 이해 관계자들의 사회적 타협 능력의 제고를 위해 노력할 필요가 있음

(4) 노동시장의 유연성

▶ 정의

○ 경기 상승이나 침체 등 노동수요의 변화를 가져오는 외부 환경
   변화에 대응해 인적 자원이 신속하고도 효율적 배분 또는 재 배
   분되는 노동시장의 능력
○ 해고의 용이성, 임금의 결정 방식과 신축적 조정 가능성, 유연
   한 근로시간, 노동시장의 인프라 등을 종합적으로 검토해 평가
○ 진보 주장 : 노동수요 변화에 따라 근로시간, 구성원 수 조정하
   거나, 성과급에 따른 임금 유연화
○ 보수 주장 : 해고의 용이성, 임금의 결정 방식

▶ 분류

○ 노동유연성은 그 획득 수단에 따라 노동수요 변화에 맞춰 근로
   시간이나 구성원 수를 조정하는 수량적 유연화, 직무순환이나
   기능공 양성을 통한 기능의 유연화, 기업 성과에 따른 성과급제
   등 임금 유연화로 나누어짐

▶ 개념

○ 노동시장의 환경이 변할 경우 고용, 임금, 근로시간 등을 신속
   하게 변화시켜 노동시장 전체가 변화된 경제 여건에 성공적으
   로 적응할 수 있도록 만듦
○ 단순히 고용과 해고를 용이하게 하는 것뿐만 아니라 기업이 새
   로운 사업 환경에 신속히 대응하는 능력과 근로자가 하루가 다
   르게 바뀌는 근로 환경에 용이하게 적응하는 능력을 포함

▶ 중요성

○ 노동시장 유연성이 제고될 경우 노동수요뿐만 아니라 다양한 형태의 노동공급 역시 증가

○ 결국 보다 많은 근로자가 다양한 형태의 일자리 얻게 됨

○ 우리나라의 경우 정규직의 지나친 고용 보호를 완화하여 정규직과 비정규직 간의 고용 보호 격차를 줄일 경우 노동시장 전체의 유연성이 제고되면서 상당 규모의 일자리가 창출될 것

○ 기업은 신기술의 도입과 생산조직의 재편성을 통해 유연한 조직으로 탈바꿈해야 하며 근로자 역시 지속적으로 새로운 기술을 습득해야 하는 상황이므로 노동시장의 유연성에 대한 요구는 갈수록 증가 전망

(5) 바세나르 3자 협약

▶ 선순환 구조

○ 노동자는 임금 인상을 억제

○ 기업은 남는 임금을 파트타임제 도입 필요한 자리에 필요한 사람을 필요한 시간만 사용, 일자리를 만듦

○ 이 과정에서 생긴 실업자는 정부가 사회복지로 실업급여를 지급하고 재교육을 실시, 파트타임제 도입해 취업률 높이는 기업에 세금 감면

○ 재교육된 노동자는 다시 취업

▶ 성공모델

○ 노동의 유연성이란 것은 기업 측면에서 생산성을 높이기 위해 마음대로 노동자를 해고하고, 정규직을 낮추고 비정규직 비율

을 높이는 것을 의미하는 것이 아님.

○ 노동의 유연성이란 노동자와 기업이 어떻게 서로 상생해 기업이 효율적으로 인력을 재분배하여 생산성을 높이고 그로 인해 취업률을 높여 노동자의 주머니를 채워 사회의 전반적인 소비를 촉진시킬 수 있는 선순환 구조를 만드는 것

○ 마음대로 해고할 수 있고 고용 조건을 완화시켜 비정규직 늘려 기업의 생산성만 강조하는 것은 잘못된 인식

▶ 실패모델

○ 일본 정부가 고용 요건을 완화
○ 기업은 정규직을 줄이고 비정규직을 높임
○ 정부는 사회보장을 줄이고 세금을 높임
○ 소비가 계속 불황으로 가게 되어 잃어버린 20년
○ 일본 중산층이 줄어듦. 1992년 빈곤층 13.6%, 2011년 19.9%

(6) 노동시장

▶ 노사 관계 기본 : 기업별 체체

○ 기업별 노사 관계는 근로자들이 분배적 욕구에 대응하는 책임을 기업 안에서 감당한다는 전제가 있고 이를 사회화시키는 노력은 최소화

▶ 대기업 노조

○ 87년 이후 대기업 위주의 임금 인상과 대기업 부문만의 고립된 노동운동의 결과, 대기업 노동운동의 사회적 대화 노선 전략은

부재하고 실리적 투쟁 관성이 정착됨

○ 대기업은 노조 조직률이 높고 강성 노조가 많아 노조가 기피하는 작업장 혁신을 통한 생산성 향상으로 추구하는 대신 외주 하청·비정규직 확대 등 고용의 외부화와 생산 설비 자동화 등 노동 절약 투자에 집중

○ 대기업과 공공기관을 중심으로 한 일차 노동시장의 노동운동은 임금 및 근로 조건에서 내부적 실리 투쟁 위주

▶ 중소기업 노조

○ 중소기업에서는 근로자 보호가 더 열악해지는 노동시장 이중 구조의 심화로 귀착

○ 중소기업·하도급·비정규직 확대 등 고용의 외부화와 생산 설비 자동화 등 노동 절약적 투자에 집중

○ 중소기업·하도급·비정규직 등은 노조 조직률이 낮아 내부 단결력도 취약하며 대기업·정규직의 독과점 담합 비용 전가, 사용자의 권위주의적 경영 등으로 경쟁력이 매우 부족한 열악한 노동시장이 됨

○ 노동시장의 이중 구조로 인한 구조적 취약성과 최근의 경기 후퇴로 인해 청년 실업자, 비정규직, 저임금 근로자들로 이루어지는 주변부 노동시장에서는 삶의 기본조건 요구하는 사회적 투쟁 양태가 강화되고 있음

▶ 개혁

○ 정의롭지도 않고 효율적이지도 않은 일차 노동시장 개혁이 필요

○ 오랫동안 노사 관계는 분배 정의 구현 차원의 활동

○ 결과 일차 노동시장에서는 임금 수준의 향상되어 단체교섭의 중요성이 사회적으로 인정받음

○ 문제는 노조와의 단체교섭과 임금 인상을 회피하기 위한 외주와 비정규직 사용이 늘어남

○ 노조 입장에서는 사회 전체적인 분배 정의보다 소수 노조의 자기 기득권 챙기기가 중요해져 이익은 전유하고 비용은 전가하는 담합적인 노사 관계가 됨

○ 역대 정부도 방점은 달랐지만, 공통의 문제 의식을 가짐. 바로 노동시장의 이중구조를 가지고서는 사회 통합도 경쟁력 강화도 이루어지지 못한다고 판단

○ 대기업과 공공 부문 노조의 입장에서는 노동시장 개혁으로 직접적인 이익은 없고 양보할 사안이 많으니 이를 저지하기 위해 투쟁을 강화함

○ 취약한 여건과 부정적 전망에도 불구하고 노동시장 개혁은 반드시 이루어야 함

○ 정부는 노동시장 이중구조를 약화시키기 위해 기업별 노조 체제가 아닌 산별 노조 체제를 만들겠다는 노동운동, 기업이나 정부가 호응해 주는 방법도 하나의 방안

○ 원·하청 간, 기업 간, 직종 간 격차를 줄이기 위한 목적의 산별 교섭이라면 당당히 응해 주는 방법도 있음

○ 산별 노조 관계 혁신은 돌파구

(7) 노동시장 개혁

▶ 선진국 노동시장

○ 디지털 기술 혁명과 AI 시대에 맞는 노동시장 개혁 열풍
○ 산업 구조 조정, 국제 경쟁력 확보, 노동시장 제도 개혁, 고용과

소득 경쟁력을 높이는 데 주력

○ 산업 전략과 인적자원개발 전략을 수립하고, 생산물시장, 노동
시장에 대한 규제를 없애고, 숙련도와 노동생산성을 높이며, 외
국 투자 자본과 외국 인력 유치를 강화

▶ 국내 노동시장

○ 선진국과는 정반대, 중산층이 일했던 대기업의 고용 비중 40%
에서 10%로 급감, 기술 혁신과 글로벌화에 소외된 중소기업의
고용 비중은 90%로 늘어남. 중산층 일자리 하향 이동됨
○ 생산물시장과 노동시장에 대한 규제가 모두 강화돼 기술 혁신
과 글로벌 경쟁력 향상 대응이 어렵게 됨
○ 과도한 규제, 과격한 노동운동으로 대기업들은 자동화로 노동
력 대체, 생산기지 해외 이전, 부품 조달 글로벌화 선택
○ 반면 중소기업과 서비스업은 정부의 지원과 보호에 의존 경쟁
력이 떨어지는데도 생존할 수 있음, 좀비기업 양산
○ 대기업과 중소기업의 임금 격차는 더 커짐
○ 대기업에서 흡수하지 못한 노동력이 중소기업으로 이동하지 않
는 이유는 싼 인건비. 구인난 구조적 문제
○ 빠른 고령화가 빈곤화로 이어져 중산층이 급격히 무너짐
○ 기술 혁신과 고령화가 동시에 진행되어 숙련이 부족한 고령층
은 빈곤의 위험에 그대로 노출
○ 교육 수준이 높은 청년층이 숙련도 높은 것은 아님. 고학력의
대기업 취업 기회가 막혀 청년실업률 26%
○ 중산층을 강화하려면 노동시장 제도의 전면 개혁이 필요
○ 승자 독식 시장을 기회 균등 노동시장으로 바꾸고 대기업, 공공
부문 노동조합의 특권을 줄이며 중소기업을 고숙련·고생산 체
제로 전화하도록 전면 개혁 나서야

6. 교육

■ 비전 : '입시 경쟁 없는 교육'
■ 목표 : '입시 교육제도 혁신', 'Edutech'

【 주요 내용 】

① 공교육이 무너지고 사교육 활성화
② 대학입시 제도에 맞춰진 교육 체계
③ 과도한 경쟁 유발로 창의력 교육 부재
④ AI 시대에 맞는 Edutect 교육으로 혁신

(1) 추진 배경

○ 세계 최고의 교육열, 청소년 자살률 최고
○ 연간 39조 원 이상의 사교육비 지출
○ 공부에 지치고 바뀌는 제도에 혼란스러워하는 학생
○ 명문대에 입학시켜 풍족하게 살게 하려는 부모들의 마음

(2) 필요성

○ 교육이 제대로 돌아가려면 소득 간격을 좁혀야 함
○ 기술자들이 우대받는 사회가 되어야
○ 고소득과 명예를 얻기 위해서 대학을 선택하는 입시 위주 교육
 이 사라지지 않는다면 어떠한 제도 도입한다고 해도 결과는 마

찬가지

(3) 문제점

▶ 학교 교육

○ 학생들에 대한 선생님들의 무관심
○ 학업에 스트레스 받는 학생들
○ 선생님들의 일방적인 주입식 교육
○ 특정 분야에 관심과 재능이 있는 아이들의 방치

▶ 교육 방식

○ 주입식, 암기식 인지적인 측면만 강조
○ 정의적, 창의적, 육체적, 인성적 측면은 경시
○ 대입에만 집중돼 명문대 진학하기 위한 입시학원 전락
○ 초등학교에서부터 고등학교까지 수업이 연쇄적으로 진행, 학생
  이 한번 진도에 뒤처지면 따라갈 수 없음. 이를 공교육에서 제
  도적으로 보완하지 않으면 사교육은 존재할 것

▶ 사회, 부모 인식

○ 사회는 학벌만을 중시하고 지나치게 출세만을 강조
○ 부모는 자신의 꿈을 자식에게 전가해 공부 기계로 만듦
○ 자아실현을 위한 교육이 입신양명을 위한 수단으로 변질
○ 교육에 대한 대부분 구성원이 공감하는 교육철학의 부재, 자녀
  들이 왜 이렇게 열심히 공부해야 하는지 목표 부재

▶ 교육 정책

○ 평준화란 누구나 똑같이 같은 방식으로 교육을 받을 권리를 주는 것이 아니라, 개인의 소질이나 실력에 맞게 교육받을 권리, 교육부는 학생들이 어려서부터 자신 포지션을 차게 하기 위한 교육 정책을 만들어야 함
○ 교육 정책 본질부터 잘못, 사교육비 지출 구조의 입시제도, 본고사를 학력고사로 변경, 학력고사를 수능으로 변경, 수능에서 내신 비중 올리겠다는 정책 또한 사교육비를 줄인다는 의미에서 비롯되었으나 결국 더 높은 사교육비 지출하게 됨
○ 진정한 교육 정책은 사교육을 죽이겠다는 정책이 아닌 공교육을 발전시키는 정책을 펼쳐야 한다.
○ 교육부는 진정으로 꿈과 끼를 살리는 진로 교육을 통해 성적 위주로 합격시키는 입시제도에서 개인의 가능성과 잠재력을 보고 선발하는 제도로 바꿔야 한다.

▶ 사교육·공교육

○ 사교육을 죽이겠다는 정책은 사실상 불가능에 가깝다. 사교육이 사라지지 않는 생태계가 자리 잡고 있기 때문이다.
○ 공교육의 문제는 바로 '평준화', 학생들의 특정한 분야에 재능이 있을지라도 3~4과목을 골고루 잘해야 대학에 갈 수 있기 때문이다.
○ 교육 문제를 공교육과 사교육으로 양극화시켜 어느 한 부분이 잘못되었다고 지적하며 고치려는 시스템적인 고민보다 교육 본연의 것을 고민해야 한다.

▶ 교육의 정치화

○ 교육의 지나친 정치화 현상

○ 정권에 따라 바뀌는 교육 정책 혼란

○ 헌법에 '교육의 정치적 중립성' 명시

○ 자칫 교육이 정치에 예속돼 자율성 상실

○ 진영논리가 아니라 미래 교육 비전 제시해야

○ 교육의 정치화는 이득보다는 폐해가 더 큼

○ 현대 교육에서 정치를 완전히 배제할 수는 없지만, 과도한 정치화는 교육의 본질을 훼손

○ 교육감 직선제의 가장 심각한 폐단, 교육감의 도덕성

○ 교육부와 교육 지자체 간의 힘겨루기 야기

○ 교육감 개인의 정치적 신념에 의한 중구난방 교육 정책

○ 자사고 폐지는 일반고 교육 수준 향상으로 연계 안 됨

○ 정책 시행자들의 정치적 입장에 따라 교육 정책 추진

○ 교육 주체인 교사, 학생, 학부모가 빠진 정치적 정책 결정

○ 고3 유권자 14만 명, 선거 교육 교사 정치 편향 우려

(4) 교육 양극화

○ 부모의 경제력에 따라 명문대 진학률이 달라지고 가난이 대물림된다는 점에서 부동산 양극화 문제보다 심각함

○ 근본적 문제는 외면하고 임시방편의 대책만 내놓는 실정

○ 교육 양극화의 원인 제공자는 교육부. 교육부는 교육을 상품으로 보고 수요자 중심의 경쟁 교육을 강조하고 교육시장을 개방해 사교육비 부담을 늘리고 있음

○ 공교육의 정상화보다 입시 교육을 주도해온 교육부가 교육 양극화를 해소하겠다고 시혜성 예산을 투입, 실업고 이름을 바꾼다고 교육 양극화는 해결 안 됨

○ 교육 양극화 문제를 해결할 의지가 있다면 대학 서열 체제부터 바꿔야 함
○ 교육비 격차가 단기적으로는 학업성취도의 격차로, 장기적으로는 학력 간 임금과 소득 격차로 이어짐
○ 입시교육으로 전락한 초·중등 교육 정상화할 수 있는 교육시스템의 혁명적 개편을 해야 함

(5) 해결 방안

▶ 교육 방식

○ 단순 암기식, 교사가 주도하는 주입식 교육이 아니라 지·덕·체를 중시하는 전인교육과 학생 중심 교육

▶ 대학입시

○ 제도적인 측면에서 수능시험처럼 한 번에 학생의 대학 진로를 결정하는 식의 상대평가 아닌 전인적인 측면을 고려하는 수행평가 같은 절대평가를 더욱 강화해야

▶ 사회·부모 인식

○ 사회에서는 학벌만을 지나치게 강조하지 말아야 하고 채용시험에서도 학력만을 보지 말아야 함
○ 가정에서 부모는 아이에게 무엇을 바란다는 생각보다 원하는 것을 이룰 수 있게 도와주는 조력자가 돼야 함

▶ 교육 정책

○ 교사 평가제 강화

○ 문과 이과 통합안 개정

○ 교육 범죄자에 대한 처벌 강화

○ 자유학기제 폐지 및 진로 교육 강화

○ 특목고 폐지안 개정, 특수목적고등학교는 애초에 특정 과목에 대한 인재를 조기에 발굴해 전문적 인재를 육성하자는 목적으로 탄생. 그런데 현재 특목고는 그와 관련된 진학보다 취업이나 안정적 삶을 위한 고등학교로 전락함. 과기고에서 의대, 외고에서 사회 계열로 진학하는 학생 많음. 공정한 경쟁과 사교육비 감소 추진 위해 특목고 개정돼야

▶ 평가 방식

○ 평가는 단순히 평가만 하는 게 아니라 학생을 좀 더 잘 지도하기 위한 수단과 계기로 삼아야 함. 중간, 기말고사 통한 평가는 단순히 내신을 산출하기 위한 수단이 아님

○ 평가 항목을 다양하게 할 필요. 현재와 같은 과목별 몇 점 아니라 이해 능력, 개념, 응용 능력과 같이 세분화 필요

○ 교사에게 부여되는 잡무와 교사당 학생 수를 줄일 필요, 교사에게는 학생을 전적으로 담당하도록 하며 나머지 행정업무는 교육 공무원들이 분담해야 주어야

(6) Edutect

▶ 개념

○ Education + Technology

○ 기존 교육 서비스의 개선으로 새로운 가치 서비스 제공
○ 학습자에게 실력에 맞게 맞춤형 정보관리 학습 제공
○ E-Learning, Smart Learning, Mobile Learning, U-Learning

▶ 현황

○ COVID-19 여파로 Online 교육, 비대면 교육
○ 초, 중, 고, 대학 온라인 개학 840만 명
○ Digital Transformation 교육 현실과 문제점 대두
○ Edutect + AI 기술 활용. 교육 형태, 교육 방법 대전환 시대
○ 교육이 의무인 시대에서 학습이 권리인 시대로 전환
○ Edutect은 공식적인 미래 교육 시스템으로 정착될 것

▶ 방향

○ 교육과 일상생활을 결합
○ 교육의 효과를 극대화
○ 교육의 대중화와 실용화

▶ AI + Edutect

○ 정해진 과목과 목차가 없음, 개별 학생에 맞춤형 교육
○ Bigdata 기반 학생 Level에 맞는 커리큘럼 작성 및 추천
○ 기존 교육 기관의 종말과 AI Edutect Platform 등장
○ 새로운 학교 등장, Minerva 혁신학교, Ecole42 현장실습

▶ Edutect Industry

○ 칠판과 종이를 대체하는 VR + AR = MR(혼합현실)

○ Digital Twin으로 Avata 구현, 성격, 적성 데이터 분석

○ Digital Textbook & Small Grasses, 360도 영상 공개

○ AI Teacher & Chatbot, 학생별 학습 역량 파악

○ MOOC 언제 어디서든 교육 Massive open online course

▶ 정책 제언

○ Edutect 산업 발전 위해 교육 Data Open해야

○ Edutect 해외 진출 위한 다양한 수출 K-Edutect 개발해야

○ Edutect 맞는 법적 근거 마련과 기존 교육제도 혁신해야

7. 정보

■ 비전 : '개인정보 침해 없는 세상'
■ 목표 : '개인정보 효율적 활용 AI 산업 활성화'

【 주요 내용 】

① 개인정보 침해하지 않도록 개인정보처리자 교육
② 개인정보 효율적 사용을 위한 운영체제 구축
③ 정부가 보유한 개인정보 DB Open 신산업 육성
④ AI 산업 활성화를 위한 데이터특별법 제정

(1) 개인정보

▶ 정의

○ 살아 있는 개인에 관한 정보
○ 성명, 주민등록번호 및 영상 등 개인을 알아볼 수 있는 정보
○ 다른 정보와 쉽게 결합하여 알아볼 수 있는 정보
○ 정보통신 이용 및 정보보호 등에 관한 법률(제2조 제1항)

▶ 구체적 예

○ 신분 관계 : 성명, 주민등록번호, 주소, 본적, 가족관계, 본관
○ 내면의 비밀 : 사상, 신조, 종교, 가치관, 정치적 성향 등

○ 심신의 상태 : 건강 상태, 신장, 체중, 신체적 특징, 병력, 장애 정도 등

○ 사회 경력 : 학력, 직업, 자격, 전과 여부 등

○ 경제 관계 : 소득 규모, 재산보유현황, 거래 내역, 신영 정보, 채권 채무 관계 등

○ 기타 새로운 유형 : 생체인식정보(지문, 홍채, DNA 등), 위치 정보

▶ 유형

○ 일반정보 : 이름, 주민등록번호, 운전면허번호, 주소, 전화번호, 생년월일, 출생지, 본적지, 성별, 국적

○ 가족정보 : 가족 구성원들의 이름, 출생지, 생년월일, 주민등록번호, 직업, 전화번호

○ 교육 및 훈련정보 : 학교 출석 사항, 최종학력, 학교 성적, 기술자격증, 전문면허증, 동아리활동, 이수한 훈련 프로그램, 상벌사항

○ 병역정보 : 군번 및 계급, 제대유형, 주특기, 근무부대

○ 부동산정보 : 소유 주택, 토지, 자동차, 기타 소유 차량, 상점 및 건물 등

○ 소득정보 : 현재 봉급액, 봉급 경력, 보너스 및 수수료, 기타소득의 원천, 이자소득, 사업소득

○ 기타 수익정보 : 보험 가입 현황, 회사의 판공비, 휴가, 투자 프로그램, 퇴직 프로그램, 병가

○ 신용정보 : 대부 잔액 및 지불 상황, 저당, 신용카드 지불 연기 및 미납의 수, 임금 압류 통보 기록

○ 고용정보 : 현재의 고용주, 회사 주소, 상급자의 이름, 직무수행 평가기록, 훈련기록, 출석기록, 상벌, 성격테스트 결과, 직무 태

도

○ 법적 정보 : 전과기록, 자동차 교통 위반기록, 납세기록, 파산 및
담보기록, 구속기록, 이혼기록

○ 의료정보 : 가족병력기록, 과거의 의료기록, 정신질환, 신체장
애, 혈액형, IQ, 약물 테스트 등 신체 테스트 정보

○ 조직정보 : 노조, 기업, 종교단체 가입, 정당 가입, 클럽 회원

○ 통신정보 : 전자우편, 통화 내용, 로그파일, 쿠키

○ 위치정보 : GPS나 휴대폰에 의한 개인의 위치정보

○ 신체정보 : 지문, 홍채, DNS, 신장, 가슴둘레 등

○ 습관 및 취미정보 : 흡연, 음주량, 선호하는 스포츠 및 오락, 여
가활동, 비디오 대여 기록, 도박 상황

▶ 개인정보 보호의 필요성

○ 개인 : 누군가 나를 대신하고 늘 감시당하고 있다는 불안

○ 기업 : 개인정보 보호는 환경 문제와 같이 기업의 사활이 달린
문제로 대두될 전망

○ 정부 : 공공기관의 개인정보 유출 사건은 정부의 신뢰성 타격을
주고 있음

○ 개인정보 유출에 대한 사회적 불안감과 경제적 피해를 최소화
하고 기업과 정부의 신뢰성 제고를 위해 종합적 개인정보 보호
대책 필요

(2) 개인정보 보호의 주요 주체

○ '정보 주체'란 처리되는 정보에 의해 알아볼 수 있는 사람으로
서 그 정보의 주체가 되는 사람을 말함

○ '개인정보처리자'란 업무를 목적으로 개인정보 파일을 운영하

기 위해 스스로 또는 다른 사람을 통해 개인정보 처리하는 공공
기관 법인, 단체 및 개인 등을 말함

(3) 개인정보 보호의 원칙

○ 개인정보처리자는 개인정보의 처리 목적 명확하게 하고 그 목
적에 필요한 범위에서 최소한의 개인정보만을 적법하고 정당
하게 수집해야 함

○ 개인정보처리자는 개인정보의 처리 목적에 필요한 범위에서 적
합하게 개인정보를 처리해야 하며, 그 목적 외의 용도로 활용해
서는 안 됨

○ 개인정보처리자는 개인정보의 처리 목적에 필요한 범위에서 개
인정보의 정확성, 안전성 및 최신성이 보장되도록 해야 하며,
처리 과정에서 고의 또는 과실로 부당하게 변경 또는 훼손되지
않도록 해야 함

○ 개인정보처리자는 개인정보의 처리 방법 및 종류 등에 따라 정
보 주체의 권리가 침해받을 가능성과 그 위험 정도를 고려해 그
에 상응하는 적절한 관리적 시술적 및 물리적 보호조치를 통해
개인정보를 안전하게 관리해야 함

○ 개인정보처리자는 정보 주체의 사생활 침해를 최소화하는 방법
으로 개인정보를 처리해야 함

○ 개인정보처리자는 개인정보를 익명 또는 가명으로 처리해도 개
인정보 수집 목적을 달성할 수 있는 경우 익명 처리가 가능한
경우에는 익명에 의해, 익명 처리로 목적을 달성할 수 없는 경
우에는 가명에 의해 처리될 수 있도록 해야 함

○ 개인정보처리자는 개인정보보호법 및 관계 법령에서 규정하고
있는 책임과 의무를 준수하고 실천함으로써 정보 주체의 신뢰
를 얻기 위해 노력해야 함

(4) 프라이버시의 의미 변화

▶ 산업사회

○ 전통적 의미 : 남에게 방해받지 않고 나 홀로 있을 권리,
Privacy

▶ 정보사회

○ 현대적 의미 : 자기 정보에 대한 통제 정보의 재산적 가치 인정,
Data Privacy
○ 정보사회의 핵심 인프라 : 현대 정보사회에서는 국가든 기업이
든 모든 경제 주체의 활동이 개인정보를 매개로 유지, 운영, 개
인정보 DB 없이는 단 하루도 정상적인 활동이 곤란
○ 공공 부문 : 행정서비스 전자화, 복지행정 기능 확대
  민간 부문 : 고객관리 강화, 신용거래 확대
○ 유출 발생 시 피해가 심각 : 개인적 피해에 그치지 않고 사회적
혼란 야기 및 정보사회 자체에 대한 신뢰 붕괴

▶ 헌법 제 17조

○ 모든 국민은 사생활의 비밀과 자유를 침해받지 아니한다.

(5) 개인정보 침해 원인

▶ 개인정보 인식 부족 및 관리 소홀

○ 사업자는 소비자에게 접근할 통로로서 이메일, 휴대폰 등 고객 정보 수집 필요. 부당하게 대규모 DB 구축, 마케팅 이용

○ 이용자 측면의 노출 및 엿보기 욕구는 사생활 침해 원인이 되며, 해킹·스파이웨어 유포, 주민등록번호 도용 등 타인의 개인 정보 침해 유발

▶ 본인인증 수단으로 주민등록번호에 과도한 의존

○ 대부분 사업자의 주민등록번호 요구 관행은 주민등록번호를 도용해 웹사이트 가입 및 아동의 성인인증 수단 등으로 악용되는 원인 제공

○ 주민등록번호의 고유성, 여러 민감 정보 포함 및 도용 용이성이 개인 정보 침해 촉진 원인

▶ 개인정보 침해 방지 기술 미흡

○ 현재까지의 IT 기술 발달은 정보 활용의 효율성만 강조해 개인 정보 보호 측면에 대한 고려는 미흡

○ 개인정보 침해 기술의 지속적 등장에 비해 방지 기술은 미흡하고, 이는 예상치 못한 해킹 등을 통한 침해에 대한 대비책 부족으로 연결

▶ 개인정보보호법의 미비

○ 대부분 Off-line 사업자에 대해서는 법 적용 사각지대

○ 금융기관, 공공기관 등에 전반적으로 법제 정비 미비

○ 개인정보를 제공하는 자에 대한 관리, 감독 책임 및 개인정보를 제공 받는 자에 대한 의무 규정 미비

(6) AI 산업 육성을 위한 개인정보 데이터 처리법

▶ 추진 배경

○ 4차 산업혁명 시대에 인공지능의 중요성과 관심이 날로 증가, 자동차, 에너지, 헬스케어 등과 융합된 지능형 산업이 중국, 미국, 캐나다 등 세계적으로 빠르게 성장
○ 정부에서 '인공지능 국가전략'을 발표(2019.12.17.)

▶ 필요성

○ 데이터 3법이 개정 등에도 불구하고 관련 법률의 경직된 해석으로 개인정보 수집·활용 등 데이터 처리가 위축
○ 지난 20대 국회에 인공지능(AI) 관련 법안(2건)이 계류되어 소관 상임위 심사 등 AI 지원 및 육성 공감대 형성
○ AI 산업 육성과 AI 데이터센터의 효율적인 운영을 위해 데이터 처리에 대한 법적 근거를 마련하여 AI 정책 선도
○ AI의 핵심은 데이터로, 개인정보 등 양질의 데이터를 확보하고 국민이 안심하도록 최대한 보호하면서 얼마나 효율적으로 활용할 수 있느냐가 중요하므로 수집, 가공, 제공 절차 등 마련

▶ 추진 방향

○ AI 산업의 육성, 지원을 통해 AI 일자리 창출, 기업 육성에 기여
○ 'AI 데이터센터'의 효율적인 운영을 위해 데이터의 수집, 제공 방법 등 조사·연구
○ 한국인터넷진흥원(KISA)과 협업으로 추진하되 수시로 'AI 법

제도 선진화 자문단' 자문과 산·학·연, 시민단체 등이 참여하는
전문 연구반 구성·운영을 통해 법안 마련
○ 개인정보 관련 법안은 개인정보보호위원회(PIPC)의 사전 심의
를 득해야 하므로 KISA와 협력

▶ 개인정보보호법과의 차이점

○ 개인정보보호법은 전반적인 개인정보에 관한 습득, 제공 절차
및 기준 등을 규정한 일반법
○ AI 특별법안은 AI 연구개발 및 실증 과정에서 데이터의 안전한
처리를 보장하고 개인정보보호법과 충돌 및 모호한 부분을 명
확히 하여 우선적으로 적용하는 특별법

▶ 외국과 우리나라의 개인정보 사용 실태

○ (중국) 개인정보보호법이 부재하고, 공산당의 결정에 따라 개인
정보의 사용이 가능함 ⇒ 인권 침해 등 소지
○ (미국) 선 수집 사후 동의에 기반하여 기업 등 처리자 책임하에
개인정보 처리가 가능함 ⇒ 사고 발생 시 강력한 처벌
○ (EU) 엄격한 사전 동의 기반의 법제도 ⇒ 개인정보 등 데이터
의 안전한 활용을 위한 다양한 정책 개발 중
○ (한국) 현행 법률에 대한 경직된 해석으로 개인정보 수집, 활용
등 데이터 처리가 위축되어 있음

8. 평화

■ 비전 : '한반도 평화'
■ 목표 : '포괄적 평화 체제'

【 주요 내용 】

① 미래 한반도 평화통일을 위해 한반도 전쟁 종식
② 한반도 평화의 걸림돌 미·중·러·일 강대국 눈치
③ 강대국들이 꼼짝할 수 없는 남북통일 프로세스 필요
④ 북한 체제 유지가 아니라 한반도 위험을 없애는 요구

(1) 한반도 평화

▶ 평화조약 : 어려움

○ 3요소 : 전쟁 종식, 관계 정상화, 전시 중 문제 해결(경계선 획
  정, 포로, 전범 등)
○ 전시 중 문제 해결에 합의 어려움

▶ 평화체결 : 바람직

○ 3요소 : 전쟁 종식이 포함하는 법적 측면, 신뢰 구축 장치 측면,
  국제정치적 측면 3요소를 고려한 평화 체제가 바람직
○ 법적 측면 : 전쟁 종식 명시와 관계 정상화의 법적 문서

○ 군사적 측면 : 군사적 신뢰 구축 담보를 규정한 비무장지대 평화관리위원회 설치

○ 국제적 측면 : 국제적 보장기구(다자간 평화안보회의)

▶ 평화의정서

○ 남북기본합의서 제5조에 근거 이를 이행하는 평화의정서 체결하고 이를 가능한 소수의 주변국에 의해 보장받는 평화보장 문서를 체결할 필요

○ 전시 상태의 법적 종결, 모든 분야에서의 관계 정상화, 분단 과정의 평화적 관리가 담겨야 함

○ 두 문서는 당사국 국회의 비준 동의를 받아야 함. 남한 및 미국의 정부가 바뀌더라도 법 제도화로 지속성을 유지하기 위함

▶ 평화 체제 뒷받침 기구

○ 기존 정전협정 상 군사분계선은 남북기본합의서의 남북 불가침 경계선으로 변경

○ 군사정전위원회는 기본합의서 남북군사공동위원회 대체

○ 중립국감시위원회는 한반도 평화관리 국제위원회 신설

▶ 평화통일 로드맵

○ 화해협력 - 평화공존(평화 체제) - 남북연합(낮은 단계 연방제) - 1민족 1국가의 완성

(2) 통일 준비

○ 발상의 전환이 필요, 통일부 역할을 재정립해야 함. 부총리로 격상해 통일원으로 개칭한 지 30년이란 세월이 흐름. 그동안 통일을 위한 가시적 성과는 찾아보기 힘듦. 남북 대화 추진은 청와대 위주로 진행됨. 서독은 통일부 없이 외교부가 동독 관계를 전담해 통일로 리드. 물론 서독에도 내독관계부가 존재했음. 하지만 역할은 동독의 인권 보호와 관련해 금전 거래를 통한 동독 정치범의 석방을 담당. 주변 4대 강국이 한반도 통일을 반대하고 있는데 우물 안 개구리 식 국내용 통일 정책을 내봤자 소용없음. 강대국을 의식해 통일이라는 용어를 사용하지 말고 '한반도 미래'라고 하면 어떨까. 통일 정책도 외교 정책. 통일부 역량을 외교부와 합해 시너지 효과를 발휘해야 함. 한반도 통일은 국내 통일 정책이 아니라 4대 강국 설득에 달려 있음. 국제 외교력을 강화해야 함. 통일 분위기 조성은 남·북 관계 개선보다 4대 강국의 지지를 끌어내는 것이 먼저

○ 4대 강국 외교만 맡는 전담 외교 총리를 발탁해 전권을 줘야 함. 콜 총리와 겐슈 외무장관의 뛰어난 외교력으로 전승 4개국의 지지를 끌어냈으며 동독 피난민들을 데려옴

UN이 북한 제재를 풀지 않는 한 우리는 아무것도 할 수 없음. 국제 외교력이 절실한 이유. 미·일·중·러 4대 강국에서 한국 주장을 지지할 국가는 아직은 없음. 주변 4대 강국에 '한반도 미래 연구소'를 설립해 인적 네트워크 확대해 가면서 통일 여론을 유리하게 조성해 나가야 함

독일 사례와 같이 미국의 강력한 지지를 받은 후 주변국 압박하고 설득해야 함. 그러기 위해서는 전문 외교력이 필요

일본부터 우리 편으로 만들어 미국을 설득하면 됨. 그 후 러시아, 최종적으로 중국이 한반도 통일을 지지하지 않으면 통일 한국 이권에서 멀어진다고 느끼게 만들어야 함

1월 부임한 싱하이밍(邢海明) 주한 중국대사는 8월 말까지 주요

인사 79명을 만났는데 상대적으로 주중 한국대사는 1명에 불과. 이것이 외교 교섭력 차이

얼마 전 교체된 청융화(程永華·64) 주일 중국대사 같은 전문 대사가 한국에서는 왜 나오질 않을까. 주변 4대강 외교력에 한반도 통일 운명이 걸려 있음

○ 한국 경제를 튼튼하게 만들어야 함. 서독은 소련에 대한 생필품 차관 50억 마르크, 소련군 37만 명 철수 비용으로 155억 마르크 등 경제 지원이 가능. 경제 역량이 곧 국가 역량이며 통일 역량. 독일 정부는 30년간 2조 유로(약 2,758조 원)를 동독 지역 경제와 인프라에 투입. 이는 소득의 5.5%에 달하는 '연대세'로 재원을 마련. 경제력이 뒷받침해주지 않으면 통일은 불가능. 남북한 간 경제 격차는 큼. 2019년 기준 북한 총소득은 남한은 54.4분의 1이며, 북한 주민 1인당 소득은 남한 주민의 26.6분의 1 수준. 북한과 공동으로 경제 발전을 이루는 길을 모색해야 함. AI와 소프트웨어 개발 분야에서 상호 협조 가능

○ 통일에 대한 국민적 합의를 이끌어내야 함. 당시 서독은 동·서독 교류·협력을 위한 신동방 정책을 추진하는 과정에서 보수와 진보 진영 간에 첨예한 갈등을 겪음

이를 극복하면서 평화·공존을 이루어 냄. 우리는 대북정책을 놓고 이념, 진영 간 극심한 남남갈등을 겪고 있음. 21대 국회에서 여·야 합의 또는 대선 때 국민투표를 부쳐 정권이 바뀌어도 변함없는 한반도 통일정책을 만들어야 함

베를린 장벽 붕괴 30주년을 맞이해 독일 사회가 과거를 기념하고 현재의 문제를 해결하기 위해 고심하며 통일은 현재 진행형이라고 하는 것을 배워야 함. 독일 통일은 완전한 상태가 아니라 여전히 진행 중

○ 남·북 교류를 넓혀 나가야 함. 통일보다 먼저 필요한 건 남·북이 평화적으로 관계를 유지하고 교류하는 것. 하지만 우리는 과

정보다 결과인 통일만 생각. 앞뒤가 바뀜

통일은 소통과 교류가 증대되고 남·북 교감이 점진적으로 확대되는 과정에서 획득할 수 있는 결과물

포스트 코로나 비대면 시대에 맞게 남·북 교류를 추진하는 것은 어떨까. 이번 명절 이산가족 상봉도 비대면 화상회의로 추진. 명절 때 북한 이산가족에게 선물을 보내고 북한 고향의 특산물을 구입해야

남·북이 상호 TV를 수신하도록 함. 4차 산업혁명 시대는 북한과 얼마든지 협력할 분야가 많음. 전부 비대면으로 가능. 블록체인을 활용한 남·북 가상화폐 또는 서울·평양 지역화폐 등 UN 체재를 위반하지 않고 협력할 수 있는 비대면 분야는 넘쳐남

○ 중국과 러시아를 설득해 북한에 SOC(사회간접자본)를 투자해야 함. 1972년 동·서독은 교통조약을 맺고 분단 상태에서 도로, 항공로 개보수 방안에 합의해 이를 시작으로 다양한 협력 사업을 전개. 서울에서 평양, 단둥으로 이어지는 고속도로, 고속철도를 건설하고 시베리아 철도를 연결하고 천연가스가 수입되게 중국과 러시아를 끌어들여야 함. 4대강 대신 북한에 도로, 철도망을 건설했다면 남·북 문제가 많이 달라졌을 것이라는 아쉬움이 남음

○ 북한을 잘 알아야 함. 우리는 북한의 인구가 정확히 얼마인지 모름. 세대별 인구를 제대로 알아야 고령화 시대에 연금제도를 만들 수 있음. 북한 산업에 대한 설비 및 생산성을 알아야 남한 기업과 협력할 수 있음. 북한의 전력 사정을 알아야 산업단지와 스마트 도시 계획을 입안할 수 있음. 이런 정보들을 교류하면 북한에 대한 빅데이터가 구축됨. 향후 북한과 협력 개발 계획 추진 가능

○ 확실한 군사적 우위가 필요. 북한은 20여 기 핵탄두를 보유하

고 있음. 우리는 전술적 무기를 미국에 의존하고 있는 실정임. 북한군은 128만 명, 예비군 772만 명, 총 900만 명의 병력 보유. 북한의 핵 위협에 대처할 전술적 전략적 한국판 무기를 보유해야 함. 군사적 우위 없는 남·북한 합의는 의미 없음. 북한은 상황에 맞게 남·북 합의를 파기해 왔음. 미국에 고분고분하는 것은 군사적으로 상대가 되지 않기 때문. 에이브럼스 한미사령관은 내년에도 전작권 전환이 어렵다고 밝힘. 한국의 운명을 미국에만 맡길 수 없음

○ 상대방 체제를 인정해야 함 서독은 동독을 흡수통일했다 하지만 역대 정부는 흡수 통일은 하지 않는다고 선언. 1국가 2체제를 인정해야. 북한을 배려하는 입장에서 교류해야. 통일 과정은 단순히 눈에 보이는 풍요와 경제적 요소만 중요한 게 아님. 통일 과정에서 북한의 문화와 정서를 존중하고 상대적 박탈감을 줄여가야 정서적 장벽이 생기지 않음. 고르바초프는 동독 서기장 호네커에게 "He who comes too late will be punished by life(너무 늦게 오는 사람이 있다면 벌을 받게 될 것)"라고 말함. 미·중 갈등이 격화되는 지금이 역발상으로 생각해 보면 한반도 통일을 위한 딱 좋은 시기

9. 과학

■ 비전 : '과학기술 입국 통한 미래창조'
■ 목표 : '미래 먹거리 확보'

【 주요 내용 】

    ① 4차 산업혁명 시대에 미래 먹거리 확보
    ② AI 시대 혁명에 걸맞은 AI 강국 도약
    ③ 제조업 중심에서 Digital 산업으로 전환
    ④ 포스트 코로나 시대 비대면 산업 육성

(1) AI(인공지능)

    ▶ 왜 AI인가?

    ○ AI 산업은 한국 경제 재도약의 돌파구
    ○ 미래는 AI 시대, AI 산업은 미래 먹거리
    ○ AI를 선점하면 선진국, 뒤처지면 후진국
    ○ AI는 모든 산업과 사회를 변화, 양질의 일자리 창출 가능
    ○ 산업화 시대는 Fast Follower 전략 통했지만, AI 시대는 한번 뒤처지면 영원히 따라잡지 못함
    ○ AI 시대는 제조업, 농업, 서비스업 등 전 산업 분야에서 AI 기술과 융합해 새로운 산업이 창출. 선점 가능
    ○ 4차 산업혁명의 핵심기술인 AI는 다양한 산업 분야의 혁신을

불러와 국가 경쟁력을 좌우함. AI를 선점하는 국가는 패권국이
됨. 미·중은 AI 패권 다툼 중

▶ AI Transformation 중요성

○ 기업 : 업무효율, 비용 절감, 생산 혁명, 가치 창출, 시장 창출
○ 산업 : AI Bigdata 융합한 Platform 산업 등장
○ 국가 : 국가성장 잠재력 확장, 국제 경제 구조 변화 대응

▶ AI 미·중 패권 다툼

○ 미국은 AI 글로벌 기업 GAFAM(구글, 애플, 페이스북, 아마존,
   MS) 앞세워 세계 시장을 선점
○ 중국은 BATIS(바이두, 알리바바, 텐센트, jFlytek, 센스타임) 미
   국 기업을 추격, 무역전쟁에 이어 AI 전쟁 중
○ 현재 한국은 미·중의 패권 다툼에 낀 형국. 중국에 3~5년은 뒤
   처져 있음

▶ AI 정부 목표

○ AI 플랫폼을 활용해 원팀으로 일하는 환경 조성
○ 전자정부를 뛰어넘어 AI 플랫폼 정부로 패러다임 전환
○ 일자리 창출과 경제 성장을 견인할 블루오션 산업에 올인

▶ AI 정부 성공 요인

○ 중국의 AI 굴기를 배워야 함. 중국은 정부와 기업이 협력, AI 산
   업을 육성하고 있음. 특히 빅데이터 구축과 인재 양성에 전념하

고 있음. 기업들은 시장을 나누어 공략, AI 칩은 화웨이, 자율주행차는 바이두, AI 시티는 알리바바, AI 헬스는 텐센트가 전담
○ AI 전용 슈퍼컴퓨터 보유가 시급. 강력한 병렬 및 분산처리 능력을 갖춘 세계 500대 슈퍼컴퓨터 중 우리는 고작 3대(기상청 2대)에 그침
○ AI의 핵심은 빅데이터 활용에 있음. 최소한의 개인정보를 보호하고 데이터 활용의 투명성을 확보해야 함. AI를 위한 표준화 데이터로 제공하면 AI 벤처 창업 붐이 일어남
○ AI 전문인력 양성과 함께 AI 성공모델을 만들어야 함

▶ 생활 속에 들어온 AI 기술

○ AI가 IoT, Bigdata 융합돼 우리가 인식하지 못한 사이 조용히 스며들어와 있는 AI Calm Tech 시대가 도래
○ 'CES 2020'의 화두 'AI 기술이 생활에 주는 변화', 5G와 연결된 AI 기술이 생활에 어떻게 변화를 일으키고 어떻게 발전하는지가 주제였음
○ AI 음성 인식과 얼굴 인식 기술은 세상을 변화시키고 있음. 구글의 어시스턴트(음성비서)는 AI 신경망을 도입해 메일 읽기, 문자 보내기 등 사용자 요구를 실시간 처리. AI가 식당 예약을 하고 인기 메뉴도 추천, 채봇은 24시간 예약 및 상담 업무를 맡고 있고 AI 동시통역 앱 유행
○ AI 안면 인식으로 일하는 사람을 감성적 측면에서 지원. Trans-Tech가 주목받고 있음. 스마트폰으로 신생아 눈 촬영하면 안구 질환과 유전병 진단이 가능. 구글은 AI 독감 예측, AI 치매 예방, AI 심장질환 치료는 물론 재난 예방 시스템을 활용. AI 면접은 이미 보편화됨
○ AI 휴머노이드 로봇(Humanoid Robot)은 행사에 참석한 수백

명을 인지해 체크인하고 음료 주문도 함. AI 간호 로봇과 레크리에이션 로봇은 환자의 재활에 도움을 줌, AI 바리스타와 셰프 로봇도 등장

○ AI 기술의 총화인 자율주행차는 현재 운전자의 개입 없이 일정한 거리를 주행. 2025년 완전자율주행 가능

○ AI 의사, AI 판사, AI 작곡가, AI 아나운서, AI 소설가가 등장했고 앞으로 모든 분야에 AI가 도입됨

○ 미래 직업 중 60%는 아직 나타나지도 않았음

○ 단순 반복적 일은 AI 로봇으로 대체되고 인간은 창의적 감성적인 일자리를 차지할 것

▶ AI 시대 생존법

○ 정부는 AI Platform 정부로 패러다임을 바꾸는 게 시급, AI 국가 전략의 추진 사항을 점검하고, AI 전문인력 양성 교육 커리큘럼과 연구개발 체계 및 규제 철폐, 국제표준을 선점해 AI 시대를 어떻게 살아가야 하는지 국민에게 비전과 방향을 제시해야 함

○ 국회는 AI 시대에 맞는 AI 국회로 변신해야 함, AI 산업정책이 원활히 추진될 수 있도록 법 개정과 제도적 측면 및 윤리적 문제까지 고려해 효율적인 입법으로 뒷받침해야 함

○ 기업 입장에서 AI는 경영 환경의 큰 변화에 적응해야. 기민한 'AI 애자일(Agile) 경영'. AI 시대는 정해진 경영 패턴이 없고 비즈니스 모델은 빠르게 변화하고 진화. 과거의 틀을 고집하는 기업에 미래는 없음. AI를 활용해 생산성을 높이고 비용을 줄여야. AI 관련 비즈니스 모델 발굴해 글로벌 시장을 공략해야. 데이터 분석을 기반으로 경영해야.

○ 개개인의 생존법은 무엇일까. 세대를 불문하고 AI 활용법을 배

우고 활용해야 함. 학생은 AI 언어인 파이선(Python)을 반드시 배우고 청년은 10년 후 직업 변화에 맞는 소양을 갖춰야 하며 중년층은 AI를 활용해 삶의 질을 높이고, 노년층은 AI 헬스케어 앱을 이용해 건강하게 살도록 해야 함

○ PC에서 모바일을 거쳐 이제는 본격적인 AI 시대. AI가 만드는 세상은 이제 선택이 아닌 필수

(2) Post COVID-19 Future Tech

▶ 환경 변화

○ 4차 산업혁명과 탈 Globalization
○ 환경 Risk 심화와 코로나 팬더믹, Black Swan
○ Untact 사회 전환, 재택근무, 원격회의, 원격교육

▶ Global Change

○ Goodbye Globalization
○ Slow Globalization
○ Deglobalization
○ Japanification
○ New Normal
○ Great Divide

▶ 유망 산업

○ Healthcare (건강)
  → 디지털 치료제, AI 기반 진단기단, 생체정보 분석, 감염병 예

측 경보 바이러스 백신 기술

○ Edutect(교육)

   → AR + VR → AI + Bigdata 학습 → 6G

○ Logistics(물류)

   → AI 통합 Platform → 배송 자율 로봇 → 물류센터 AI화

○ Manufacture

   → Digital Twin (현실=가상) → 인간 증강 기술 → 협동 로봇

○ Environment(환경)

   → 감염병 통합기술 → 의료 폐기물 로봇

○ Culture (문화)

   → 실감 서비스 기술 → 가짜영상 + 가짜뉴스 → 3D GIS 구축

○ Security(보안)

   → 양자 기반 화상 전송 → 동형암호 + 가명화

10. 복지

■ 비전 : '모두가 누리는 행복 복지 '
■ 목표 : '누구나 혜택받는 복지'

【 주요 내용 】

① 건강보험 보장성 강화
② 고용보험 노동자 전체 가입
③ 사회 정책에 대한 패러다임 전환
④ 복지 정책에 대한 패러다임 전환

(1) 기본소득

▶ 개념

○ 기본소득 = Universal Basic Income
○ 모든 시민이 빈곤선 이상의 생활 수준을 유지할 수 있도록 충분히 많은 현금 급여를 매달 지급하는 것
○ 모든 개인에게 소득심사나 재산심사는 물론 노동의무나 요구조건 없이 월 단위로 무조건적 지급되는 소득
○ 전 세계 어느 국가도 전국적 실시된 적 없음. 짧게는 60 길게는 170년 된 담론

▶ 구성 요소

○ 보편성 : 사회구성원 누구나, 국적 불문, 연령 불문
○ 무조건성 : Unconditionality, Means Test 없이 누구나
○ 개별성 : 각 개인별 지급, 기초생활보험, 가구와 차별
○ 정기성 : 매월 현금 지원, Cash Transfer, 조세 지출 과다
○ 충분성 : 최저 생계비가 아님, 인간다운 삶 누릴 수 있음

▶ 왜 기본소득인가?

○ 기본 전통적인 복지제도로 해결할 수 없는 문제점
○ AI Robot 등장으로 일자리 변화. 육체노동자, 고학력자, 전문직 일자리 사라짐
○ 기술 혁신과 생산성 향상으로 경제 성장, 부가가치 소수 독점, 미래 AI Robot 1% 일자리 얻지 못한 99% Divide
○ 노동 제공하고 사회보험 혜택 연결의 시스템 붕괴, 노동시장 취약성과 사각지대 발생, 비정규직의 사회 안전망 배제
○ 정부 주도 재정 지원 성과 미흡, 저출산, 청년 실업, 고령화

▶ 외국 사례

○ 스위스 : 매월 성인 약 300만 원, 어린이 청소년 약 78만 원. 찬성 23% 반대 76.7% 부결, 특히 정치인들은 대부분 반대
○ 캐나다 : Ontario주 115만 원, 자발적 참가자 17년부터 3
○ 핀란드 : 월 560유로(75만 원), 전 국민(정부예산 260억 원)
○ 네덜란드 : Utrecht city, 6개 그룹 + 무작위 추출 150유로, 16~17년 실험, 무기한 연기
○ 미국 알래스카주 : 현금 지급, 어떤 사회 급여도 대체하지 않음, 천연자원 주민의 공동 재산, 알래스카영구펀드=투자이익배당

400$, 시작 2015년 2,723$. 지역으로서 세계 유일무이 사례
○ 외국의 기본소득 실험은 실업자에게 현재와 같은 보험 혜택을 보장하면서도 근로의 동기를 약화시키지 않는 정책 수단을 모색함
○ 기본 복지체계 개편 필요성에 기본소득 실험 실시
○ 현 복지체계가 노동 의욕 훼손하고 있다는 문제 제기에서 논의
○ 목적은 근로 의욕 고취로 노동시장 공급 확대

▶ 보편적 복지=사회보장

○ 자산 조사는 선별 복지와 구분
○ 국민은 평생 소득과 사회 서비스 보장
○ 보편적 복지는 사회보험과 사회수당, 사회보험은 산재, 고용, 국민연금 사회수당은 아동, 장애인, 학생, 노인, 기회 보장은 경제 사회 격차 해소, 경제 발전과 연대 의식

▶ 4대 보험의 문제

○ 건강보험 : 63% 정도 충당, 질병보험 없어 민간의료보험 가입
○ 고용보험 : 노동자 약 절반 가입 비정규직, 특수직, 자영업자 불가입
○ 국민연금의 사각지대와 낮은 보장성
○ 산재보험의 일부 사각지대

▶ 보수 : 기본소득 핵심

○ 복지국가 대체하는 신자유주의 시장국가 지속 가능성 높임
○ 작은 정부는 국가 복지체제 해체, 소득 불평등은 빈곤과 총소요

의 부족. 기본소득 제공은 시장경제 지속성

○ 재원 200조 원은 예산 지출, 구조조정으로 마련

▶ 복지국가 주요 정치 세력 반대 이유

○ 기본소득은 보편적 사회보장과 비교해 복지효과가 현저히 작음
○ 경제효과 현저하게 작음, 경기 침체와 무관 소비 진작 효과 적고 경기 조절 기능은 아예 없음
○ 소극재분배 효과 작음

(2) 정책 제언

○ 기본소득제도는 현재 진행형. 유럽에서도 보편적 제도 아님. 복지 천국 유럽이 2~5년 넘는 기간 동안 실험 계속한 것은 기본소득 효과를 확신하지 못했기 때문
○ 사회적 약자에 대한 소득 보장 강화하는 정책을 펴고 무리하게 재정 지출로 복지 사업 늘려나가기보다는 기본의 중복 사업을 정리하고 재정비해야
○ 외국 공통 추진 Process는 배워야. 전문가 논의 → 구체 계획 제안 → 실험(2~5년) → 평가 → 국민 합의 → 시행
○ 재원은 어디서 마련 불가능, 완전 기본소득은 GDP 25% 분배 / 2020년 GDP 약 2,000조 25% 500조 ÷ 5,200만 = 월 96만 원
○ 일부 정치인 부분기본소득 제시, 월 32만 원, GDP 10% 200조 원 / 월 48만 원 GDP 15% 300조 원
○ 고용보험 재정 규모 10조 + 10조 = 20조 원 투입이면
○ 한국 조세부담률 5% 증세한다면 100조 원 증세하려면 중산층 설득해야 내는 세금보다 돌아오는 혜택이 많다는 것을 확인해야 동의

○ 2020년 소득세 + 법인세 = 147조, 올 예산 513조 + 추경 약 250 조 = 760조, 재난지원금 + 추경 = 나라 살림 −57조 원, 국채발 행 97조 3,000억 원 / 국가채무 840조 2,000억 원, 통합재정 수지(1~4월) −43조 3,000억 / 관리재정수지 −56조 6,000억(10 년만)

○ 보편적 복지와 적극적 복지 투자는 기본소득 도입과 함께할 수 없음. 기본소득 도입은 보편적 복지국가 가는 길을 포기하는 것

○ 4차 산업혁명과 AI 시대 기본소득은 대안이 될 수 없음

11. 환경

■ 비전 : '누구나 깨끗한 환경 조성'
■ 목표 : '온실가스 배출 ZERO'

【 주요 내용 】

① 한국의 기후 변화 대응 성적, 최하위 수준 58위
② 온실가스 배출과 에너지 소비 감축 노력 매우 미흡
③ 석탄 발전과 내연기관차 퇴출 로드맵 조속히 수립

(1) 국제적 기후 변화 대응 노력

▶ 국제사회 노력

○ 1972년 기후 변화 대응, 스톡홀름회의에서 시작
○ 1997년 선진국 온실가스 감축 목표 규정. 교토의정서 실행
○ 2015년 파리기후변화협정 통해 전 세계 모든 국가 참여

▶ 경과

○ 1972년 스톡홀름회의
  - 범지구적 환경 이슈가 처음으로 국제회의에서 다루어짐
○ 1992 UN기후변화협약(브라질 리우)
  - 기후 변화에 관한 국제사회의 기본법적 역할(구체적 강제 사

항 없음)

- 원칙 : 형평성, 공통의 차별화된 책임, 지속 가능 발전 등

○ 1997 교토의정서(일본 교토)

- 기후변화협약의 목표를 달성하기 위한 실행법적 역할(구체적 의무사항 명시)

- 6대 온실가스 규정 : CO_2, CH_4, N_2O, HFCs, PFCs, SF_6

○ 2001 더반결정문(남아공 더반)

- 2012 교토의정서 종료에 대비한 선진국과 개도국 협의 체제 방안 마련 실패

- 지금까지의 온실가스 배출량을 선진국이 압도적, 이제는 개발 도상국의 온실가스 배출량도 만만치 않음

○ 2015년 파리기후변화협약(프랑스 파리)

- 2020년 만료 예정인 교토의정서를 대체

- 2021년 1월부터 적용될 기후 변화 대응을 담은 기후변화협약 으로 2016년 11월 발효, 파리협정은 선진국만 감축 의무를 부 여했던 교토의정서와 달리 195개 당사국 모두에게 구속력 있는 보편적 첫 기후 합의라는 점에서 큰 의의를 가짐

(2) 파리기후변화협약

▶ 핵심

○ 지구의 평균기온 상승을 2℃ 이내보다 낮은 수준으로 유지하기 로 함

○ 2℃ 이내보다 상당히 낮은 수준으로 유지하도록 한다는 표현이 들어있지만, 세부적으로 온도 상승을 1.5℃ 이하로 제한하기 위 한 노력을 추구한다는 내용을 담음. 사실상 온도 상승 제한 목 표를 1.5℃ 이내로 제시

▶ 주요 내용

○ 주요 내용 : 장기목표, 감축, 시장 메커니즘 도입, 적응, 이행점
검, 재원, 기술
○ 온실가스를 오래 배출해 온 선진국이 더 많은 책임을 지고 개도
국의 기후 변화 대처 지원
○ 2020년부터 선진국은 개도국 기후 변화 대처 사업에 매년 최소
1,000억 달러 지원
○ 2023년부터 5년마다 당사국이 감축 약속 지키는지 검토

(3) 미국 파리기후변화협약 탈퇴 UN 통보

○ 도널드 트럼프 행정부가 2019년 11월 4일 파리기후변화협약 탈
퇴를 UN에 공식 통보
○ 트럼프 대통령은 2017년 6월 미국이 부당한 대우 받고 있다며
파리협약 탈퇴를 공식 선언했으나 발효 2016년 11월 이후 3년
간 탈퇴를 금지한 규정에 따라 2019년 11월 3일까지는 탈퇴 통
보를 할 수 없었음.
○ 규정에 따라 탈퇴 통보 1년 뒤 최종적으로 탈퇴가 됨
○ 미국 탈퇴에 따라 지구온난화 방지를 위한 지구촌의 온실가스
감축 노력에 차질이 빚어질 가능성이 큼

(4) 한국의 기후 변화 대응 노력

▶ 현황

○ 온실가스 배출량 세계 7위 한국은 파리기후변화협정에 따라

2020년까지 BAU(Business As Usual) 대비 37%까지 감축하겠다는 자발적 감축 목표를 제출함

○ BAU란 온실가스 감소를 위해 아무 제약이나 노력을 하지 않았을 경우, 예상치를 가정하고 이를 일정 비율 줄이는 방식을 의미

○ 하지만 아직은 산업 부문의 에너지 효율, 신재생에너지 인프라 부족 등의 문제로 비용 감축 수단이 부족한 것이 현실이며, 감축을 이행하기 위해서는 에너지 신사업 활성화, 저탄소 기술 개발 등이 필요한 시점.

▶ 노력1. 한국의 '제2차 기후 변화 대응 기본계획'

○ 환경부는 2019년 10월 22일 국무회의에서 오는 2030년까지 온실가스 배출량을 5억 3,600만 톤으로 줄인다는 내용의 '제2차 기후 변화 대응 기본계획(2020~2040년)' 확정

○ 20년 단위의 온실가스 감축 목표와 기후 변화 적응 계획이 담긴 최상위 계획

○ 1차 기본계획(2017~2036년)은 2016년 12월에 세워졌고, 5년마다 새로 수립해 시행. 2030 국가 온실가스 감축 로드맵을 대폭 수정하면서 제2차 기본계획을 조기 수립

○ 2차 기후 변화 대응 기본계획은 지속 가능한 저탄소 녹색사회 구현을 위해 2030년까지 온실가스 배출량을 5억 3,600만 톤으로 줄이는 게 목표

○ 이를 위해 8대 부문 전환, 사업, 건물, 수송, 폐기물, 공공, 농축산, 산림의 온실가스 감출을 추진

▶ 노력2. 온실가스 배출권 거래세

○ 정부가 기업에게 배출할 수 있는 온실가스 허용량을 부여하고 남거나 부족한 배출량은 온실가스 배출권 거래시장을 통해 사고팔 수 있도록 허용하는 제도
○ 우리나라는 온실가스 감축 목표의 효과적 달성을 위해 지난 2015년 도입

(5) 사람이 멈추니 지구가 깨끗해졌다

○ 코로나19로 사람들의 여행, 이동, 공장 가동 등이 줄어들고 난 후 이산화질소 농도가 급감했기 때문
○ 사람이 멈추니 지구가 깨끗해짐

(6) 기후 변화 이제는 막아야

▶ 세계경제포럼(WEF)

○ 2020년 1월 21일부터 23일까지 스위스 다보스에서 WEF 연례총회 개최. 각국의 경제 리더들이 모임. 화두는 기후 위기 (Climate Crisis)

▶ 세계위험보고서

○ 세계를 위협하는 요인 1위로 '기상이변'이 꼽힘
○ 기후 변화 대응 실패, 자연재해, 생물다양성 손실, 인간 유발 환경 재난이 2~5위로 환경 문제가 상위권 차지. 2006년부터 올해로 15번째 보고서 중 처음

▶ 기후 변화

○ 직접적 또는 간접적으로 전체 대기의 성분을 바꾸는 인간 활동에 의한, 그리고 비교할 수 있는 시간 동안 관찰된 자연적 기후 변동을 포함한 기후의 변화
○ 긴 시간 동안(평균 30년) 평균값에서 조금씩 변화를 보이지만 평균값을 벗어나지 않는 자연적인 기후의 움직임을 '기후변동성'이라 함. 기후 변화는 바로 이 자연적 기후변동성의 범위를 벗어나 더 이상 평균 상태 돌아오지 않는 기후 체계의 변화를 의미
○ 최근에는 '지구온난화'로 인한 기후 변화를 가리키는 경우가 많음

▶ 온실효과, 지구 온난화를 부추김

○ 인간이 지구에서 살 수 있는 이유는 대기 중 온실가스가 온실이 유리처럼 작용해 지구 표면의 온도를 평균 15도로 유지해 주기 때문
○ 그러나 온실가스 농도가 급격히 짙어지면서 지구의 평균 기온이 비정상적으로 높아지고 있음
○ 현재 우리가 직면하고 있는 '강화된 온실효과로 인한 지구 온난화'인 것

▶ 온실가스 강화하는 주범

CO_2 : 이산화탄소, 화석연료
CH_4 : 메탄, 쓰레기
N_2O : 이산화질소, 폐기물, 화학비료
HFCs : 수소불화탄소, 에어콘 냉매, 스프레이

PFCs : 과불화탄소, 반도체 세정제

SF6 : 육불화황, 변압기, 절연제

▶ 인간 활동 및 생활의 결과

○ 화석연료 사용 : 석탄, 석유, 가스 등의 화석연료 사용

○ 쓰레기 증가 : 쓰레기가 분해되면서 톤당 21배 메탄 발생

○ 산림벌목 : 지구의 허파 아마존 살림 벌목

정책 제안 목록

성공한 대통령이 보고 싶다

1987년 민주화 이후 보수 정부는 말할 것도 없고 민주 정부들도 성공보다는 실패로 끝났다. 역대 정부들은 정권 초기에는 국민적 지지가 높았으나 독단적인 국정 운영으로 임기 말 국민적 신뢰를 상실했다. 실패한 대통령들의 쓸쓸한 말로를 국민은 수없이 지켜봤다.

우리는 왜 성공한 대통령이 없을까. 대통령의 성공은 국가의 성공으로 귀결된다. 정부의 성공이 이어져야 국가가 계승 발전된다. 국민은 촛불정부를 천명한 문재인 정부가 지난 정권의 전철을 밟지 않고 경제를 살리며 일자리 걱정 없는 세상을 기대했다. 소득주도성장, 혁신성장, 공정경제라는 슬로건을 내걸고 출범한 일자리 정부의 임기가 17개월 남았다.

3년 5개월이 지난 지금 과연 국민 앞에 내놓을 결과는 무엇일까. 100대 국정과제 추진 성과는 나왔을까. 4차 산업혁명 시대를 맞이해 한국 경제의 미래 먹거리를 확보했을까. 지난 4년간 일자리 예산 126조 8,000억 원을 책정했는데 일자리 사정은 나아졌을까. 부동산 가격은 안정됐을까. 나라다운 나라, 공정과 정의, 한반도 평화 목표는 어떻게 됐나.

지나간 시간과 성적 평가는 일단 보류하자. 문재인 정부는 잔여 임기 동안 어떻게 해야 성과를 낼 수 있을까. 이것이 당장 우리가 묻고 답해야 할 선결과제다. 첫째, 성과를 내는 정부 조직으로 전환해야 한다. 지금은 코로나19가 불러온 경제 전시상황이다. 성과를 내려면 동기 부여와 속도가 중요하다. 또 왜 정책을 만드는가 자문해야 한다. 각 부처가 아무리 훌륭한 전략을 세우더라도 이를 실행하지 않으면 아무 소용이 없다. 성과를 낼 수 있는 정책을 선별해 과감하게 추진해야 한다. 그러려면 의사 결정은 신속하게 이뤄져야 하고 일관성 있게 실행하는 집중력이 필요하다.

둘째, 인공지능(AI) 시대에 맞는 인프라 구축에 전력을 다해야 한다. 자율주행차 시대를 대비해 신호등을 5G 통신과 연결하고, 도로에 차세대지능형교통시스템(C-ITS, Cooperative Intelligent Trnsport System)을 구축하는 일이 시급하다.

디지털 인프라에 투자하면 새로운 산업이 성장한다. 자율주행과 전기차 분야에서 주도권을 가져가는 가장 확실한 방법은 관련 인프라에 투자하는 것이다.

세계적으로 주목받고 있는 K방역이 국민의 정부(1998~2003년)가 단행한 대규모 정보통신기술(ICT) 투자를 토대로 성장했음을 기억해야 한다.

셋째, 제조업 위주에서 디지털 중심으로 산업 구조를 전환해야 한다. 주력 산업과 AI를 융합한 산업 정책을 추진하면 성과를 낼 수 있다. 2030년을 내다보고 디지털과 AI 산업에 집중 투자해 한국 경제의 체질을 바꾸는 것이 급선무다.

넷째, 임기 내에 성과를 올릴 수 있는 정책에 집중해야 한다. 정부 위주보다는 기업이 사업의 주체가 돼야 지속성 있게 결과를 낼 수 있다. 탁상공론과 진영논리를 배제하고 실사구시를 바탕으로 정책에 유연함을 보여야 한다. 결국 성과는 사람에게 달려 있다.

다섯째, 정부 주도적으로 결과를 낼 수 있는 일에 집중해야 한다. 외부적 요인이 주요 변수로 작용하는 정책은 이리저리 끌려다니다 흐지부지될 가능성이 크다. 결코 마음만 앞세워 정책에 다가가서는 안 된다. 대북정책은 주변 강대국을 설득할 수단이나 명분 없이 북한과 무엇인가를 이루려고 했기 때문에 '골든아워'를 놓친 측면이 있다.

마지막으로, 국정 장악력을 지속해서 유지하는 방법은 정권 재창출 가능성을 보여주는 것이다. 이를 위해선 성공의 결과물이 나와야 한다. 한국판 뉴딜이 2025년까지 지속적으로 추진돼야 코로나19 위기를 극복하고 AI 혁명 시대에 한국 경제 미래 먹거리를 확보할 수 있다는 믿음을 국민에게 줘야 한다. 그러기 위해서는 늦어도 내년 4월 보궐선거 이전에 눈에 띄는 성과를 내야 한다.

(매일경제. 2020.10.15.)

2020. 11.
지은이 朴正一

P.S.

어릴 때 한 달에 한 번은 꼭 서울 구경을 시켜주셨지요. 높은 삼일빌딩을 보며 신기하고 좋아하던 저를 보시며 웃으시던 모습이 그립습니다. 하루에 몇 대 지나가는 비행기가 궁금하다고 하니 어느 날 공항에 데리고 가셨지요. 큰 사고로 요단강을 건너갔다가 돌아왔을 때 "살아 줘서 고맙다." 하시던 말씀 잊을 수가 없습니다. "재수해도 괜찮다. 항상 미래를 생각해라." 하시며 81년 전자공학을 추천해 주셨습니다. 2번이나 낙선했을 때 "TV 토론과 유세하는 모습이 멋졌다. 희생한 보람이 꼭 있을 것이다."라고 소주 한 잔 따라 주시며 격려해 주셨습니다. "꿈은 크게 꿔라.", "큰 그릇이 돼라."라고 하신 말씀 마음에 담고 살고 있습니다. 며칠 후면 일곱 번째 기일이 다가옵니다. 소천(召天)하시기 전 말도 못 하시면서 저와 아내 손을 꼭 잡고 눈물만 흘리시던 마지막 모습이 지금도 마음속 깊은 곳에서 아른거립니다. 쓰러지시기 전까지 노인대학에서 강연하신 모습은 감동입니다. 조실부모하고 자수성가하신 아버지를 존경합니다. 朴榮彩 아들로 태어난 것이 자랑스럽습니다. 보고 싶습니다.

콩 반찬을 잘하시는 어머니 李成順 여사님은 항상 도시락에 콩장을 넣어주셨고 가끔 계란 부침을 바닥에 깔아 주시곤 했지요. 그 덕분에 지금도 콩 요리를 좋아합니다. 술 먹고 늦게 들어오더라도 항상 밖에 나와 기다리시던 어머니가 어느덧 팔십 중반이 되셨네요. 외할머니와 같이 100살 넘게 건강하신 모습으로 만수무강하세요.

사랑하는 雅悧! 어느 날 갑자기 찾아온 이별의 그 날을 잊을 수가 없다. 우리를 위해서 희생하며 무지개다리를 건넜지만, 항상 가슴 속에 살아 있다. 결혼 27주년 동안 옆에서 묵묵히 지켜주며 응원해준 인생의 동반자 아내 金延貞 고맙습니다.

사랑하는 부모님과 아리, 아내에게 이 책을 바친다.